# 矿产资源开发利用与安全管理

杨晓晶　牛金山　严雪姣　著

中国商业出版社

**图书在版编目（CIP）数据**

矿产资源开发利用与安全管理 / 杨晓晶，牛金山，严雪姣著. -- 北京 : 中国商业出版社，2023. 12
ISBN 978-7-5208-2839-0

Ⅰ. ①矿… Ⅱ. ①杨… ②牛… ③严… Ⅲ. ①矿产资源开发—研究—中国②矿产资源管理—安全管理—研究—中国 Ⅳ. ①F426. 1

中国国家版本馆CIP数据核字(2023)第247199号

责任编辑：许启民
策划编辑：武维胜

中国商业出版社出版发行
（www.zgsycb.com 100053 北京广安门内报国寺1号）
总编室：010-63180647 编辑室：010-83128926
发行部：010-83120835/8286
新华书店经销
天津和萱印刷有限公司印刷

*

787毫米×1092毫米 16开 14.5 印张 256千字
2023年 12月第 1 版 2023年 12月第 1 次印刷
定价：65.00 元

* * * *

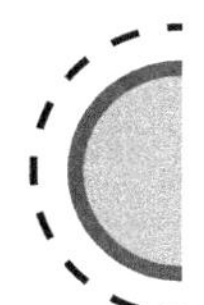

# 前　言

工业的快速发展需要投入大量的矿产资源，否则就会失去发展动力。虽然我国资源总量较大，但是人口众多，因而人均矿产资源少。根据实地勘探结果得知，我国大部分的矿地规模都比较小，能够产出的矿产资源有限，开采出来的大多是生矿。在能源危机的影响下，各国普遍开始关注资源的合理开发利用。科学开采矿产资源，提高资源的利用效率，对实现经济的可持续发展有着重要意义。矿产资源开发需要遵循其自身的特点，做到持续发展，同时可以使用先进的工程技术提高资源的开采率，避免资源的浪费，以更好地为经济发展服务，满足人类生存发展的需求。

矿产资源是支撑经济发展的重要基石，因此必须了解矿产资源的分布情况、开采现状，以此来制定科学合理的资源战略，不断完善顶层设计，为矿产资源的开发利用提供保障，指明方向，在满足经济发展需求的同时，减少对生态环境的破坏，提高资源生产安全性。

矿产资源是经济和社会建设所需的重要物质，矿产资源的开发和使用安全直接关系到国家安全，在新的发展背景下，遵循可持续发展规律，保障资源开发和使用的安全性，对于国家政治稳定、社会和谐发展都有着重要意义，是国家安全体系的重要组成部分。随着我国经济进入高质量发展阶段，资源安全问题愈加重要。

本书由杨晓晶（吕梁职业技术学院）、牛金山（河北省地质矿产勘查开发局第六地质大队<河北省地质矿产勘查开发局航空测量应用中心>）、严雪姣（乌鲁木齐德诺安全技术咨询有限公司）共同撰写，感谢初德广（湖南明峰建设工程有限公司）、杨永（晋城市能源发展中心<晋城市能源研究所>）、马志慧（鄂尔多斯市昊华红庆梁矿业有限公司）、曲鹏飞（山东恒邦冶炼股份有限公司）为本书撰写提供帮助。

本书围绕“矿产资源开发利用与矿山安全管理”这一主题，由浅入深地阐述了矿产资源、采矿方法、矿产资源的开发利用和规划等，系统地论述了探矿、矿物筛分技术、煤炭洗选加工技术等有关知识，深入探究了矿山安全管理与评价，以期为读者理解与践行矿产资源开发利用与安全管理提供有价值的参考和借鉴。本书内容翔实、条理清晰、逻辑合理，兼具理论性与实践性，既可作为从事相关工作的专业人员的参考书，也可作为相关人员的培训教材。

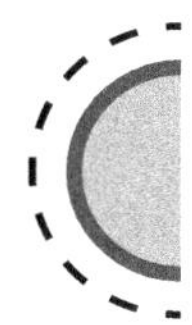

# 目　录


**第一章　矿产资源概述……………………………… 01**

第一节　矿产资源及其属性 ……………………………01

第二节　世界矿产资源潜力 ……………………………07

**第二章　矿产资源的开发利用和规划………………… 10**

第一节　我国矿产资源的开发利用 ……………………10

第二节　矿产资源规划 …………………………………14

**第三章　探 矿 ……………………………………… 24**

第一节　找矿方法 ………………………………………24

第二节　找矿标志 ………………………………………28

第三节　地球物理探矿 …………………………………32

第四节　地球化学探矿 …………………………………40

**第四章　采矿方法…………………………………… 47**

第一节　地下开采 ………………………………………47

第二节　露天开采 ………………………………………63

**第五章　矿物筛分技术……………………………… 81**

第一节　碎散物料的粒度组成与粒度分析 ……………81

第二节　筛分及筛分设备 ………………………………82

第三节　筛分机工作效果和影响因素 …………………88

第四节　常规筛分机的使用和维护 ……………………90

**第六章　煤炭洗选加工技术 …… 92**

第一节　跳汰选煤技术 …… 92

第二节　浮游选煤技术 …… 98

第三节　煤炭的深度物理加工和超净煤的制备 …… 106

**第七章　高浓度洗煤废水处理技术 …… 113**

第一节　高浓度洗煤废水的产生与性质 …… 113

第二节　处理洗煤废水常用的混凝剂和絮凝剂 …… 117

第三节　石灰与PAM联用处理高浓度洗煤废水 …… 124

第四节　聚合氯化铝与PAM联用处理高浓度煤泥水 …… 127

第五节　钙镁复配药剂与PAM联用处理高浓度洗煤废水 …… 129

**第八章　洗煤泥与污泥处理焚烧技术 …… 137**

第一节　煤泥的产生和特点 …… 137

第二节　污泥处理处置的基本方法 …… 139

第三节　污泥焚烧基本原理 …… 145

第四节　污泥焚烧方法及焚烧炉 …… 146

**第九章　矿山安全与管理 …… 151**

第一节　矿井瓦斯及其防治 …… 151

第二节　瓦斯喷出及其防治 …… 162

第三节　矿井水害防治 …… 165

第四节　矿山安全管理 …… 189

**第十章　矿山安全评价 …… 201**

第一节　安全评价概述 …… 201

第二节　矿山安全评价的依据 …… 209

第三节 矿山安全评价的分类、内容与程序 …… 210

**结束语 …… 217**

**参考文献 …… 221**

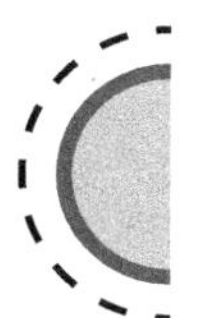

# 第一章　矿产资源概述

## 第一节　矿产资源及其属性

矿产资源的形成需要经历较长的时间，与地球演化有直接关系。矿产资源为人类生存和发展创造了条件，合理开发利用矿产资源，可以助力经济发展，为和谐社会建设贡献力量。随着经济发展，人们的生活水平显著提高，矿产资源的使用价值增加，在技术水平不断提高的背景下，可利用的矿产资源类型不断增多，开采工艺水平也得到提高，有用矿产资源已成为衡量社会财富的重要指标。

矿产资源总规模是有限的，但经济发展对矿产资源的需求日益增加，两者之间的矛盾日益突出，矿产资源短缺将成为一种常态，过度开采也导致一些矿产资源面临枯竭的困境。不合理的矿产资源开发会对生态环境造成一定程度的破坏，而影响到人类的可持续发展，只有在经济发展的同时兼顾环境效益，理性开发矿产资源，才能实现绿色健康发展。

### 一、矿产资源的概念及其特征

#### （一）矿产资源的基本概念

矿产，泛指一切埋藏在地下（或分布地表的、或岩石风化的、或岩石沉积的）可供人类利用的天然矿物或岩石资源。按照其所属的形态，可以划分为固态、液态、气态三种形态。

在理解资源含义的时候，可以从广义和狭义的角度展开。从广义的角度分析，资源就是满足人类生产和发展需求的各种要素，不仅有物质要素（土壤、植物），还有非物质要素。从狭义的角度理解，资源就是自然资源。联合国环境规划署（United Nations Environment Programme，UNEP）对资源的解释为：资源的形成需要一定的时间、地点，满足相关条件，且具有经济适用价值，能够满足人类生存和发展需求。

《中国资源科学百科全书》中提到，自然资源能够满足人们生存和发展的需求，并且是自然形成的，可以是物质形态，也可以是一些特殊的能量。在划分资源类型的时候，以再生性特征为依据，可将其划分为两种类型，一类是可再生资源，另一类是不可再生资源。可再生资源就是可以借助自然循环或者人类创造的条件，实现反复利用的资源，比如，空气资源、太阳能资源等。不可再生资源就是被人类开发和利用后，无法再生的自然资源，比如，石油资源。

矿产资源的形成和地质运动有直接的关系，它伴随着地质运动产生，被覆盖在地表下，或者聚集在地表，是一种物质集合体，具有实用价值。矿产资源可以满足工业发展的需求，为工业发展提供重要的原料，是能够被开采和使用的各种形态的自然资源。矿产资源属于不可再生资源，为人类生存和发展提供重要物质基础，同时也能满足社会发展的需求，是重要的社会生产资料。

从广义的角度分析，矿产资源指的是在内外作用力共同影响下，不同的矿物、元素等聚集起来，人类通过先进的开采技术，把这些物质开采出来，使之以商品形式出现，具有使用价值的资源。从狭义的角度看，矿产资源就是伴随着地质运动产生的具有开采价值的形态。

### （二）矿产资源的属性

#### 1. 不可再生性

矿产资源的形成由地质作用决定，矿产资源不具有再生属性，可开采和使用的数量也是有限的。为了推动经济的发展，人类大量开采矿产资源，导致地球可被开发和使用的矿产资源总量日益减少，有的矿产资源甚至面临枯竭的困境。因此，需要理性开发和使用不可再生资源，以达到可持续发展的目的。

#### 2. 相对性

在经济发展水平较低的时期，矿石开采技术有限，人类并没有意识到矿石的经济价值，而是将其认定为岩石，并不具备开采价值。在开采加工技术水平不断提高的背景下，人类能借助先进的技术，从矿石中提取具有经济价值的物质，并合理使用，从而显示出矿石的资源属性。所以，在不同发展阶段，矿产资源具有明显的相对性特征，判断矿石是否具备资源价值，不仅要考虑埋藏深度，还应该考虑凭借当前所掌握的开发技术，能否成功开采和使用。

3. 复杂性

矿产资源大多埋藏在地下，受到不同地质运动的影响，成矿的过程和形态都有较大差异。因此，尽管前期已经开展充分的调查工作，但可能受到复杂因素的影响，分析的结果不够精确。所以，在资源勘探的过程中，需要投入大量的时间与精力，资料收集过程复杂，还伴随着隐藏风险。

4. 地理分布的不均匀性与成矿规律性

地质形成条件不同，会产生不同类型的矿产。比如，岩浆活动容易产生有色金属，沉积岩地区往往聚集着煤、天然气等资源。地质条件、构造条件等都会对矿产资源的分布产生影响，受复杂因素和特殊属性的影响，矿产资源容易在局部聚集，分布并不均匀。

5. 伴生性

根据矿产资源区域分布现状得知，一些矿产资源均含量比较接近，矿种以及构成要素并没有较大的差异，这种属于共生矿。单矿为主，多矿为辅（含量少）的情形较为普遍，这就属于伴生矿，这种矿往往有不同的使用途径，但是对技术有较高的要求，冶炼成本高，开采难度大。随着地质勘探技术水平的提高，成功经验得到不断积累，人类开发和利用矿产资源的能力也显著增强，很多新的矿产资源被发现并被利用。

6. 生态性

矿产资源的形成和生态环境关系密切，如果矿产资源开发不合理，就会破坏生态平衡，威胁人类赖以生存的环境，甚至产生不可估量的负面影响。举例来说，矿产资源不合理开发，导致土地沙化问题严重，地下水资源减少，水土流失等问题日益加剧。

## 二、矿产的种类与形成

### （一）矿产的种类

矿产资源属不可再生性的可耗竭性资源，据统计，当今世界95%以上的能源和80%以上的工业原料都取自矿产资源。为了合理开发利用矿产资源，根据矿产的性质、用途、形成方式的特殊性及其相互关系而分别排列出的不同次序、类别和体系，称为矿产资源分类。矿产资源一般包括能源资源和原料资源两类，能源资源即矿物燃料和核燃料，原料资源有金属原料（金属矿产）和非金属原料

（非金属矿产）。矿产资源依其组成成分可分为金属矿产和非金属矿产，在目前世界矿业生产总值中，燃料产值约占70%，非金属原料约占17%，金属原料约占13%。因此，地球上的矿产按用途可以分为三大类，即金属矿产、非金属矿产和能源矿产。

1. 金属矿产

金属矿产是指通过采矿、选矿和冶炼等工序从中可以提取一种或多种金属单质或化合物的矿产。金属矿产按工业用途及其性质，还可进一步划分为：黑色金属矿产，如铁、锰等；有色金属矿产，如铜、铅、锌、钨等；贵金属矿产，如铂、钯、铱、金、银等；稀有金属矿产，如铌、钽、铍等；稀土金属矿产，如镧、铈、镨、钕、钐等。

2. 非金属矿产

非金属矿产指除能源矿产外，能提取某种非金属元素或可以直接利用其物化性质或工艺特性的岩石和矿物集合体。工业上只有少数非金属矿物是用来提取某一种元素的，如磷、硫等，大多数是利用非金属矿物的某种物理性质、化学性质或工艺性质。非金属矿产是人类使用历史最悠久、应用领域最广泛的矿产资源。非金属矿产可分为四类：冶金辅助原料，如菱镁矿、萤石、耐火黏土等；化工原料及化肥原料，如硫、磷、钾盐等；建材及其他，如石灰岩、高岭土等；宝石非金属矿产，如玉石、玛瑙等。

3. 能源矿产

能源矿产又称矿物燃料，是指蕴含某种形式的能量，并可以转化为人类生产和生活所必需的光、热、电、磁和机械能的一类矿产，是人类获取能量的重要物质资源，是工农业发展的动力和现代生活的必需品。能源矿产包括煤、泥炭、石油、天然气、铀矿等。尽管水力、太阳能、海洋能、风能等得到越来越广泛的开发利用，但在能源消费结构中，能源矿产仍占90%左右，是人们取得能量的主要源泉。我国已发现的能源矿种可分为三类：①燃料矿产，又称可燃有机物矿产，主要包括煤、石煤、油页岩、油砂、石油和天然气；②放射性矿产，包括铀矿、钍矿；③地热资源。

### （二）矿产的成因

矿产的形成和地质循环有直接关系，还会受到构造作用、地质流体、化学循环等方面的共同影响。岩浆、变质、沉积、生物和风化等作用都有可能产生矿产，虽然形成的矿产种类不同，但是矿产形成的基本机理大致相同。

1. 岩浆作用

岩浆矿床上聚集着有用矿产物质和能量，主要通过岩浆分异作用实现，可以通过岩浆矿床来勘探具有经济价值的矿产，比如，铁、铜等金属矿产大多集中在岩浆矿床上。从形成原因上看，一些是由晶体分离导致的，一些是由晚期岩浆作用产生的。

2. 变质作用

矿床容易聚集在岩浆岩附近，或者形成在围岩接触地带，主要受到接触变质作用的影响。矿床的形成和区域变质作用、热液变质作用也有一定的关联。变质矿床的形成和变质作用直接相关，变质作用导致原有的矿床工艺性能和用途发生改变，形成了一种新的矿床。例如，煤变质后会出现石墨矿床。

3. 沉积作用

沉积作用有利于形成有用价值矿床。风速的大小、水流的流速都会影响到沉积作用。如果选择合适的建筑材料，可以选择风和流水搬运、沉积形成的沙砾。在沉积作用的影响下，还有可能产生金刚石砂矿，砂矿床的形成与机械沉积分异作用有直接的关系，而盐类矿床的形成往往与化学沉淀有关。

4. 生物作用

矿床的形成与生物作用也有一定的关系。一些矿床的形成受到生物改造生物圈环境的作用。比如，贝壳的聚集有一定概率会形成含钙矿物，当前已经被发现的生物生成的矿物有几十种。沉积矿床形成会受到生物成因矿物的影响，磷块岩矿床的形成与生物化学沉积作用有关。

5. 风化作用

在风化作用的影响下，物质的浓度可能会发生改变，从而具备资源价值。例如，红土型风化壳的上部容易形成褐铁矿、赤铁矿，是一种特殊的红土带风化壳。富铝岩风化后的土壤，有利于含水氧化铝物质的聚集，从而生成铝矿。火成岩风化后的土壤中，容易富集铁、镁等金属元素。

### （三）成矿时代

根据我国地质演化和有关的大地构造发展阶段，我国的成矿时代一般可划分为五期。

1. 前寒武纪成矿期

这是我国的一个重要成矿期，太古代末到早元古代，华北、华南及西北塔里木等地进入地槽阶段；晚元古代，华北、伊陕等地转为地台。该期较为重要的矿产有北方诸省的变质铁矿（鞍山式含铁石英岩）、绿岩带金矿、变质磷矿床（辽宁）、滑石菱镁矿床（山东）和刚玉矿床等，还有裂谷火山岩型铜矿（云南、山西）、岩浆型钒铁磁铁矿床（河北），以及内蒙古和新疆等地的稀有金属伟晶岩矿床。

2. 加里东成矿期

我国境内稳定区和活动区均较发育，华北、西南进入相对稳定的地台期，以产于浅海地带和古陆边缘海进层序底部的Fe、Mn、P、U等外生矿产为主，如宣龙式铁矿、瓦房子锰矿、湘潭式锰矿、昆明式磷矿、襄阳式磷矿等；中期海浸范围扩大，形成灰岩、白云岩矿床；晚期在海退环境下形成潟湖相石膏和盐类矿床；祁连山、龙门山、南岭等地进入地槽期，以内生矿床为主，也有变质矿床，如黄铁矿型铜矿（白银厂式）、镜铁矿型铁矿（北祁连山）、铬镍矿床，伟晶岩矿床以及气成热液矿床。

3. 海西成矿期

我国东部仍处于地台阶段，相应形成了一系列外生矿床，如宁乡式铁矿，遵义式锰矿，石炭-二叠系的煤、铝土矿、黏土矿等；我国西部仍处于地槽发展阶段，以内生矿床为主，有秦岭和内蒙古的铬、镍矿床，白云鄂博式稀土—铁矿床，阿尔泰、天山地区的稀有金属伟晶岩，与花岗岩有关的W、Sn、Pb、Zn，南祁连地区的有色金属，川滇等地的Cu、N、Zn以及力马河的Cu-Ni硫化物矿床。

4. 燕山成矿期

燕山成矿期是我国最重要的内生矿产成矿期。该期由地台转入地洼（活化）期，构造、岩浆活动强烈，形成了一大批与中酸性岩浆岩有关的W、Sn、Mo、Bi、Fe、Cu、Pb、Zn矽卡岩型和热液型矿床。晚期形成了一系列与小侵入岩体有关的Fe、N、Zn、Hg、Sb、Au，稀有金属，萤石，明矾石等矿床。

5. 喜马拉雅期

我国西部以地洼活动为主，另外中生代开始发展的喜马拉雅地槽和台湾地槽成为仍在强烈活动的地槽褶皱区，产出伴随基性-超基性岩浆活动的Cr-Pt矿床（西藏），Cu-Ni矿床，火山岩中的Cu、Au矿床（台湾地区）及Pb、Zn、S矿床

（新疆）等；外生矿床以沉积和风化淋滤矿床为主，主要有含铜砂岩、风化淋滤型镍矿、风化壳型铝土矿，各类砂矿、盐类，高岭土等，还有钾盐（云南）、煤炭和石油等。

## 第二节　世界矿产资源潜力

矿产资源是人类社会得以发展的重要物质基础，自世界各国先后进入工业化发展阶段以来，矿产资源的消耗快速增长。20世纪，全球累计消耗了1420亿吨石油、780000亿立方米天然气、2650亿吨煤、380亿吨铁（钢）、7.6亿吨铝和4.8亿吨铜，以及众多支撑现代经济社会发展的矿物原料。从世界矿产资源的消费趋势看，20世纪上半叶矿产资源消费的高速增长代表了主要发达国家快速的工业化进程，因此世界多数国家重视对矿产资源的勘查，这也推动了勘查领域科学技术的进步。

### 一、世界矿产资源丰富、保证程度高

世界上已探明的矿产资源非常丰富，多数矿产的储量和储量基础能满足未来20年世界经济发展的需要，其中石油、天然气、煤、铁、锰、铬、铝、磷和钾盐等的储量保证年限都在40年以上，甚至上百年。而铜、铅、锌、金、银、硫、金刚石等的保证年限较短，但由于这些矿产潜在的资源量丰富，只要增加勘查和开发投入，在相当长时间内是有保障的。

与20世纪80年代初相比，目前世界大多数矿产资源的需求保证程度在提高。除煤、铁矿石、铅、萤石、硫、钾盐、锑和菱镁矿等少数矿产外，世界所有主要矿产的静态储量都有不同程度提高。

### 二、世界矿产资源探明储量不断增长

近年来，随着世界经济的复苏，全球矿产勘查日趋活跃，新探明了大量矿产资源。

在燃料矿产方面，世界石油证实储量年均增长4.6%。增长储量部分主要来自中东地区的阿联酋、沙特阿拉伯、伊朗、伊拉克和科威特，其中大部分是老油田通过加密井网勘探由概略储量转化来的。拉丁美洲（主要是委内瑞拉和墨西哥）

储量增长也很明显。天然气大部分新增储量是在新区发现的，且主要在海上。

在非燃料矿产方面，钴、镍、铬、稀土金属、金刚石、重晶石、石墨等矿产资源探明储量增长显著，金、银、铂族金属增长也较明显。重要的铜矿床（储量在100万吨以上）的发现也不少。20世纪90年代初，铅锌矿床勘查取得大的突破，澳大利亚连续发现了3个高品位的特大型铅锌矿床，估计总地质储量在3000万吨以上，在阿尔及利亚、爱尔兰、加拿大、西班牙等国也有大的发现。

在非金属矿产方面，金刚石勘查取得重大进展，发现了几个特大型矿床，使得金刚石储量在最近10多年里增加了两倍。发现重要的金刚石矿床有澳大利亚阿盖尔矿床、俄罗斯阿尔汉格尔斯克矿床、加拿大西北地区波因特湖矿床。

## 三、世界矿产资源勘查潜力大

### （一）在世界各地仍有可能找到大量矿产资源

根据地质条件对比，多数国家和地区都有产出大量矿产资源的地质条件。从勘查程度上看，除西欧和北美以外的世界所有地区（包括海洋区域）地质工作和矿产勘查程度仍然比较低，即使已探明出大量矿产资源的南非和澳大利亚，矿产资源勘探程度仍是不高的。在大陆架浅海海底，埋藏着丰富的石油、天然气以及煤、硫、磷等矿产资源。在近岸带的滨海砂矿中，富集着砂、贝壳等建筑材料和金属矿产。在多数海盆中，广泛分布着深海锰结核，它们是未来可利用的潜力最大的金属矿产资源。

### （二）世界各国普遍重视矿产资源勘查

矿产资源影响一个国家的经济实力和发展潜力。各国普遍重视矿产资源勘查的主要原因有三个：一是广大发展中国家为了发展本国经济和增加矿产品出口创汇，对矿产资源的勘查和开发有较高热情；二是许多矿产资源属于战略性物资，尤其西方发达国家仍对矿产的勘探和开发给予高度重视；三是20世纪90年代以来，国际矿业合作加强，发达国家的矿业公司到第三世界的国家特别是到拉丁美洲国家勘查、开发矿产的活动增多，使得第三世界发现和探明矿产资源能力增强。

### （三）可利用矿产资源领域不断扩大

随着矿产资源勘查、开发利用技术手段的提高，各国加强深部探矿和浅部低品位矿的调查评价。从矿业科技和社会发展看，低品位矿、难选冶矿和开发条件差的矿（包括海洋区域）的开发和开采将增多，非传统和新类型的矿产资源的勘探和开发将增多，可利用矿产资源的来源将进一步扩大。在未开发的海洋矿产资源中，以深海海底的多金属结核、富钴结壳和海底硫化物矿床最引人注目。

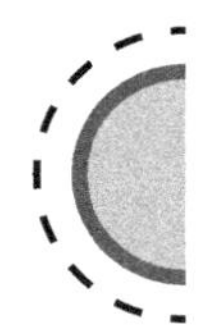

# 第二章　矿产资源的开发利用和规划

## 第一节　我国矿产资源的开发利用

### 一、资源开发利用现状

#### （一）资源存在浪费现象

矿业全面高速发展，极大地促进了资源与原材料工业的发展，我国进入矿产资源和能源生产大国的行列，但是在矿产资源开发利用方面仍存在诸多问题。

一是资源开发、采选回收率低。当前我国总资源采选回收率仅仅在30%~40%，低于世界平均水平，共生与伴生矿产综合开发率为1/3，采选回收率不足20%，资源能源浪费严重，资源开发总损失预估达到780亿元。

二是资源共生与伴生矿产综合利用率较低。根据实际调查，只有2%的资源能源能够达到70%的使用率，其中有2.5%的矿产综合利用率为75%。煤矸石的排放量逐年增加，工业“三废”的利用率低，综合利用整体水平低于发达国家。

#### （二）开发利用粗放化

矿业是资本与技术密集型产业，只有达到一定规模才能够产生经济效益。但是我国矿山分布不集中，矿产资源利用难度较大，资源开采率低，需要投入大量的资金、物力及人力，造成开采成本非常高，因此，矿产企业常主动放弃对具有附加值的资源的利用，采矿多选择富有矿产区，放弃贫矿区，为降低开采成本呈现出掠夺式开采局面。粗放式的管理及开采限制了矿产资源的开发与利用。

#### （三）环境污染现象严峻

根据生产数据分析，矿业固体的废弃物占工业生产废弃物的 80%左右，这些废弃物在排放之后占用大量的土地资源，有的堆放在城市及居民生活场所附近，矿业废弃物会产生大量污染，严重污染地下水、地表水，影响人们的生产生活。

在自然环境的影响下，多种有害成分可使污染面积进一步扩大，具体的污染表现在以下方面。

1. 重金属污染

提炼重金属的过程中会产生很多矿渣、尾矿、废弃石料等废弃物，这些物质会污染土壤和水体，使土壤种植的农作物受害，水中生长的动植物被人们食用后也会导致人中毒。如果提炼重金属过程中产生的烟尘废物携带的污染物进入人体中，同样威胁着人类健康。

2. 侵蚀性物质污染

以煤矿资源开采为例，煤矿资源开采中含有大量的煤矸石物质，降水过程使得这些物质被冲散进泥土与水中，其中所含的硫酸等有害物质就会污染地下水与土壤，此外含有的多种物质甚至会污染大气。油气开发与加工中的三废物质也会严重影响人们的身体健康。

3. 放射性物质污染

矿产资源中含有放射性物质，这些物质一旦进入土壤与水中，甚至进入江河湖泊中，所流经地区都会造成严重污染，如页岩开采的岩石中就含有放射性元素，此外废石也会造成放射性污染。

### （四）其他

矿产开采管理滞后，执法不严格，管理体制不适应实际情况，出现管理失控的现象；很多矿山无证开采、越界开采，矿石的开采质量差；矿产资源开发中大量固体废弃物占用土地，造成污染，矿山开采造成地表林地、森林均被破坏，生态环境短时间内很难修复，导致水土流失严重。此外，矿产生产开采会破坏水源，影响工农业用水；矿产开采还会引发地质灾害，如导致地面塌陷、沉降、滑坡、水土流失等，其中最严重的是采煤塌陷，会造成严重的地质灾害。

## 二、矿产资源的合理开发利用

### （一）扎实做好地质勘测工作，为资源开发提供依据

地质资料是矿产开采的依据，认真研究地质报告非常关键，地质工作具备一定的专业性，需要有详细的数据报告作为支撑。因此，技术人员充分收集与整理地质资料，是开展矿产开采工作的重要途径。以煤炭资源开发为例，通过对资料

的总结可以提高煤炭资源回收率。

首先，要提高煤炭地质勘查效率和勘查精度。煤炭地质勘查的目的是为矿区总体发展规划、矿井初步设计提供地质资料，保证煤炭开发有序实现。地质勘查需要地质报告的支持，其主要任务是运用各种地质理论，选择相应的技术手段和工作方法，查明地层、地质构造、煤层、煤质、储量及开采技术条件等因素。

煤炭地质勘查工作必须坚持以现代地质理论为指导，通过先进技术装备提高勘查成果精度，以适应煤矿建设技术发展的需要，坚持“以煤为主、综合勘查、综合评价”的原则，做到充分利用、合理保护矿产资源。

其次，做好原始地质资料分析整理工作，对资料的分析可为开采工作提供重要支撑，从而形成完整且系统的报告来支持开采工作的完成。因此，必须认真做到：检查补充和誊清地质记录；清绘原始地质图件；建立原始地质资料台账；填绘原始地质资料；建立原始地质资料数据库；提交地质报告和地质说明书。地质成果为矿井设计、生产部门使用，其可靠性、研究成果将直接影响矿井开拓布置、采掘布置、开采方法、运输、通风、排水等方案的经济合理性。

### （二）做好储量管理工作，提高资源回收率

矿井建设和采掘生产过程中，其测定储量是不断变化的。矿井储量管理就是要按规定正确测定和及时统计储量动态，设法扩大矿井储量，分析储量损失原因，为矿井建设、生产和正常接替提供依据，及时提出合理开采和利用的意见，监督矿产资源的合理开发和合理利用。因此，储量管理是矿井生产管理的重要组成部分。做好储量管理工作：第一，要有一支精干的储量管理队伍，配备专业知识丰富、工作责任心强的技术人员；第二，要建立严格的储量管理制度，落实储量管理责任，为储量管理工作创造良好的环境和氛围，最大限度地减少储量损失，提高煤炭资源的回收率。

### （三）编制正确的资源开发利用规划

矿产资源是重要资源，不可恢复、不可再生、不可循环。新时期矿产资源开发朝着深度发展，当前人们生存环境与资源之间的矛盾越发突出，为解决这些矛盾，针对矿产资源开发存在的问题，必须制订资源开发利用规划，明确矿产可开发种类、数量。对主要矿产区与矿产资源集中区进行划分，将采矿与选矿活动集

中在一起，提高矿产资源利用率，建立节约型矿产资源开发模式，保证区域生态环境容量，确保与矿业开发规模相协调，让资源开发经济价值与生态环境社会价值相协调。尤其是在重要区域内，对矿山的区域划分进行严格调整，如生态保护区、水土流失区以及基础设施建设区等。严格依照法规政策约束矿山的开采，各级政府、监督部门进行严格管理，对环境破坏与执法失责情况要进行问责，保证资源科学开发，合理利用，造福千秋万代。

**（四）依靠科学技术，提高保护和合理利用矿产资源的水平**

科学技术是第一生产力，是促进矿业发展的重要因素。目前，我国矿业发展水平与世界发达国家相比，无论是在矿业管理还是在矿产资源探、采、选、冶和综合利用方面都有较大的差距。具体表现在管理手段和方法落后，矿产资源的综合回收率低于世界平均水平，矿产资源总体消耗强度较高，资源二次利用水平低，采矿浪费和破坏问题严重等方面。要解决这些问题，必须充分依靠科学技术，提高我国矿产资源的科学管理水平；提高探、采、选、冶的科学技术水平，推广新技术、新方法的应用，对落后的开发与加工方式加以限制并进行强制改造；鼓励对新材料、新能源技术的研究和应用，鼓励对国家紧缺矿产成矿理论和找矿方法的研究，鼓励矿产综合开发、综合利用；通过管理体制改革，促进生产与科研的结合，促进科学技术不断转化为生产力，使科学技术真正成为促进我国矿业发展的一种原动力。

依靠科技进步，最大限度地提高我国矿产资源的利用效率，降低经济发展对矿产资源消耗的水平。开源和节流并举，是实现有效保护和合理开发利用矿产资源的重要途径。针对我国支柱性重要矿产资源地下开采比重大、贫矿多、难选矿多等特点，加强采选、冶炼技术工艺的研究，提高矿产资源的回收率和利用率。

加大矿业技术改造和科研投入，重点加强综合矿中有用组分的回收利用研究，使综合矿及共伴生矿中的有用组分得到充分回收利用，提高经济效益和资源效益。

**（五）加强对矿山生态环境的保护，促进经济与社会可持续发展**

矿业开发不可避免地要对生态环境造成一定程度的破坏。我国是一个发展中的矿业大国，矿山环境污染问题十分突出，矿业开发诱发的地震、滑坡、地面塌陷等地质灾害十分普遍。矿山选厂排放的废水、废石、尾矿，既占用了大量的土地资源，又污染了大片耕地和地下水资源；冶炼厂废气造成空气污染并形成酸雨，污染了土地和江河，给农、林、牧、渔业造成了巨大的经济损失，对人民群众的生命健康危害也极大。

因此，切实加强对矿产资源开发的环境保护是矿产资源管理一项长期的、十分重要的工作。必须广泛、深入地宣传矿山环境保护的重要性，增强全体国民的环境保护意识，严格执行复垦制度，对废石、尾矿实行二次开发和回收利用，加大对矿山环境保护的执法力度；高度重视资源与环境的协调统一性，在矿产资源开发利用过程中，要增强环境保护意识，在统一规划、合理开发矿产资源的同时，要制订好矿山环境保护规划，最大限度地减轻矿业活动对生态环境的破坏。

## 第二节　矿产资源规划

### 一、矿产资源规划的含义

矿产资源规划是一定时期在一定区域内对矿产资源勘查、开发、保护与合理利用等方面进行统筹规划的总体部署。通过运用地质和经济等理论方法，对一定区域内矿产资源进行自然条件、区位条件、勘查开发现状和供需形势的评价，分析矿业与其他产业的关系，划分各种类型的规划区域，确定矿业结构调整方向和矿业组织政策，研究该区域矿产资源短期（5年）、中期（10年）和长期（15～20年）的勘查开发和利用计划与资源保护措施，形成鼓励矿产资源集约生产和合理利用的法律文本。

矿产资源规划不同于矿产资源开发利用建议或矿业发展计划，是一种与土地利用规划、城市发展规划、旅游资源规划等相类似的具有全局性、长远性、战略性的专项规划。矿产资源规划是指导矿产资源勘查、开发利用与保护的纲领性文件，是依法审批和监督管理矿产资源勘查、开采活动的重要依据，是宏观调控和管理矿产资源的基本手段。

### 二、矿产资源规划的特点

#### （一）宏观性

矿产资源规划的宏观性是由矿产资源规划作为矿产资源开发利用和保护的宏观调控手段这一基本性质决定的。按照“宏观性”的要求，矿产资源规划应根据国民经济或区域经济发展的要求，制定矿业经济发展的总目标、矿产资源开发利用和保护的重大方针和政策，研究矿业生产力的合理布局和矿产品结构的调整方向，提出矿产资源开发利用和保护的重大战略措施，制订矿产资源规划实施的保障措施。

### （二）战略性

矿产资源规划在时间上要着眼于未来，按照可持续发展的要求制定目标、方针和政策，提出矿产资源开发利用和保护的重大战略措施，处理好当前利益与长远利益的关系。在空间上要立足于国内、区内资源，综合考虑国内外、区内外“两种资源、两个市场”，处理好局部利益与整体利益、地方利益与中央利益的关系。矿业的发展要和其他产业的发展相协调。

### （三）政策性

矿产资源规划的政策性就是指它的规范性。矿产资源的开发利用要符合国家有关的法律、方针和政策，矿产资源规划要运用政策手段对矿业行为进行规范和引导。

### （四）科学性

矿产资源规划的科学性就是指它的合理性。按照“科学性”的要求，编制矿产资源规划首先要全面、准确地搜集各种经济信息，包括矿产资源的查明及分布情况、矿产资源开发利用状况、国内外矿产品市场供需信息、国民经济与社会发展综合信息、矿业相关部门发展规划、矿产品开发利用新技术及发展趋势、党和国家的有关方针、政策和指令等。经济信息是规划编制的基本依据，因此，信息必须准确、及时、适用。掌握了大量经济信息之后，就要对信息进行分析研究，探索其内在的联系和规律性。在此基础上对未来矿业经济的发展趋势进行综合分析，并做出科学的预测。根据预测的结果，综合考虑规划期内国民经济和社会发展的要求、资源条件、产业基础等因素，对矿产资源开发利用所要达到的目标和实现目标的主要措施做出抉择。这是矿产资源规划的主体和核心。它主要包括矿业经济的发展规模、速度、结构、重大比例关系、重大项目建设、矿业生产力布局、产业结构调整等内容。

### （五）可操作性

矿产资源规划的可操作性是指它的切实可行性。贯彻“以人为本”的思想是规划的主线，按照“可操作性”的要求，矿产资源规划的编制要以资源条件、产业基础、市场需求为依据，发展目标要具体，产业结构调整方向要明确，措施及政策建议要有针对性。

## 三、矿产资源规划的分类

矿产资源规划由全国性矿产资源规划、地区性矿产资源规划和行业性矿产资源开发规划组成。全国性矿产资源规划包含全国矿产资源总体规划和专项规划，其中专项规划主要包括地质矿产调查评价与勘查规划、矿产资源开发利用与保护规划、矿山生态环境保护规划等。地区性矿产资源规划包括省级、市（地）级、县级和跨行政区域的矿产资源规划。行业性矿产资源开发规划是有关矿产资源开发产业行业管理部门编制的相关矿产资源开发规划。

## 四、矿产资源规划的功能

### （一）矿产资源规划的经济功能

1. 宏观经济功能

矿产资源的整体性特征决定了矿产资源应统一规划、合理布局、综合勘查、合理开采、综合利用。根据我国矿产资源的赋存特点、开发利用条件、市场供需形势以及国家区域经济布局的要求和经济安全的需要，遵循市场经济规律，对全国矿产资源进行统筹规划，坚决维护矿产资源的国家所有权益。地方各级政府、企业、各类经济组织和个人都必须以国家利益为重，有效保护和合理开发利用矿产资源。

2. 中观经济功能

矿产资源的区域性特征决定了矿产资源规划必须强调矿产资源的开发利用要与区域经济发展相结合，调整优化矿业结构，根据矿产资源分布的区带性和组合分布的区域性特征，密切结合区域经济发展，统筹规划，发挥优势，重点开发，建立起地区间分工合理的区域矿产资源开发体系。资源输入区和资源输出区要因地制宜，优势互补，横向联合，分工合作，协调发展。以市场为导向，积极推进矿业探采结构、产品结构、进出口结构、企业组织结构和地区结构等的调整和优化，合理布局，协调发展。

3. 微观经济功能

矿产资源的有限性、不可再生性决定了矿产资源规划必须遵循开发和保护并举原则，提高资源利用率。在具体的经济活动中体现为以下几个方面。

（1）加强矿业秩序治理整顿，避免人为地破坏、浪费矿产资源。

（2）在矿产资源开发、冶炼、加工、运输、消费的各个环节提高资源利用水平。

（3）依靠科技进步和科学管理，提高采矿回采率和选矿回收率。

（4）扩大对共伴生矿产的综合开发利用，对尾矿、废石（矸）综合利用和对废旧金属的回收利用。

（5）根据资源赋存特点，实行规模经营和集约生产。

（6）大力开展节能减排，不断提高单位能源、矿产资源的产出率。

（7）切实推进矿产资源开发利用方式从粗放型向集约型转变。

### （二）矿产资源规划的法律功能

矿产资源规划一经制订，经有关部门批准和同级政府发布，即成为矿产资源管理的法规，是同级人民政府及其国土资源主管部门依法管理和保护矿产资源的重要依据，具有强制的法律效力，包括以下几方面的内容。

一是矿产资源生产和矿业生产应坚持“在保护中开发，在开发中保护”的总原则。

二是矿产资源规划是各级人民政府依法管理和保护矿产资源的指导性文件，其主要规划目标纳入同级国民经济和社会发展规划中实施。

三是矿产资源规划是国家加强对矿产资源勘查、开发进行宏观调控的重要手段，是各级人民政府地质矿产主管部门依法对矿产资源勘查、开发利用与保护进行监督管理的依据。

四是国家规划矿区和国家规定实行保护性开采的特定矿种的设立、变更或者撤销及其开发利用，应当符合全国矿产资源总体规划。

五是各级人民政府地质矿产主管部门审批颁发勘查许可证、采矿许可证，应当符合矿产资源规划。

六是下级矿产资源规划服从上级矿产资源规划，专项规划服从总体规划，行业性规划和地区性规划服从全国性规划。

矿产资源规划自上而下编制，下级矿产资源规划的编制必须以上级矿产资源规划为依据，并与上级相关规划保持一致，与同级相关规划相互衔接。

此外，面对新形势对矿产资源规划的要求，矿产资源规划在基本功能上还要做到以下几点。

一是强化规划的空间指导和约束功能，形成矿产资源勘查开发的合理布局，推动矿山环境保护与恢复治理工作。

二是强化规划对矿产资源总量调控和结构调整的引导和约束功能，促使矿产资源开采总量与市场需求量相适应，优化矿产资源勘查与开发结构。

三是强化节约和高效利用的政策导向功能，提高资源利用率。

四是强化规范管理功能，充分发挥规划在规范矿业权市场中的重要作用，促进矿产资源开发利用有序有偿，合理规范。

## 五、矿产资源规划目标

矿产资源规划的目标，从宏观上讲要保证资源供给和资源持续利用；从中观上讲要保证矿业有序和矿业组织高效；从微观上讲要保证矿区矿产资源集约开发。现从以下几个方面进行分析。

### （一）可持续发展鼓励经济增长

可持续发展更重视追求经济增长的质量。这就是说经济发展包括数量增长和质量提高两部分，数量的增长是有限的，而依靠科学技术进步，提高经济活动中的效益和质量，采取科学的经济增长方式才是可持续的。要达到具有可持续意义的经济增长，必须重新审视使用能源和原料的方式，改变传统的以“高投入、高消耗、高污染”为特征的生产模式和消费模式，实施清洁生产和文明消费，从而减少单位经济活动造成的环境压力。

### （二）可持续发展的标志是资源的永续利用和良好的生态环境

经济和社会发展不能超越资源和环境的承载能力。可持续发展以自然资源为基础，同生态环境相协调。它要求在控制人口增长、提高人口素质和保护环境、资源永续利用的条件下，进行经济建设，保证以可持续的方式使用自然资源和环境成本，将人类的发展控制在地球的承载力之内。可持续发展强调发展是有限制条件的，没有限制就没有可持续发展。要实现可持续发展，必须使自然资源的耗竭速率低于资源的再生速率，必须通过转变发展模式，从根本上解决环境问题。如果经济决策中能够将环境影响全面系统地考虑进去，这一目的是能够达到的。但如果处理不当，环境退化和资源破坏的成本就非常大，甚至会抵消经济增长的成果。

### （三）可持续发展的目标是谋求社会的全面进步

可持续发展的观念认为，世界各国的发展阶段和发展目标可以不同，但发展的本质应当包括改善人类生活质量，提高人类健康水平，创造一个保障人们平等、自由、教育和免受暴力的社会环境。这就是说，在人类可持续发展系统中，经济发展是基础，自然生态保护是条件，社会进步才是目的。而这三者又是一个相互影响的综合体，只要社会在每个时间段内都能保持与经济、资源和环境的协调，这个社会就符合可持续发展的要求。人类共同追求的目标，是以人为本的自然—经济—社会复合系统的持续、稳定、健康的发展。

因此，在制订矿产资源规划目标时，必须充分考虑现实的资源基础和未来区域经济发展环境，促进区域经济发展和实现资源的可持续利用，并做到：

1. 矿产资源规划目标应由单目标转向多目标且优先保证主目标

受经济发展阶段的影响，以往的矿产资源开发利用的目标是一种片面追求经济增长的单目标模式。虽然这种模式对国家和区域增加物质财富做出了应有的贡献，但也带来了日益沉重的人口、资源、环境与社会压力。新理论指导下矿产资源规划的概念不再是建立在从自然界得到越来越多的资源上，也不再是把GDP作为发展的唯一尺度，而是以经济、社会和生态环境的多目标协调发展为指导原则，把绿色GDP作为发展的唯一尺度，追求全方位的综合发展，提高资源的利用率。不论主目标何等优先，仍需同时兼顾生态环境目标和社会公平目标。总之，追求复合型矿产资源规划目标是实现可持续发展总目标的关键。

绿色GDP就是把资源和环境损失因素引入国民核算体系，即在现有的GDP中扣除资源和环境损失，包括由于经济增长造成自然资源、生态环境破坏的直接经济损失，以及为恢复生态平衡、挽回资源损失而必须支付的经济投资。据世界银行的估算，目前我国大气和水污染造成的损失价值，占GDP的3.5%。如果把资源耗竭、生态破坏和环境污染所造成的损失全部计算在内，估计现行的GDP总量至少应降低10%。

2. 社会与生态环境尺度必须同时作为衡量最佳矿产资源开发利用方案的重要标准

区域发展是一个非常综合多维的概念，既包括经济增长和经济结构，也包括社会发展和人的素质提高以及生态环境改善诸多方面在内的多元多层次进步过程，所以矿产资源开发利用方案的确定与最终选优必须同时用效益尺度、社会进步尺度和生态环境尺度去等额量度。在注重经济总量指数、经济效益指数的同时，还必须注重资源保证系数及资源空心化系数、环境污染指数和生态指数等的选取、量化。矿产资源开发利用水平要适度，经济增长不得超过资源与环境承载能力。

3. 处理好六个关系是确保规划目标实现的前提

（1）处理好市场调节与宏观调控的关系。既要发挥市场机制的作用，又要加强宏观调控，把二者有机地结合起来，市场调节要以宏观调控为基础，宏观调控要以市场调节为取向。要处理好矿产资源勘查、开发利用中规划作用与市场作用之间的关系，准确把握规划中市场调节与宏观调控的范围，特别是对于商业性矿产勘查和开发利用，重点进行政策的引导。

（2）处理好局部利益与整体利益的关系。矿产资源的开发利用要有全局意识，充分体现国家的产业政策导向，落实好矿产资源规划的目标和任务，协调好中央、省（自治区、直辖市）以及与地方的关系。要了解宏观经济的运行情况、经济社会发展的总体要求，掌握规划辖区内矿产勘查开发情况，把地区的矿产资源规划工作放在全省及全国的宏观大局中加以考虑，处理好国家、省域、市域以及个体、整体利益的关系。

（3）处理好当前利益与长远利益的关系。要充分体现可持续发展的理念，兼顾当前利益与长远利益，不能急功近利，制止和杜绝滥采乱挖、采富弃贫、浪费资源现象发生。统筹安排矿产资源勘查、保护与开发利用、矿山环境保护与恢复治理。

（4）处理好资源开发与环境保护的关系。合理开发资源，有效保护环境，从根本上离不开政府的规划主导。矿产资源开采不可避免会对矿山环境造成一定的破坏，要以人为本，统筹人与自然和谐发展，统筹安排矿产资源的开发利用与矿山环境的保护，落实国家有关环境保护政策，加强对矿业活动的监督管理，积极建设绿色矿山，以科学规划和有序开采产生资源开发和环境保护的双向效应。

（5）处理好保护资源与保障发展的关系。必须坚持“在保护中开发，在开发中保护”的方针，按照有序有偿合理开发的要求，开源与节流并举，开发与保护并重。一方面，通过资源勘查、合理利用满足国家和当地经济社会发展需求；另一方面，通过切实保护资源，满足国家和当地经济社会长远的可持续发展的要求。

（6）处理好规划管理与矿业权设置的关系。必须严格按照矿产资源规划，对矿产资源调查评价、开采、保护项目和矿山环境恢复治理与土地复垦项目，以及探矿权采矿权的设置、申请审批、招标、拍卖、挂牌出让和处置，认真做好规划审查，提出规划意见。对不符合矿产资源规划的项目，不得批准立项，不得审批、颁发勘查许可证或采矿许可证，不得批准用地。

## 六、矿产资源规划的编制程序

矿产资源规划的编制过程，是拟定区域资源开发目标、进行资源有效配置与开发决策以及实施规划的过程，是对资源的勘探、采掘、加工、运输、利用等进行全方位的动态规划的过程，是一个科学决策的过程。矿产资源规划的程序大致分为四个阶段，即准备阶段、基础研究阶段、成果编制阶段和规划报批阶段。

### （一）准备阶段

1. 上一轮规划评估

对上一轮规划实施评价既包括对规划目标和任务确定和实施过程中正反两方面经验的总结，也包括对政府相关部门执行规划情况的评价，以达到有经验可借鉴、有问题可剖析、有对策可制定的目的。

2. 明确编制任务，落实编制计划

成立矿产资源规划编制领导小组和编制工作组，组建编制组、技术协调组和重点项目科研组，分别负责主体规划的编写，横向、纵向及内外技术联系与协调，开展资源现状评价、矿产资源需求预测、规划矿种选择、规划区确定和保证措施研究等工作。

3. 拟订编制规划提纲和设计方案

规划编制组在充分调查研究并广泛听取各方面意见的基础上，根据《矿产资源规划管理暂行办法》和《省级矿产资源规划编制指南》的有关要求，提出规划研究报告和规划文本的提纲，并形成详细的设计方案。

### （二）基础研究阶段

矿产资源规划的调查研究主要有以下几个方面。

一是收集和掌握相关资料文件，包括区域经济社会现状及发展计划；同级或上级矿产资源规划；相关行业、相关部门的规划资料，主要有土地规划、旅游规划等。

二是区域内地质情况和矿产资源特点。

三是矿业发展环境和发展前景、与相关产业发展的协调作用。

四是产业结构和产业结构调整方向。

五是对基本数据和图件进行整理。

### （三）成果编制阶段

本阶段的主要任务是根据前期的研究，整理规划成果。具体内容如下。

1. 规划文本

规划文本是对规划目标、原则和内容提出规定性和指导性要求的文件，要求目标明确、任务具体、内容简明、重点突出，具有较强的针对性和可操作性，文字表述规范，数据准确。主要包括：总则，现状与形势，指导思想、基本原则与规划目标，矿产资源调查评价与勘查，矿产资源开发利用与保护，矿山环境保护与恢复治理，规划实施保障措施，附则等。

2. 规划附表

规划附表内容应与规划文本一致，主要包括：主要矿产资源储量表，主要矿区资源储量基本情况表，主要矿产开发利用现状表，主要矿山开发利用现状表，矿山一览表，主要矿产探矿权现状及规划表，主要矿产采矿权现状及规划表，主要矿产品产量、需求量及其预测表，矿产资源调查评价规划分区表，矿产资源勘查规划分区表，主要矿产资源勘查规划区块表，矿产资源开采规划分区表，矿业经济区规划表，矿区（床）、规划区块最低开采规模规划表，矿山环境保护与恢复治理及土地复垦规划表，矿业权整改、联合、关闭规划意见表，自然保护区、风景名胜区一览表，基本农田保护区、生态保护小区一览表，矿山采选技术结构调整规划表，地质遗迹、文物古迹一览表等。

3. 规划图件

规划图件表达的内容应与文本一致。主要包括：矿产资源分布图，矿产资源开发利用现状图，矿产资源调查评价和勘查规划图，矿产资源开发利用与保护规划图，矿山环境保护与恢复治理规划图等。

4. 规划数据库

建设规划数据库是实现矿产资源规划信息化管理的基础，除了电子化的文本、图表外，还应该参照《矿产资源规划数据库标准》和《省级矿产资源规划数据库建设指南》，做好矿产资源数据库建设，有条件的还可以开发“矿产资源规划管理信息系统”。

### （四）规划报批阶段

1. 规划预审

针对矿产资源规划的成果（初稿）广泛征求意见，组织召开不同形式的专家讨论会、论证会，进行修改、充实，形成预审稿，提交专家委员会进行预审。

2. 规划报批

预审通过后，根据专家委员会提出的评审意见进行修改、补充、完善，形成最终的报批稿，经同级人民政府同意，报上一级政府管理部门审批，经同意后下达批准文件，由同级人民政府组织实施。

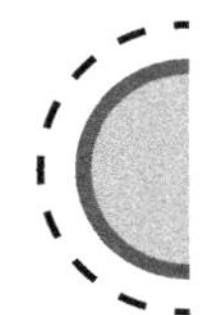

# 第三章 探矿

## 第一节 找矿方法

### 一、找矿的地质条件

找矿地质条件或称找矿地质前提，是指在各种情况下直接和间接地指示可能发现各种矿床而必须具备的一些地质条件。

找矿地质条件可分为岩浆岩、地质构造、地层、岩相—古地理、岩性、变质作用、风化和地貌以及地球化学等。它们对找矿工作所起的作用虽然不同，但互有联系。一个矿床的形成，往往是各种地质因素综合作用的结果。对内生、外生矿床来说，其找矿条件的侧重点都不相同。如寻找内生矿床侧重于岩浆岩、地质构造和岩性条件；沉积矿床则侧重于地层、岩相—古地理条件；变质矿床侧重于变质作用条件；风化矿床和砂矿侧重于风化条件和地貌条件。

找矿地质条件有的具有全球意义，有的却只具有区域的和地方的意义。例如，前震旦纪变质岩系所控制的铁矿床等，就具有全球意义；与基性、超基性岩有关的铬、镍、金刚石等矿床的找矿地质条件也具有全球意义。有的矿产是在一定的区域地质发展过程中形成的，如中国南方泥盆纪所形成的宁乡式铁矿，在我国南方具有普遍的分布规律，但在我国北方或世界上其他地区却不一定存在。因此，类似的找矿地质条件就只具有区域的和地方的意义。绝大多数矿产都与地球和地壳的一定地区的各种地质作用有关，是该地区地质发展史中某一特定阶段的产物。

通过对找矿地质条件的研究，可以掌握成矿规律，从而指导找矿工作，它是找矿工作的基础。

### 二、找矿方法的选择使用

找矿方法是为了寻找矿产所采用的工作方法和技术措施的总称。矿产资源是通过找矿发现的，找矿是一门既古老又现代的科学。说它古老是因为从远古人类就进行找矿活动，说它现代是因为找矿方法随着科学技术的发展而不断发展，增加了许多现代科学技术方法。找矿方法多种多样，需要根据不同矿床各自的特点，确定不同的找矿方法。

现在常用的找矿方法按其原理可分为地质方法、地球化学方法和地球物理方法三大类。地质方法包括地质填图法、砾石找矿法和重砂找矿法等；地球化学方法包括对岩石、水系沉积物、土壤、生物、同位素、水化学和气体进行化学测量等；地球物理方法包括磁法、电法、地震法、重力法、放射性法等。

一个矿床的发现和勘探不是单纯用一种方法取得的，而是多种找矿方法综合应用的结果。各种找矿方法不能独立使用，每种找矿方法都有自己的使用前提，只能从某一方面研究地质体的特性。因此，地质工作者特别注重找矿方法的综合应用，多以地质方法为基础，该方法起着综合和枢纽的作用。

为了合理使用找矿方法，经济有效地进行找矿，必须做好找矿方法的选择。选择找矿方法时，既要考虑矿体产出的地质环境、矿床类型（矿床成因、矿石物质成分、结构、构造）、矿体的形态与产状，又要考虑地球物理与地球化学特征，以及自然地理景观等。

## 三、成矿预测

成矿预测是为了提高找矿的成效和预见性而进行的一项综合研究工作。其主要过程是根据工作地区内已有的地质、矿产、遥感和物化探等实际资料，全面分析工作地区的地质特点和已发现各种矿产的类型、规模及其在时间、空间上与地质构造的关系，找出其成矿的规律，进而预测工作区内有可能发现矿产的地段、控制条件，指出需要进一步工作的方向、顺序和内容等，为正在进行的或下一阶段的找矿提供依据。成矿预测贯穿于找矿工作的全过程。

要进行成矿预测必须先弄清楚工作地区的成矿地质条件、成矿规律和找矿标志。成矿地质条件包括岩浆岩条件、构造地质条件、地层条件、岩相—古地理条件、岩性条件、变质作用条件、风化条件、地貌条件、地球化学条件和大地构造条件等；成矿规律包括成矿的时间分布规律、空间分布规律和区域矿产共（伴）生规律等；找矿标志主要包括地质标志、生物标志、人工标志、地球物理标志等。

成矿预测一般采用逐步缩小包围圈的方式进行，也就是缩小找矿靶区，工作程度也是由浅入深。开始是大区域性的预测，再是小区域性的预测，然后就是矿田预测、矿区预测、矿体预测。预测的准确程度直接关系到找矿的成败和找矿的成本，预测准确度高不仅可以减少找矿风险、缩短找矿周期、降低找矿成本，而且可提高找矿的命中率，甚至可直接找到矿床。

## 四、普查找矿

普查找矿又称找矿，简称普查或找矿，是在一定的地区内，为寻找和评价发现国民经济所需要的矿产而进行的地质矿产工作，即综合运用地质科学的基础知识与理论，使用必要的技术方法，结合群众报矿提供的线索，以发现各种矿产。找矿工作的目的是发现矿点、矿化区或矿床，对其进行初步地质经济评价（工业远景评价）。其任务包括：研究工作地区的地质构造，特别是与矿产形成和分布关系密切的地质条件，预测可能存在矿产的有利地段；综合运用有效的技术手段和找矿方法，在有利的地段内找矿，并对发现的矿点或矿床进行初步的研究，就其地质和经济意义作出评价；在以上基础上，阐明工作地区的矿产远景，为进一步选择矿床勘探地区（或地段）和编制国民经济发展远景规划提供必需的矿产资源和地质、技术经济资料。在概念上，矿产普查是指为找寻矿产远景地区而进行的工作，包括航空地质、物探、化探以及其他的地表和地下工程等。

可以把找矿的基本问题概括为四点：找什么？到哪里去找？怎样找？找到之后怎么办？要解决这四个基本问题，就需要根据矿产资源战略形势分析确定找什么矿的问题；依据成矿地质条件、成矿规律和成矿预测，解决到哪里去找的问题；综合使用行之有效的各种找矿技术手段与方法，解决怎样去找的问题；通过地质经济评价，解决找到之后怎么办的问题。

## 五、地质填图法找矿

地质填图法是运用地质理论和有关方法，全面系统地进行综合性的地质矿产调查和研究，查明工作区的地层、岩石、构造与矿产的基本地质特征，研究成矿规律和各种找矿信息进行找矿。它的工作过程是将各种地质特征填绘到比例尺相适宜的地质图上，故称为地质填图法。因为本法所反映的地质矿产内容全面而系统，所以是最基本的找矿方法。无论在什么地质条件下，寻找什么矿产，都要进行地质填图，因此是一项具有战略意义的、综合性的、重要的地质勘查工作。地质填图的好坏直接关系到找矿工作的效果。如某些矿区地质填图工作的质量不高，对某些地质特征未调查清楚，因此造成找矿工作失误。

地质填图必须做好下列工作。

一是做好地质填图的各项准备工作。如收集和研究有关的遥感资料及对其进行详细解译，编出解译图，并在详细研究前人工作成果的基础上做好调查区的现场踏勘。

二是做好实测地质剖面。实测地质剖面是研究地层、岩体和构造的基础资料，是地质填图的前提，如果位置不当、地层划分和层序错误，将导致填图工作无法进行。

三是针对不同的地质情况和填图比例尺，采用不同的填图方法和手段。现在应用的主要填图方法有穿越法和追索法。

四是统一岩石分类命名和地质语言。由于地质填图涉及面大，岩石类型复杂，岩性变化大，如果岩石分类命名不统一，认识不一致，将造成同岩异名或同名异物的现象，给连图、岩相划分、地层层序建立和对比带来困难，影响填图质量。

五是及时做好资料整理和综合研究工作。

## 六、砾石法找矿

砾石找矿法是由于矿体露头被风化后所产生的矿砾或与矿化有关的岩石（砾石），在重力、水流、冰川等的搬运下，其散布的范围大于矿床的范围，利用这种原理，沿山坡、水系或冰川活动地带研究和追索矿砾，进而寻找矿床的方法。

砾石找矿法按砾石的形成和搬运方式可分为河流碎屑法和冰川漂砾法。该方法由来已久，因为方法简便，应用广泛，所以目前仍为基本的找矿方法之一。无论是路线地质观察、重砂测量还是地球化学测量均可同时应用，尤以山地森林区或高山冰川区更为适宜。

河流碎屑法是以各级水系中的冲积砾石、岩块、粗砂为主要观测对象，从中发现矿砾或与矿化有关的岩石砾石，然后逆流而上进行追索，连续地观察其形态、大小及滚圆度，并研究其物质成分和碎屑数量的变化情况。当遇到两条河流的汇合处，要判别含矿砾石的来源，一直逆流追索到砾石不再在河流中出现，直至发现含矿砾石发源的山坡，继而在山坡上布置比较密集的路线网，详细研究坡积、残积层，进而推断原生矿床的位置。

冰川漂砾法是以搬运的砾石、岩块为主要观察研究对象，其方法与河流碎屑法相似。

### 七、重砂法找矿

重砂法找矿又称重砂测量，是一种具有悠久历史的找矿方法，远在公元前两千年就用以淘取砂金。因为它方法简便，经济而有效，因此迄今仍为一种重要的找矿方法。回顾我国重要的金、铂、钨、锡、汞、独居石、铌钽砂矿、金刚石等贵金属、稀有金属、稀土矿床的发现史，如山东的金刚石、吉林夹皮沟的金矿、江西赣南的钨矿、湖北广东等地的汞矿等，都是用重砂法首先发现的，而且很多是开采砂矿后发现原生矿的。

按照采样对象的不同，重砂法可分为自然重砂法和人工重砂法两种。而自然重砂法又分河流重砂法和残—坡积重砂法。河流重砂法最适宜河流发育的地区，残—坡积重砂法适宜河流不发育的地区。

重砂法是矿产普查和区域地质调查中广泛使用的一种找矿方法。其过程是沿水系、山坡或海滨等，对疏松沉积物（包括冲积、洪积、坡积、残积、滨海沉积等）系统采集样品，通过重砂分析和综合整理，结合工作地区的地质、地貌条件和其他找矿标志，发现并圈出矿产机械分散晕，即有用矿物（或与矿产密切相关的指示矿物）的重砂异常，据此进一步追索原生矿床或砂矿床。野外取样工作与淘金差不多，一般用小型淘砂盘在水中淘洗砂土，由于各种矿物的比重不同，轻矿物先被淘洗掉，最后留下重矿物，从中挑选鉴定有用矿物及含量，达到寻找重矿物来源的目的。重砂找矿法适用于水系发育的地区，主要用来寻找某些有色金属（钨、锡、铋、铅、锌等）、稀有及放射性元素（铌、钽、铍、锆、钇、钍等）、贵金属（金、铂、锇、铱等）以及铬、钛、金刚石等矿床。

## 第二节　找矿标志

### 一、找矿标志概述

找矿标志是指那些直接和间接指示矿产存在或可能存在的现象和线索，一般可分为直接找矿标志和间接找矿标志。前者如矿体露头、铁帽、矿砾、有用矿物重砂、旧矿遗迹；后者如蚀变围岩、特殊颜色的岩石、特殊地形、特殊植物、地名、地球物理异常及某些历史资料等。发现和研究找矿标志，可以帮助我们有效而迅速地缩小找矿工作靶区，找到矿床赋存位置，发现矿床、矿体，为合理选择和运用找矿方法提供地质依据。现代矿产勘查工作中应用的各种找矿方法实质上就是通过对找矿标志的研究达到找矿的目的，只是由于所研究的找矿标志类别和采用的研究手段不同，才有了各种找矿方法的区别。

研究找矿标志的目的是加强对各种标志的认识和鉴别能力，以提高找矿效率。各种找矿标志均具有共同特点：首先，它们都与矿产有密切的关系；其次，其目标和靶区明显而易于发现。例如各种分散晕、特殊的地形、围岩蚀变及围岩颜色等各种信息，它们或是标志鲜明易为人或仪器所感受，或是显露的范围远较矿体出露面积大。因此，通过发现和研究找矿标志，便可进一步缩小靶区，最终找到矿体。

## 二、地质找矿标志

所谓地质找矿标志，就是从纯地质角度找到的一些标志，主要有矿体的原生露头和氧化露头、铁帽、近矿围岩蚀变、围岩的颜色变化、矿物学—地球化学标志和特殊的地形标志等。

有些矿体被剥蚀掉一部分，未剥蚀的直接裸露地表未经风化或轻微风化形成原生露头，这是最直接的找矿标志。有些金属硫化物矿体的氧化露头进一步遭受强烈的氧化和风化作用，多数金属元素在酸性介质条件下，转化为活动组分而被淋滤流失，残留下的不溶性的氧化物——针铁矿和褐铁矿在原地沉淀聚集，在地表形成铁质帽状覆盖物，通常就称为“铁帽”。它是寻找金属硫化物矿床的重要标志，国内外许多有色金属矿床就是根据铁帽发现的。如果铁帽规模巨大，还可以作为铁矿开采利用，但最重要的还是指示其深部原生硫化物矿体。不同的铁帽构造形态指示不同的矿床。

在成矿作用过程中围岩同样遭受到地下热水溶液的作用而产生蚀变现象，就是成矿热液对周围围岩的渗透和交代作用。这种蚀变范围往往比矿体大，较容易被发现，更为重要的是，蚀变围岩常常比矿体先出露于地表，因而可以指示盲矿的可能存在和分布范围。

围岩的颜色变化也是间接的找矿标志。由于找矿技术的提高，可以直观而快速地发现有价值的围岩颜色变化的地区，从而提供找矿靶区。它与围岩蚀变的研究相联系，能获得较好的效果。美国对斑岩铜矿运用遥感电子增强图像直接圈定地下隐伏矿床取得了极好的效果。这些方法已普及并推广到预测铅、锌、银、钨、铝、铀、石油、天然气、地热电力站和水资源的评价上。

由于围岩与矿体的矿物组成和物理化学性质的差异，抗风化能力不同，在矿体和围岩间可能出现局部性的地形特殊变化。抗风化能力强的矿体，如含金石英脉、磁铁石英岩、伟晶岩脉等，常是正向微地形；抗风化能力弱的矿体，如煤层、许多铅锌等硫化物矿体等，常是负向微地形。这也是较为有效的一种找矿标志。

## 三、生物找矿标志

生物找矿标志主要指植物的找矿标志。植物的生长受土壤和土壤水中金属矿体所含微量元素成分的影响，会出现一些异于常态的形态。通过研究植物的这些异常，就可分析和预测地下所蕴含的矿产。

某些植物具有在富含某些金属元素的土壤中生长的特殊习性，因而可以作为找矿的标志。例如，我国长江中下游各铜矿区都有海州香薷（铜草）的发育，因而这种植物被认为是在长江中下游地区找矿的一种指示植物。富阳民间流传着一句有关铜草的谚语：“牙刷草，开紫花，哪里有铜，哪里就有它。”

有些植物因含有元素而产生生态变异现象，可作为一种间接找矿标志。如含钍0.1%的白杨树可高于一般树的几倍，其高度可达几十到百余米，其树叶也相应巨大；如含锰高，可使石松属和紫菀属的颜色加深，使扁桃花冠颜色由白色变为粉红色；某些矿区中锌含量增高，使某些花的颜色变为深黄色和深红色；含铜多的玫瑰由红变成天蓝色。此外，还可以利用植物的灰分所含元素和植物叶表面微粒的元素特征指示找矿。

第三方面的标志是植物群的发育特征。例如在硫化物矿体露头附近，植物枯萎，盐和石膏矿床上的植物矮小，而在磷矿层附近，植物生长特别茂盛。

植物的种属、类别和上述发育特征，排列和分布在卫片和航片上都能通过各种技术处理而更为清晰，为大面积测定植物异常标志提供快速和有价值的信息。

某些动物也能成生物找矿标志，但由于其是活动的生物而难以测定。微量的金属元素就可能导致某些动物中毒和死亡，但只有在其死亡后进行检测，才能发现找矿标志。

## 四、人工找矿标志

所谓人工找矿标志，就是古代从事矿冶活动留下的找矿线索，包括旧采炼遗迹、特殊的地名等。

例如，老矿坑、旧矿硐、炼渣、废石堆等是矿产分布的可靠指示。我国古代采冶事业发达，旧采炼遗迹遍及各地。古代开采放弃的矿山，或者是由于当时技术落后不能继续开采，或是由于对矿产共生组合缺乏识别能力，用现代的技术及经济条件重新评价，有时会发现非常有工业价值的矿床。我国不少矿山就是这样发展起来的。此外，更多地是以这些旧采炼遗迹为线索，通过成矿规律找矿或者通过对地质条件的研究而找到更为重要的新矿体。

特殊地名标志是指某些地名是古代采矿者根据当地矿产性质、颜色、用途等命名的，对选择找矿地区有参考意义。有的地名直接说明了当地存在什么矿产，如安徽的铜官山，山东牟平的金牛山，乳山的金青顶，沂南的铜井、铜石，辽宁瓦房店的化铜沟，浙江平阳的矾山等。有些地名因古代人对矿产认识的局限性，其地名与主要矿产类型有差别，但仍然指示有矿存在的可能性。例如，江西德兴银山实际上是铅锌矿，湖南锡矿山实际上是锑矿，甘肃白银厂实际上是铜矿。

还有些地名不是很确定，古代人知道存在有价值的矿产，但是不明白具体是什么矿，就用“宝”来命名。如山东胶南七宝山找到铅等金属矿，山东五莲的七宝山找到铜金矿。这些地名在找矿工作中也应引起注意。

## 五、地球物理找矿标志

地球物理找矿标志是间接找矿标志之一，主要是指各种物探异常，包括磁异常、电异常、重力异常、放射性异常、人工地震等。地球物理探矿法对深部探矿具有不可取代的穿透盖层而取得信息的能力，对于预测各种地表和地下盲矿都是极其重要的手段之一。目前航空物探、卫星物探的快速发展，更使物探在找矿中起着极其重要的作用。

例如磁异常在寻找磁铁矿及其他磁性矿产，激电异常在寻找有色金属、贵金属矿产，放射性异常在寻找铀、镭等放射性矿产，人工地震在寻找油气、煤田等矿产上都具有不可替代的作用。

由于地球物理找矿标志是间接找矿标志，不能单独依靠它圈定矿体、评价矿体，必须配合地质解释才能更好地应用各类物探异常。

在实际工作中，在同一工作区或矿区，经常采用不同的物探方法，圈定不同的物探异常。如在有色金属矿产勘查中，经常应用磁法、电法等，根据不同物探异常，进行分析对比，研究引起异常的原因，再配合地质解释、化探异常等，给综合物探异常一个定性结论，这样将大大提高找矿效果。

## 第三节　地球物理探矿

### 一、地球物理探矿的概念

地球物理探矿简称“物探”，即用物理的原理研究地质构造和解决找矿勘探问题的方法。它是以各种岩石和矿石的密度、磁性、电性、弹性、放射性等物理性质的差异为研究基础，用不同的物理方法和物探仪器，探测天然的或人工的地球物理场的变化，通过分析、研究所获得的物探资料，推断、解释地质构造和矿产分布情况。它与地质学方法有着本质上的区别，不是直接研究岩石或矿石，而是研究地球物理场或某些物理现象，如地磁场、地电场、放射性场等。通过场的研究可了解工作区的地质构造和产状。目前主要的物探方法有重力勘探、磁法勘探、电法勘探、地震勘探、放射性勘探等。依据工作空间的不同，又可分为地面物探、航空物探、海洋物探、钻井物探等。在覆盖地区，利用物探可以弥补普查勘探工程手段的不足，实现综合普查找矿和地质填图。遥感遥测技术的发展，又为地球物理勘探开辟了新的途径。

物探使用的前提，首先要有物性差异，被调查研究的地质体与周围地质体之间，要有某种物理性质上的差异。其次被调查的地质体要具有一定的规模和合适的深度，用现有的技术方法能发现它所引起的异常。对规模很小、埋藏又深的矿体，则不能发现其异常。有时虽地质体埋藏较深，但规模较大，也有可能发现异常，因此找矿效果应根据具体情况而定。最后是能区分异常，即从各种干扰因素的异常中区分所调查地质体的异常。如基性岩和磁铁矿都能引起航磁异常。

### 二、航空地球物理勘探

航空地球物理勘探简称航空物探，是物探方法的一种。它是通过飞机上装备的专用物探仪器在航行过程中探测各种地球物理场的变化，研究和寻找地下地质构造和矿产的一种物探方法。目前已经应用的航空物探方法有航空磁测、航空放射性测量、航空电磁测量（航空电法）等。航空物探具有速度快，不受地面条件（如海、河、湖、沙漠）的限制，效率高，可以在短时间内积累大量的各类异常资料，大面积工作精确度比较均一，可在一些地形条件比较恶劣的地区工作等优点。特别是自动控制和电子计算机技术的发展，使航空物探综合化，从而提高了航空物探观测数据的计算和整理的速度及解释推断的水平，有力地促进了航空物探的发展。它的缺点：对一些异常值较小的异常体反应不够清楚，分辨力要低些；对异常体的定位目前还不够准确，需要地面物探进行必要的补充工作。

## 三、钻井地球物理勘探

钻井地球物理勘探又称“测井”，是物理探矿的一种方法，是在钻孔中使用的地球物理勘探方法的统称。根据所利用的岩石物理性质的不同，可分为电测井、放射性测井、磁测井、声波测井、热测井和重力测井等。根据地质和地球物理条件，合理地选用综合测井方法，可以详细研究钻孔地质剖面，探测有用矿产，提供计算储量所必需的详细数据，如油层的有效厚度、孔隙度、含油气饱和度和渗透率等，还有利于研究钻孔技术的应用。此外，应用井中磁测、井中激发极化、井中无线电波透视和重力测井等方法，还可以发现和研究钻孔附近的盲矿体。测井方法在石油、煤、金属与非金属矿产及水文地质、工程地质的钻孔中，都得到广泛的应用，特别是在油气田和煤田勘探工作中，已成为不可缺少的勘探方法之一。应用测井方法可以减少钻井取芯工作量，提高勘探速度，降低勘探成本。在油田有时把测井称为矿场地球物理勘探、油矿地球物理或地球物理测井。

电测井又分为视电阻率测井、自然电位测井、井中激发极化及井中无线电波透视法等。放射性测井方法很多，主要有γ测井、γ—γ测井、中子—γ测井、放射性同位素测井等。

磁测井主要有井中三分两次测和磁化率测井。在金属矿床勘探中，井中磁测的地质效果在于验证地面磁异常，指导钻探施工，寻找井底及井旁盲矿体，确定矿体产状、延伸和连接，并研究矿层构造等。

## 四、磁法勘探

### （一）磁法勘探概述

自然界的岩石和矿石具有不同的磁性，产生不同的磁场，使得地球磁场在局部地区发生变化，出现地磁异常。利用仪器发现和研究这些磁异常，进而寻找磁性矿体和研究地质构造的方法称为磁法勘探。磁法勘探是常用的地球物理勘探方法之一，主要用来寻找和勘探有关矿产（如铁矿、铅锌矿、铜镍矿等），进行地质填图，研究与油气有关的地质构造及大地构造等问题。我国对大多数铁矿区、多金属矿区及油气田等都进行了大量的磁法勘探工作，取得了良好的地质效果，尤其是在探明铁矿资源方面地质效果更为显著。

磁法勘探是地球物理勘探中应用最早的方法。早在1640年，瑞典人首次用罗盘进行了调查磁铁矿的试验，从而开辟了利用磁场变化来寻找矿产的新途径。1870年，瑞典人泰朗和铁贝尔制造了万能磁力仪，磁法勘探作为一种地球物理勘探方法在地质领域建立和发展起来。现在它已成为地质勘探和地学研究的一种重要手段。

磁法勘探可分为地面磁测、航空磁测、海洋磁测及井中磁测四类。航空磁测在研究区域地质构造，勘查含油、含煤构造，预测成矿远景区以及寻找大型磁铁矿床等方面都取得了良好效果；地面磁测是最早使用的工作方法，用以判断引起磁异常的地质原因及磁性体的赋存形态，并据此布置验证工程；海洋磁测是海洋综合性地质调查的一个组成部分；井中磁测是地面磁测向地下的延伸，主要用于划分磁性岩层、寻找井旁或井底盲矿体，对地面磁测起着印证和补充的作用。

磁法勘探中用于观测磁场的仪器称为磁力仪，磁力仪分为机械和电子两大类。机械式磁力仪又叫磁秤，主要用于地面磁测，又分为悬丝式和刃口式两种，目前应用最多的是悬丝式磁秤。

（二）地球磁场

地球磁场指地球周围空间分布的磁场。地球磁场近似于磁偶极子的磁场。它的磁南极（S）大致指向地理北极附近，磁北极（N）大致指向地理南极附近。地表各处磁场的方向和强度都是因地而异的。其磁力线分布特点是赤道附近磁场的方向是水平的，两极附近则与地表垂直。赤道处磁场最弱（0.3～0.4特），两极最强（约为0.7特）。地球表面的磁场受到各种因素的影响而随时间发生变化。

地球磁场由基本磁场、外源磁场和磁异常三部分组成。

基本磁场也叫正常场，占地球磁场的99%以上，由磁偶极场、大陆磁场和磁场的长期变化三部分组成。基本磁场主要由地核内电流的对流形成，它是一种内源磁场。

外源磁场是起源于地球外部并叠加在基本磁场上的各种短期磁变化。它只占地磁场的很小一部分，但组成比较复杂，主要有：与太阳黑子活动周期一致的磁变化；与太阳辐射对高空电离层的影响有关的日变化，包括太阳日变化和太阴日变化；磁暴。

磁异常是地下岩矿体或地质构造受地磁场磁化后，在其周围空间形成并叠加在地磁场上的次生磁场。

磁异常和正常场的概念在磁法勘探中只具有相对的意义，要根据所解决的地质问题和勘探对象来确定。如在磁性岩层中找磁铁矿时，磁性岩层的磁场属于正常场，而对应于矿体的磁场增高部分则是磁异常了。

将高于理论地磁场的地区叫正异常，反之为负异常。一般情况下，正负磁异常相伴出现。

### （三）地面磁异常与成矿

地面磁测所圈定的磁异常称为地面磁异常。地面磁测主要用于寻找固体矿产或解决与找矿有关的地质问题。因此，判断引起磁异常的地质原因，即区分矿与非矿异常，是正确解释磁异常的目的。

各类矿床的赋存位置都有一定的规律，因此在判断磁异常的性质时，应结合测区地质及其他物化探资料进行综合分析。分析中要把重点放在与矿体密切相关的地质条件上。同时，应根据物探推测的结果，分析磁体是否处于成矿有利部位，其几何形态是否与已知矿体相近等，然后才能对异常性质作出正确的判断。

分析中常常会发现地质图上的地质界线与磁测图反映的地质界线有出入，这是由两者反映的地质界线的深度不同造成的。

认真研究测区岩、矿石的磁性规律是正确进行磁异常解释的基础性工作。根据岩、矿石磁参数估算磁异常值，有利于判断磁异常的性质。

确定了异常性质后，就可以根据异常的范围、走向、幅度、梯度等，初步分析磁性体的赋存情况，推测磁性体的位置和范围，估计磁性体的埋深。

影响磁异常特征的主要因素有磁体的形状和大小，磁体的下延深度，磁体的倾向、走向，磁体的磁化强度，磁体的埋藏深度等。

## 五、航空磁法测量

### （一）航空磁法测量概述

航空磁法测量是航空地球物理勘探的一种主要方法。利用航空磁力仪（磁饱和式、质子旋进式、光泵式等），在空中测定总磁场强度T或总磁场异常△T或T的梯度等，从而普查磁性矿体和研究地质构造等问题。航空磁测具有速度快，精度高，不受地表干扰及自动化程度高，可研究不同高度磁场等特点。航空磁测可分为两类：一类是研究区域地质构造及普查油气田远景地区，其工作比例尺为1：100万～1：5万，以1：50万～1：20万为多；另一类是进行地质填图，圈定各种金属、非金属成矿带以及普查和勘探大型油气田和铁矿床时广泛使用，工作比例尺为1：20万～1：2.5万。

航空磁测主要用于研究大地构造，区测填图和勘查含煤、含油气构造。

根据磁异常的强弱辨认岩体时，不仅要考虑岩体的磁性，还要考虑它的形状、大小、产状及埋深。这些因素对异常强度是有影响的。

航磁异常在断裂上大多表现为长条状线性正异常带或串珠状、雁行状排列的线性异常带，并且断裂两侧的磁场往往有很大的差别。

一个测区内往往有许多异常，因此，首先要根据磁场特征及测区地质、构造条件，将磁场性质可能相同的地区划分为若干个磁场区。然后在每个磁场区内，根据航磁、地质及其他物化探资料将异常分为地质上成矿条件好，有找矿远景的异常，以及初步认为意义不大的异常等。不论哪类异常都应逐个实地踏勘检查，包括进行必要的地面磁测工作，最后作出评价，并提出进一步工作的意见。

评价航磁异常找矿远景时，除了应当重视强度大的异常外，还应对某些强度小的异常，特别是出现在已知矿区的弱异常给予足够的重视。

航空磁测由于比例尺小、线距大，测线有可能切于小矿体背部地段，从而出现以负峰值为主的异常，因此工作中应对负值异常引起注意。

在岩体中部或边部有次级异常叠加时，不要轻易否定岩体中有成矿的可能性。在火山岩地区和偏碱性岩体边部都有找到磁铁矿床的实例。

### （二）磁异常的地质解释推断

正确地进行磁异常的解释推断是提高磁法勘探地质效果的重要环节。这项工作从发现磁异常开始，自始至终贯穿于地质工作全过程。

一般来说，磁异常的解释分为以下几个步骤。

第一，磁测资料的分析，目的在于了解各种干扰因素对磁测结果的影响及对异常的歪曲程度，以便在解释中加以注意或设法消除。

第二，磁异常的处理，目的在于消除各种非地质因素对磁异常的干扰，并尽可能地从叠加异常中把勘探对象产生的异常划分出来，以满足解释推断的需要。

第三，磁异常的解释推断。根据测区磁异常的分布特征，结合已有的地质资料、物性资料和其他物化探资料，作出以下判断：关于区域地质构造情况的结论；关于找矿远景区的评价；关于矿体位置、产状、形态及规模的估计。上述三方面的内容在不同磁测阶段各有侧重。

磁异常的解释推断通常分定性解释和定量解释两种。定性解释，首先要按照磁异常的特点和分布规律，将测区内的异常分为若干异常区或异常带，然后结合已知的地质、物性及其他物化探资料，初步判断引起异常的地质原因及磁体的形状、产状和分布范围等。定量解释建立在定性解释的基础上。一般来说，简单规则的异常总是和形状较规则的磁体相联系的，采用正反演方法即可推断磁体的埋深及产状等，但对于复杂形状的磁异常则需下一番功夫，通过某些变换处理并采用较复杂的数学方法才能加以解释。定量解释的成果可作为设计钻孔或布置山地工程的依据。

### （三）判断矿与非矿的磁异常

在判断异常的性质时，应结合测区地质及其他物化探资料进行综合分析。分析中要把重点放在与矿体密切相关的地质条件上。例如，对沉积变质型矿床，应分析测区内是否存在具体的含矿层位；对接触交代型矿床，应分析测区内是否存在侵入岩与碳酸盐岩沉积岩的接触带，有无近矿围岩蚀变及矿化标志；对热液型矿床，应分析测区内是否有控制成矿的断裂等构造，等等。

分析时要注意地质图上的地质界线与磁测的地质界线是有出入的。地质图上的地质界线是根据地表所见勾绘出来的，在覆盖区还包括了主观推断。而磁测地质界线则是根据不同地层间磁性差异引起的异常所勾绘的，反映的深度比较深。

根据岩矿石磁参数估算磁异常值，有利于判断磁异常的性质，有时还可以解决物探资料和地质资料之间的矛盾。

分析时还应对低缓异常给予足够的重视，因为不仅埋藏较深或磁性较弱的磁体可以引起低缓异常，产状平缓的强磁体也可以产生低缓异常。因此，如果把低缓异常一律当作非矿异常看待，就可能漏掉矿体。

磁异常向下延拓有利于判断低缓异常的性质。一般来说，岩体具有体积大、磁性弱的特点，矿体则具有体积小、磁性强的特点。因此，当观测平面接近它们时，矿体异常的幅度将迅速增大，分布范围将急剧变窄，但岩体异常的幅度和分布范围却不会有明显的变化。

## 六、高精度磁法测量

高精度磁法测量指磁测总误差小于或等于5纳特的磁测工作。

高精度磁测的工作范围：配合大、中、小比例尺进行区域地质调查，提供研究基础地质的资料；成矿远景区的高精度磁法普查，寻找弱磁性矿产或进行间接找矿，以圈出找矿靶区，其中包括贵金属、有色金属、多金属、黑色金属及具有此法间接找矿前提的非金属矿床等；配合矿区及外围普查勘探，对弱磁异常进行详细研究，为寻找深部、隐伏矿提供线索；勘查油气矿床；在环境地质、水文地质及工程地质中的应用；在寻找爆炸物、地下管道、考古等人文活动遗迹调查方面的应用。

在区域地质调查阶段，用于中、小比例尺（1∶20万～1∶10万）及大比例尺（1∶5万～1∶2.5万）地质填图等；在普查阶段，比例尺应和地质普查比例尺相当或大1倍；在详查阶段，比例尺要大于1∶5000。

用于同一工区、同一性质工作的仪器，而且是测量同一参量的，仪器类型要尽可能相同。用于生产观测、日变观测及磁性参数测定等，各类仪器应配套。野外工作主要有基点、测点的观测，总磁场梯度观测，日变观测，磁性参数的确定，磁性标本的采集等。

工作结束后，根据磁异常特征，进行异常查证，找出引起异常的原因，寻找矿体。

## 七、重力勘探

### （一）重力勘探概述

重力勘探是通过观测地球表面重力场的变化，借以查明地质构造和矿产分布的物探方法。地球的重力场是一种天然力场。组成地壳的各种岩矿石之间具有密度差异，这种差异会使地球的重力场发生局部变化，从而引起重力异常。我们在某一地区进行观测并发现重力异常时，对异常进行分析计算，就能推断引起异常的地下物质的分布情况，从而达到地质勘探的目的。

重力勘探的应用范围十分广泛。利用重力资料可以圈定具有油气远景的沉积岩内部构造、盐丘及煤田盆地，划分大地构造和区域构造单元，研究地壳深部构造及地壳活动性，预测天然地震的发震时间、震级和震源位置；还应用于金属矿床的勘探，与其他物探方法相结合，在寻找无磁性铁矿、铬铁矿、有色金属矿及钾盐等矿产方面都取得了良好的地质效果。

重力资料的应用和研究不仅局限于地质勘探方面。历史上，重力资料最先应用于大地测量，人们根据重力的分布来研究地球的形状。现在用途更广泛了，如对远程火箭、导弹、人造卫星、宇宙飞船运行轨道的精确推算，重力数据都是不可或缺的。

重力勘探的观测对象仅限于陆地和海洋。重力勘探测量的仪器为重力仪，目前常用石英弹簧重力仪。测量结束后，尚需进行地形校正、中间层校正、高度校正、正常场校正等，最后作出重力异常图。

### （二）重力异常的地质解释

重力勘探工作中，对野外观测的重力异常资料，参考地质和其他物探资料进行综合分析，推断、解释引起重力异常的地质原因，推测地质体的产状，最后总结出工作地区的地质构造或矿体的分布规律等，统称重力异常地质解释。根据解释内容又分为定性解释和定量解释。定性解释是根据重力异常分布和变化规律，参照其他资料初步判断引起重力异常的地质原因、异常体的大致产状和空间位置等。定量解释是对观测精度较高的、有意义的重力异常剖面，利用数学计算或其他实验方法，具体地求出地质体的大小、产状、空间位置和密度差等。定性解释和定量解释互相补充，相辅相成，贯穿于解释工作的全过程。

重力异常的解释通常按以下步骤进行。

第一，阐述引起异常的原因。即确定异常是地壳深部地质因素的反映，还是浅部地质因素的反映；是矿体引起的，还是构造或其他密度不均匀体（如侵入岩体、岩性变化等）引起的。

第二，对重力异常进行划分。重力异常往往是从地表到地球深部所有密度不均匀体引起的异常的叠加，要获得探测对象所引起的重力异常，最重要的就是用数学方法对实测重力异常进行划分，从中提取所需要的信息。

第三，计算地质体产状参数。在划分实测异常并查明了有用异常的性质以后，下一步工作就是根据重力资料大致估计产生异常的地质体的形状、产状和空间位置。在此基础上，对异常作进一步的定量解释，以确定探测对象的产状要素及其在地下的赋存形态。

决定重力异常的原因主要有：地壳厚度的变化，结晶基底内部成分、构造和基底的起伏，沉积岩的成分和构造。

## 八、航空电磁法勘探

航空电磁法又称航空电法，是在地面电磁法原理基础上发展起来的，用来快速普查良导电金属矿的航空物探方法；也是快速普查良导电矿体、区分磁异常及地质填图的手段之一。

航空电磁法测量通过研究由人工或天然形成的电磁场对地质体感应激发产生的异常场特征和规律（应用交变电磁场的感应原理）来寻找矿体和解决某些地质问题。主要是用来快速普查良导电金属矿体（富铜、富铁）；在大面积地质填图，圈定近地表的基岩起伏，研究地下水和冰冻层等方面也有一定效果。自1950年应用航空电磁法以来，目前已发展了20多种不同的航空电磁法。常用的有感应脉冲瞬变法（又称过渡场法、因普特法）、旋转磁场法、天然音频电磁法、长波电台法（又称甚低频法）等。近年来，根据场源特点把航空电磁法划分为三个系统：感应场音频连续波系统、感应场音频脉冲波系统和辐射场系统。

# 第四节　地球化学探矿

## 一、地球化学找矿法

地球化学找矿法，简称“化探”，是以地球化学和矿床学为理论基础，以地球化学分散晕为主要的研究对象，通过调查有关成矿元素在地壳中的分布、分散及集中的规律，从而发现矿床和矿体。由于成矿元素的原生分散晕（原生晕）和次生分散晕（次生晕）的规模比矿体大得多，给人们找矿提供了很大的目标，并且成矿元素分散所及的介质很多，通过研究地球化学分散晕就有可能发现埋藏较深的盲矿体。化探方法测量对象为天然物质中的地球化学性质（如某些元素的微迹含量）。根据测量对象，化探方法可分为岩石地球化学测量、土壤地球化学测量、水系沉积物地球化学测量、水地球化学测量、气体地球化学测量及植物地球化学测量等。化探方法可用于寻找有色金属、稀有分散元素、放射性元素矿床及石油天然气等。近年来，同位素地球化学探矿、航空地球化学探矿及海洋地球化学探矿等方法的研究，极大地丰富和发展了化探方法。地球化学探矿是在近代地球化学与微迹分析技术的推动下发展起来的，20世纪30年代首先在苏联与北欧国家（瑞典、挪威）使用，在40年代中期至50年代才在全世界引起广泛的关注，我国在1952年开始成立这方面的工作机构。目前这种方法正处于迅速发展的阶段，已经取得了不少找矿实效。

## 二、岩石地球化学测量

岩石地球化学测量，简称“岩石测量”。这种方法是系统地采集岩石样品，分析其中的微迹元素或其他地球化学特征，以发现与矿化有关的各类原生异常（地球化学省、区域原生异常、矿床原生晕等），进而寻找矿床。研究异常现象，有助于对范围广大的地区内的矿化做出预测或重新评价。在地质普查和化探普查中，研究区域原生异常，有助于划分最有远景的成矿地区或探索新的矿化类型。系统地在不同时代的岩层及各种火成岩体内采样，可用于研究区域同生异常。在详查阶段进行岩石测量，研究矿床原生晕，有助于布置勘探钻孔寻找盲矿。在勘探工作中采集钻孔岩心，研究钻孔中的原生异常，可提供进一步勘探的资料。岩石测量方法目前已在生产中广泛应用，进行岩石测量时预先要做一些实验工作。例如在详查阶段开始时要选择已知矿做实验，了解已知矿的原生晕特征以作为在未知区确定工作方法及资料解释的依据。采样时可以采岩石碎块及碎屑样品，或者根据工作需要采集特殊样品（如断层泥、裂隙充填物、岩脉物质等），还可以专门选分某些矿物（黄铁矿、磁铁矿、某些蚀变矿物等）进行分析。通常分析的元素从一两种到几十种不等，如汞、锑、砷、银、铅、锌、铜、铋、钨、钼、锡、钴、镍、铍等，还有氟、碘、氯、硼等挥发性元素和锂、铷、铯、锶、钡等亲石元素。

## 三、原生晕找矿法

原生晕是指局部的岩石地球化学异常，它在成矿作用中与矿体同时形成、分布于矿体周围基岩中的某些元素（通常是成矿元素及其伴生元素）含量增高的地段。岩浆矿床、伟晶岩矿床、接触交代矿床、热液矿床、沉积矿床、变质矿床都可以有原生晕存在。其中研究最多的是热液矿床的原生晕。

热液矿床的原生晕是热液成矿作用的产物。成矿热液是一种成分复杂的热水溶液，其成因复杂，可以是岩浆成因的、大气降水成因的、封存水成因的、变质成因的等，其中含矿元素可以来自上地幔，也可来自地壳。

成矿热液在地下运移的过程中，在某些条件下，其中的一些元素大量析出，聚集而成矿体。此外，热液还会继续向矿体周围的岩石运移，其中所包含的元素在一定条件下分别析出，在矿体周围岩石中形成某些元素含量增高的地段，即形成热液矿床的原生晕。

热液矿床的原生晕可划分为前缘晕（矿上晕）、尾部晕（矿下晕）、侧向晕、上盘晕、下盘晕。

原生晕的形态有线状（与此有关的矿体呈脉状或透镜状）、带状（与此有关的矿体多呈浸染状或密集的细脉带及透镜状）、透镜状（与此有关的矿体常为透镜状）、等轴状（与此有关的矿体产于几组断裂交汇处）、不规则状（与此有关的矿体产于多组构造复合部位及受接触带控制的热液矿床）等。

热液矿床原生晕具有多组分的特点，就是说，晕中的指示元素可以是若干个化学元素，这些元素可分为主要成矿元素和伴生元素。热液矿床原生晕的指示元素随矿床的种类、矿石的矿物成分的不同而不同，并且具有一定的组合规律。指示元素具有浓度分带性，通常划分为内带、中带、外带。指示元素还表现出组分分带性，这种分带可导致不同空间位置有不同指示元素组合，以及某些元素的比值呈现有规律的变化。

## 四、土壤地球化学测量

土壤地球化学测量简称土壤测量，是通过系统地测量土壤（包括各种风化产物）中的微迹元素含量或其他地球化学特征，发现与矿化有关的各类次生异常，进而寻找矿床。残积层土壤测量是化探方法中最成熟有效的，因为残积层中的异常通常是下伏矿化的可靠指示。运积层土壤测量的有效性要根据地区的条件而定。

土壤测量适用于残坡积层发育的地区。在区测和普查阶段可以用来评价被残坡积层覆盖的岩浆岩、地层和构造的含矿性，圈定成矿远景区。在详查阶段用于寻找被残坡积层覆盖的矿体，并可间接寻找盲矿体。此外，还可用于圈定被残坡积层覆盖的地质体的界线，区分物探异常是矿致异常还是非矿异常。

土壤测量能寻找的矿种较多，对有色金属铜、铅、锌、砷、锑、汞、钼、钨、锡，以及金、银等贵金属均有很好的找矿效果。

采样测线应尽量垂直被调查地质体的走向。采样层位于残坡及土壤分布地区，一般在距地表20 ~ 50厘米深处的B层（淋积层）或C层（母质层）中采样可获得良好的效果。在我国南方一些发育有较厚层残积土的地区，在距地表20 ~ 50厘米深处采样往往不能获得满意的效果，需要加深，在50 ~ 100厘米深处采样，才能获得清晰的异常。在一些被冲积物、冰积物、风积物、耕植土或其他外来搬运物覆盖的地区进行采样时，通常应穿过这些覆盖物，在原地的残坡积层中采样，采样深度需经实验确定。土壤测量的采样粒度一般要求过0.216毫米（60目）筛孔，重量一般不小于120克。采样采用多点组合法，即在采样点周围点线距的1/3范围内多点采样，均匀混合成一个样品。

## 五、次生晕找矿法

已形成的矿体（矿化体）及原生晕，在表生带与围岩长期共同经受风化作用。随着矿物的破碎和分解，其中的元素发生迁移，在一定的条件下一些与成矿有关的元素又可以在矿体上方或附近的土壤中聚集形成含量高的地段，即次生晕。

次生晕的组分主要来源于矿体及其原生晕。虽然经过风化作用发生了一些变化，但是原来矿体及其原生晕中的许多组分仍可在土壤中聚集，因此，次生晕中的指示元素也常常是矿床中成矿的主要元素及其伴生元素。

影响次生晕的主要因素：原生矿物的性质，主要是指原生矿物抵抗风化能力的强弱，通常抵抗能力强的矿物以机械迁移为主，其中的元素多富集在土壤较粗的颗粒中，而抵抗风化能力较弱的矿物，多富集在土壤较细的颗粒中；矿体规模的大小、矿石品位的高低，影响次生晕的规模和指示元素含量；介质的物理化学条件，主要指介质的成分、pH、Eh，控制元素在水中溶解和沉淀；胶体，当矿体风化过程中一些难溶的化学元素能以胶体的形式进行迁移，胶体发生聚沉时，这些元素聚集在土壤中则形成次生晕；生物，生物能促进矿石的物理和化学风化，促使矿石破碎分解，元素发生迁移；气候和地形，气候主要指雨量和温度的影响。

## 六、水系沉积物测量

水系沉积物测量又称分散流找矿法或水系金属量测量，是系统地采集水系沉积物样品，测定其中微迹元素含量或其他地球化学特征，以发现与矿化有关的异常，并向上游追踪，寻找矿床的化探方法。它是一种效率较高的地球化学普查方法。其特点是可以根据少数采样点上的资料了解广大汇水面积内的矿化情况。测量的采样布局要根据寻找目标的大小、水系分布模式、元素在水系沉积物中的衰减模式（由实验测量取得）而定。所采样品主要为水系中的活动沉积物，有时也可采集河漫滩沉积物，成分一般为淤泥和粉沙，筛取其中小于80目的细粒部分进行分析。但在某些剥蚀作用强烈的山区，分析较粗粒的物质常可获得更明显的异常。有时为了以稀疏的采样点来发现远距矿化源的异常，可以分析重矿物部分及磁性矿物部分等。如配备冷提取分析箱，在现场就能分析重金属总量及铜，可以在发现异常后立即进行跟踪。如果还能在野外分析冷提取镍或钴及砷，并配合重砂测量，不少金属矿床都可以有一定程度的显示。样品也可以同时运到实验室作光谱或化学分析，进行更详细的研究。

水系沉积物的采样部位选择在河床底部或河道岸边与水面接触之处，在间歇性水流地区或很少水流的干河道中，应主要在河床底部采样。在水流湍急的河道中，要选择在流水变缓处、水流停滞处、转石背后及河道转弯的内侧有较多细粒物质聚集之处采样。一般在采样点沿水系上下20～30米范围内进行多点取样，混合在一起组成一个样品。

## 七、分散流找矿法

矿体及其原生晕、次生晕中的元素，在地表水和地下水的冲刷、溶解作用下，成矿有关的元素部分被水带入水系（河流和溪沟）中，然后在一定的条件下又沉淀下来，在河流和溪沟底沉积物中形成某些元素（主要是成矿元素及其伴生元素）含量增高的地段，即分散流。

元素迁移的方式主要有机械迁移和水成迁移两种。元素沉淀的条件有：水的流速变缓，介质的物理化学条件（pH、Eh、成分等）变化，胶体聚沉，水系沉积物中的有机质及其他无机胶体对水中呈离子状态的元素的吸附。

分散流的指示元素是主要的成矿元素及其共生伴生元素。指示元素的存在形式主要有以下几种：原生矿物及其中的混入物，次生矿物及其中的混入物，吸附形式。

分散流中指示元素的含量较低（与原生晕、次生晕相比），变化幅度较小，它的含量与水系沉积物的粒度、采样深度、河流的不同位置有关。

同原生晕、次生晕一样，分散流也有组分、浓度分带性，利用这种分带性可以预测矿产分布的规律。

影响分散流的因素主要有原生矿物的性质、介质的物理化学条件、矿床规模的大小、品位高低、受风化剥蚀面积的大小、汇水盆地的大小、矿床相对于水系的位置、气候条件、河流的级次和流速等。

## 八、地气探矿法

地气探矿法是地球化学测量方法之一，简称气体测量或气测。它是对土壤空气和大气中某些气态的元素及化合物进行系统的测量，研究它们的分布、分配和变化规律，以发现与矿化有关的气体地球化学异常来找矿，还可解决其他的地质问题。

元素或某些化学组分由异常源以气体状态迁移而在各种天然物质中形成的地球化学异常称为气成异常。在气成异常中，异常物质可以以各种形式存在，除了以气体状态存在于空气、土壤、水及岩石中以外，还包括曾以气体状态迁移，而现在呈非气体状态存在于岩石、土壤等中的异常。

地气测量按其测量的位置和对象不同，分为土壤气体测量、地面气体测量和航空气体测量三种。

地气测量是寻找埋藏在地下的盲矿体和被疏松层覆盖矿体的一种手段。特别是当地表被厚层风积物、冲积物、洪积物和冰碛物等外来物覆盖，其他方法难以开展时，气体测量更具有明显的优势。它除了用于找金属矿，也用于寻找石油、天然气、煤田和地热。气体测量还可用于发现隐伏的断裂构造及地震预报。气体测量方法简便、速度快。

现在使用最多的气体测量方法是汞气测量，使用的仪器是测汞仪。测汞仪灵敏度可达1纳克/立方米。它是由利用汞蒸气能强烈吸收2537埃谱线的汞灯、气体吸收室、光电放大和测量等组成的装置。进入吸收室的气体样品若含有微迹的汞，则通过吸收室的光线会因部分被汞吸收而减弱，根据光线减弱的程度可以测出气体中的汞含量。

## 九、航空地球化学测量

航空地球化学测量简称航空化探，是新发展的一种化探方法。这种方法是对地球化学异常进行空中遥感或遥测，根据所发现的异常来寻找矿床。汞、金、铜、锡、钼及铀等许多矿床常有微量的汞蒸气散逸在矿床上方的大气中，油田、斑岩型铜矿及其他一些金属矿床可放出碘、氟与溴蒸气，硫化物矿床氧化带可放出二氧化硫及硫化氢蒸气，油气矿床及一些金属矿床可放出烃类气体。这些气体及其他的某些地球化学特征都可作为找矿标志在空中感出。目前航空化探使用的方法主要有：蒸气感测技术，是用测汞仪、相关分光仪（或相关光谱仪）及其他方法测出矿床散在大气中的汞、碘、二氧化硫等异常；伽马射线能谱仪法，是测定地表钾、钍、铀放出的伽马射线，以圈出热液矿床及用作地球化学填图；用空中照相的方法测定植物对太阳光不同波长的反射率，以圈出矿化土壤上的植物群；空中采样技术，是收集空中的矿化“气胶”（被气流带入空中的岩石微粒、土壤微粒或金属有机化合物微粒），测定气胶中的元素含量和气胶的数目和大小，以发现异常并定出矿化中心。航空化探具有高效率、低成本及适用于交通困难地区的优点，可和航空物探相配合，提供更多的航空测量资料。

现在有一种新的航空化探技术——航空微迹系统。它采集空中的有机质与无机微尘，并分析其中所含许多元素，包括Cu、Zn、Ni、Mn、Fe、Cr、Cd、Al、Mg、Ca、Ti、Si及C等。航空微迹系统使用特殊的采样装置来选分上升热回流中的微尘与周围较冷空气中的微尘，这样就可以直接分析从其下方地表及地表植物中放出的微尘，而将异地来源的干扰大部分排除。

# 第四章 采矿方法

## 第一节 地下开采

### 一、地下开采概述

地下开采（Underground Mining ）是指从地下矿床的矿块里采出矿石的过程，通过矿床开拓、矿块的采切和回采三个步骤实现。地下采矿方法分类繁多，常以地压管理方法为依据，分为三大类自然支护采矿法、人工支护采矿法以及崩落采矿法。地下采矿系统主要包括生产管理、凿岩、爆破、出矿、溜矿系统、井下破碎、箕斗提升以及提升井架子。本章详细介绍了地下开采的主要步骤、常用方法以及不同方法对应的安全规则等。

当矿床埋藏地表以下很深，采用露天开采会使剥离系数过高，经过技术经济比较，认为采用地下开采合理时，则采用地下开采方式。

由于矿体埋藏较深，要将矿石采出来，必须开凿由地表通往矿体的巷道，如竖井、斜井、斜坡道、平巷等。地下矿山基本建设的重点就是井巷工程施工。

地下开采主要包括开拓、采切（采准和切割工作）和回采三个步骤。开拓是为了由地表通达矿体而开凿的竖井、斜井、斜坡道、平巷等井巷掘进工程。采准是在开拓工程的基础上，为回采矿石所做的准备工作，包括掘进阶段平巷、横巷和天井等采矿准备巷道。切割是在开拓与采准工程的基础上按采矿方法规定在回采作业前必须完成的井巷工程，如切割天井、切割平巷、拉底巷道、切割堑沟、放矿漏斗、凿岩硐室等。回采是在采场内进行采矿，包括凿岩和崩落矿石、运搬矿石和支护采场等作业。这三个步骤开始是依次进行，当矿山投产以后，为能保持持续正常生产，仍需继续开凿各种井巷，如延伸开拓巷道，开凿各种探矿、采准、回采巷道等。在时间上必须遵循“开拓超前于采准，采准超前于回采，确保各级生产准备矿量达到合理保有期”的生产规律，这是通过长期的生产实践总结出来的比较符合矿山生产实践的科学规律。地下矿床开采时，一般是先采上阶段，后采下阶段。在阶段中，沿矿床走向划分为矿块（矿块高度一般是40～60米，国外一般为60～120米，甚至达到200米），一般以矿块为基本单位或将矿块再划分为矿房和矿柱进行回采。

## 二、金属矿床的工业特征

矿物是组成岩石或矿石的基本单位，矿物本身又是固体矿产资源的基础组成物质。矿物具有相对固定的化学组成，在一定的物理化学条件下，其化学组成比较稳定。目前，已知地球上的矿物约有3000种。自然界的矿物除极少数呈液态（如自然汞）和气态（如天然气）外，绝大多数矿物都呈固态。

### （一）矿石和废石的概念

矿物。在地壳中，由于地质作用形成的自然元素和自然化合物，统称为矿物。矿物资源的形成需要经过“几百万年甚至几亿年”，因此，如果不加节制地开采，就可能面临枯竭的危险。

矿石。凡是在地壳中遇到矿物集合体，在现在技术经济水平条件下，能以工业规模从中提取出国民经济必需的金属或矿物产品的都称为矿石。

矿体。矿石的聚集体称为矿体。一个矿体是一个独立的地质体，具有一定的几何形状和一定的空间位置等。

矿床。矿床是矿体的总称。对于某一矿区而言，一个矿床由一个或几个矿体组成，矿床又可分为工业矿床和非工业矿床。在当前技术经济条件下，符合开采和利用要求的矿床称为工业矿床。与上述情况相反的，称为非工业矿床。

围岩。矿体周围的岩石叫围岩。上盘围岩指矿体上部围岩。下盘围岩指矿体下部围岩。

夹石。夹在矿体中的岩石称为夹石。

废石。在采矿过程中采出的围岩或夹石不含有用成分或者含量过少，当前不宜作为矿石开采的称为废石。

应当指出，矿石与废石的概念是相对的，它与一个国家的社会制度、科学技术发展水平、已经掌握的资源情况以及对某种金属的需要量都有关系。例如锡和铜，过去锡品位达到0.8%才算矿石可以开采，而现在锡品位只要达到0.2%~0.3%，就可作为矿石进行开采；过去铜的品位只有达到1.0%，才能开采，而现在达到0.4%~0.6%，即可作为矿石进行开采。随着选矿、冶炼等科技的进步，过去的废石有望变成可开采的矿石。

## （二）金属矿石的分类

在自然界中的矿物很多，现在已经知道的矿物达3000多种，而有用矿物约有200种。在地壳中，以自然金属形式存在的矿石很少，大量的矿石是以氧化矿、硫化矿等形式存在的。

1. 按所含金属矿物的性质分类

含金属成分的矿石，称为金属矿石。按其所含金属矿物的性质、化学成分、矿物组成可以分为以下几类。

（1）自然金属矿石。它是以单一元素形式存在的，如金、铂、银等。

（2）氧化矿石。即矿石的成分为氧化物，如赤铁矿（$Fe_2O_3$）、赤铜矿（$Cu_2O$）等。

（3）硫化矿石。即指矿石的成分为硫化物，如黄铜矿（$CuFeS_2$）、方铅矿（PbS）、辉铜矿（$CuS_2$）、闪锌矿（ZnS）等。

（4）混合矿石。它是前三种的混合物。

2. 按所含金属种类分类

根据所含金属种类的不同，矿石又可分为以下几种。

（1）黑色金属矿石，如铁、锰、铬。

（2）有色金属矿石，如铜、铅、锌、铝等。

（3）稀有金属矿石，如铌、钽等。

（4）放射性矿石，如铀、钍等。

（5）贵金属矿石，如金、银、铂等。

（6）非金属矿石，如建筑石材、石膏、滑石等。

## （三）品位的概念

1. 矿石品位

通常我们把矿石中凡是可供利用的元素或矿物称为有用成分。矿石中所含有用成分的多少用品位来表示。

所谓品位就是矿石中有用成分的质量与矿石质量之比，常用百分数（%）表示。

$$品位=\frac{矿石中有用成分质量}{矿石质量}\times 100\%$$

一般金属品位是指矿石中该种金属元素含量的百分数。如辉铜山铜矿品位为2.04%，金岑铁矿磁铁矿品位为56.24%。

因为贵金属在矿石中含量很少，贵金属（如金、铂等）矿石的品位用g/t表示，如湘西金矿品位为3～5g/t，秦岑金矿品位为15g/t，红花沟金矿品位为14.46g/t（平均）。

2. 边界品位

边界品位是指可采矿石有用成分含量和最低界限。它是矿体边界上矿石的最低品位，是划分矿石和废石，圈定矿体范围的标准。在圈定的矿体范围内，任意取样点的品位一般都不应小于边界品位。

3. 最低工业品位

最低工业品位是指在边界品位圈定的矿体范围内，合乎工业开采要求的平均品位的最低值。根据目前工业技术水平，当矿石的品位低于某个数值时，便没有利用的价值，则这一数值的矿石品位为最低工业品位，用边界品位圈定的矿体或矿体中某个块段的平均品位，必须高于最低工业品位才有开采价值。边界品位和最低工业品位是相对概念，是可以相互转化的。

### （四）矿石和围岩的性质

矿石和围岩的性质主要包括硬度、坚固性、稳固性、碎胀性、结块性、氧化性、自燃性、含水性及其他等。

1. 矿岩的硬度

矿岩的硬度是指矿岩抵抗工具侵入的性能。矿岩的硬度取决于矿岩的组成，即取决于矿岩颗粒的硬度、形状、大小、晶体结构以及颗粒间胶结的情况等，矿岩的硬度除了对凿岩有很大影响外，还会影响矿岩的坚固性和稳固性。

2. 矿岩的坚固性

人们在长期的实践中认识到，有些岩石容易破碎，有一些则难以破碎。难以破碎的岩石一般也难以凿岩和爆破，它们的硬度也比较大，简单地说就是比较坚固。因此，人们就用岩石的坚固性这个概念来表示岩石在破碎时的难易程度。

3. 矿岩的稳固性

矿产稳固性指矿产在一定暴露面积下和在一定时间内不自行垮落的性能，或者说稳固性是指矿岩在空间允许暴露的面积大小和允许暴露的时间长短的性能。

影响稳固性的因素十分复杂，不仅与矿岩的成分、结构、构造节理状况、风化程度以及水文地质条件都有关系，还与矿岩在开采过程中形成的实际情况有关（如巷道的方向、开采深度等）。稳固性不仅与暴露面积和时间有关，而且与地压大小、节理发育程度、节理方向、暴露面积形状等有关。

稳固性对于采矿方法的选择、支护方法的选择、掘进方式等都有很大影响。

稳固性与坚固性二者既有联系，又有区别。一般在节理发育、构造破碎的地带，矿岩的坚固性较好，但稳固性大为下降。因此，稳固性与坚固性不能混同（坚固性不好的，不一定就不稳固）。

矿岩稳固性大致可分为五类。

（1）极不稳固。不允许有暴露面积。要求在掘进及开采中必须超前支护，否则会冒落。

（2）不稳固。允许暴露的面积在50m$^2$以内，即允许有较小的暴露面积，回采时要立即进行支护。

（3）中等稳固。允许有一定的暴露面积，为50～200m$^2$，一般不支护或做临时支护，即可安全地进行生产。

（4）较稳固。允许有较大的暴露面积，为200～500m$^2$，一般不支护。

（5）极稳固。允许有很大的暴露面积，为800m$^2$以上，不必支护，可以长期不垮落。

4. *矿岩的碎胀性*

矿岩的碎胀性指矿石和围岩破碎之后的体积比原体积大的性质。碎胀性可用碎胀系数来表示，又称为松散系数。

松散系数的大小主要取决于破碎之后，矿岩的粒度组成和块度的形状。初装入容器（矿车、箕斗等）内的矿岩块，因矿岩块之间空隙较大，产生了二次松散，则松散系数值可达1.8~2.0。

5. *矿岩的结块性*

结块性指采下的矿岩遇水受压，经过一定的时间，又结成整块的性质。我们通常见到的是黏土矿物、滑石、高硫矿遇水受压，经过一段时间后，出现结块现象。结块性会给放矿、装卸、运输等生产环节造成困难，甚至影响到某些采矿方法的顺利使用。具有结块性的矿石在采场中存放的时间不宜过长。

6. 矿石的氧化性

矿石的氧化性指硫化矿石在水和空气的作用下，变成了氧化矿石的性质。在硫化矿石中掺杂入氧化矿石，会降低选矿的回收率，因而硫化矿石与氧化矿石不应混在一起。

7. 矿岩的自燃性

自燃性指高硫化矿石（含硫量在18%～20%），当其在透水性及透气性良好的条件下，具有发生自燃的性能。

高硫化矿在井下氧化时，可放出大量的热，经过一段时间，温度升高，会引起井下火灾，特别是粉状的高硫化矿与空气接触的面积大，更容易引起火灾。

由于上述原因，对于高硫化矿床必须采取快采快处理的办法来开采，以减少矿石的损失。具有自燃性的矿石，在采矿方法选择上有特别要求。

8. 矿岩的含水性

矿岩含水性指矿岩裂缝和孔隙中含水的性质。矿岩含水性直接影响到矿石的提升、运输、矿仓内储矿。矿岩含水过多，会使排水费用增加。对于北方寒冷地区的矿山，由于矿岩具有含水性会造成结冰。

9. 其他

（1）容重。容重是指单位体积中原岩的质量。一般岩石的容重为2.3～3.0t/m$^3$。

有色金属矿石中金属含量较少，其容重与岩石差不多或稍大些。黑色金属矿石中金属含量较高，容重可达3.5t/m$^3$，甚至更大。

（2）块度。原矿崩落后则形成矿块或岩石块，其尺寸的大小称为块度。块度通常用三个相互垂直方向的平均尺寸，或用最大方向的尺寸来表示。

特定的装运、破碎等设备，对矿岩的最大块度有一定的要求。为了保证矿山持续生产，必须使矿石的最大块度与装运等设备的要求相适应。

合格块度，即允许的矿石最大块度。通常合格块度为250～500mm，也有600mm的，它是根据开采及加工的工艺和设备要求来确定的。随着机械化水平的提高，合格块度有增大的趋势。

通常用合格块度来表示限制采出矿石的块度，矿石块度超过合格块度时，则要求进行二次破碎。

（3）自然安息角。松散矿岩自然堆积时，其四周将形成倾斜的堆积坡面，自然堆积坡面与水平面相交的最大角度，称为该矿岩的自然安息角。

### （五）矿岩的产状

矿岩的产状有以下几点。

走向线。一般岩层的层面与水平面的交线称为该岩层的走向线。对不规则的矿体来说，矿体的理想中心面与水平面的交线称为该矿体的走向线。

走向。走向线的水平方位角称为走向，走向线是平面上的一条线，用它与正北方向所夹的角度来表示方向。如某岩层露头在地质平面图上的北方向为北东60°（NE60），表示该岩层是从正北算起向东数60°角的走向。

走向长。矿体沿走向的长度，称为矿体的走向长。

倾斜线。在岩层平面内垂直走向的线称为倾斜线。倾斜是用倾斜线在水平面上的投影与正北的夹角来表示，走向和倾斜在平面内的投影为垂直关系。

倾向。倾斜线的方向称为倾向。

倾角。倾斜线与水平面形成的夹角称为倾角。也就是岩层与水平面所形成的夹角，称为岩层的倾角。

矿体延深、埋藏深度和赋存深度。矿体延深指矿体在深度上分布情况，可用埋藏深度和赋存深度来表示；埋藏深度指矿体上部界线到地表的深度；赋存深度指矿体上部界线到下部界线的垂直距离或倾斜距离。

## 三、开采过程概述

井巷掘进就是矿山井巷的开掘工作。矿山井巷是联络地面与矿床、阶段、采区的通道，为采矿工作准备必要的条件，因此井巷掘进要超前于采矿工作。当必要的超前关系形成后，掘进与采矿还应同时进行，以保证矿井持续地生产。通常把掘进与采矿的关系概括为“采掘并举，掘进先行”，这是矿井生产的基本规律之一。

### （一）凿岩爆破

#### 1. 凿岩

凿岩爆破俗称打眼放炮，它是在矿岩里钻凿出若干一定深度和直径的炮孔，在孔内装入炸药，利用炸药爆炸所放出的巨大能量使炮孔周围的矿岩从原岩体上破落下来的过程。凿岩爆破是当前金属矿山采矿和井巷掘进最基本的矿岩破碎方法。

凿岩就是钻凿容纳炸药的圆形炮眼。金属矿山广泛使用凿岩机等凿岩工具来钻凿炮眼，凿岩机根据动力的不同，可分为风动、液压、电动、内燃凿岩机。在地下金属矿山的开采中，使用压气作动力的风动凿岩机，与液压、电动、内燃凿岩机相比，具有结构简单、安全可靠、坚固耐用以及修理简便等特点，目前被广泛应用。电动、内燃凿岩机在我国已成批生产，多在一些零散工程中使用。在各类凿岩机中，以气腿式凿岩机在地下金属矿山中应用最广，如YT–23型气腿式凿岩机。

提高凿岩生产率的重要途径之一，是提高凿岩机的纯凿岩速度。影响纯凿岩速度的因素很多，大体上可分为凿岩机工作参数、凿岩工作条件、凿岩工具等三个方面。在生产实践中，常用实测办法确定纯凿岩速度，即用秒表测定钻完一根长度为L的钎子所需的纯凿岩时间。提高凿岩生产率主要有以下几种途径。

（1）加强管理，完善劳动组织结构，建立专业工作队，完善生产责任制，加强培训工作，提高凿岩的操作技术水平，增加纯凿岩时间。

（2）进一步改善凿岩机的设计，使凿岩机能获得最优冲击功、冲击频率、扭矩和回转角等，以提高纯凿岩速度；并根据岩石可钻性的不同，正确地选择和使用凿岩机。

（3）使用凿岩台车，逐步推广应用液压凿岩机。

（4）健全凿岩机的维护、修理制度，保证凿岩机的正常运转。

（5）提高钎钢质量，研制高效率、高寿命的钎头。

（6）加大凿岩技术的研究与开发力度。

2. 凿岩机具

矿山井巷掘进和矿石回采工作主要采用凿岩爆破的方法，通常需要在岩石和矿石中钻凿不同深度、不同直径的孔眼。根据钻凿的孔深和孔径的不同，分为浅孔凿岩、中深孔凿岩及深孔凿岩。一般孔深小于3～5m、孔径为30～46mm的称为浅孔，孔深为5～15m、孔径为50～70mm的称为中深孔，孔深大于15m、孔径大于90mm的称为深孔。

浅孔冲击式凿岩机具即指钎子。钎子按结构形式可分为整体钎子和活动钎子两种。整体钎子是由钎头、钎身、钎尾组成的一个不可拆卸的整体。这种钎子的特点是传递冲击能量损失小，凿岩效率高，但修磨时搬运工作量大，适用于钻凿直径36～38mm以下的炮孔。活动钎子是由钎头和钎杆（包括钎梢、钎身、钎肩、钎尾）组成，它与整体钎子的主要区别是钎头和钎杆可拆开。这样，可以更换钎头，提高钎杆的利用率；钎头修磨时可减少钎杆的搬运量，并有利于研制高质量的硬质合金钎头，以适应不同岩性和凿岩机对钎头的要求。

凿岩工作对钎头的要求是：形状和结构合理，凿岩速度高，耐磨性强，有足够的机械强度，排粉性能好，使用寿命长，制造和修磨方便以及成本低廉。

凿岩台车是机械化程度较高的钻孔设备，配合使用导轨式凿岩机，具有推进、定位、行走等功能。凿岩台车分为掘进台车、采矿台车等。掘进台车一般是多机，即一台凿岩台车上同时可以安装多台凿岩机，从而提高了凿岩效率，降低了体力劳动强度。采矿台车用于钻凿中深孔，配套的凿岩机是重型导轨式凿岩机，钻孔直径小于100mm。当钻孔直径大于80mm，孔深超过20m时，导轨式凿岩机由于能量传递损失，效率很低，建议采用潜孔钻机。

潜孔钻机的工作原理和普通冲击回转式风动凿岩机一样，潜孔钻将冲击机构（冲击器）独立出来，潜入孔底。无论钻孔多深，钻头都是直接安装在冲击器上，不用通过钻杆传递冲击能，因而减少了冲击能的损失。

潜孔钻机是一种大孔径深孔钻孔设备，在地下采矿中，钻孔效率高，不受孔深限制，孔径大，适合大型采矿方法。目前国内大型地下深孔采矿方法多数采用潜孔钻机，少数采用牙轮钻机。

潜孔钻机分露天和地下两大类。地下潜孔钻机由于受空间限制，一般结构紧凑、体积小、拆装方便，多数采用钻架支撑；大型地下潜孔钻机自带行走机构。地下潜孔钻机的穿孔直径为80～200mm，以孔径100mm左右为主。露天潜孔钻机分轻型、中型和重型，重型自带空压机和履带式行走机构，机重30～50t，孔径大于200mm。

3. 爆破

爆破指把炸药及起爆器材装入炮孔内，并使其爆炸。

炸药是一种固体或液体的化合物或混合物，这种物质受到一定的外界能量（热、冲击、摩擦等）作用时，能迅速发生化学反应，同时产生大量的气体和热量。在炸药迅速分解的过程中，由于气体的膨胀作用对周围介质产生突然的冲击压力，致使介质破坏，同时发生巨大的声响和震动。

炸药种类较多，目前我国冶金矿山主要使用硝铵类炸药，矿用硝铵类炸药的主要成分——硝酸铵成本低廉，常用的有铵梯炸药、铵油炸药等。

铵梯炸药的主要成分是硝酸铵和梯恩梯（TNT）。铵油炸药是我国冶金矿山爆破工程中用量最大的一种炸药，主要成分是硝酸铵配以适量的柴油及木粉，但铵油炸药具有容易吸湿和结块的缺点，不能直接用于水孔中爆破。铵松蜡炸药适用于中硬以上岩石的爆破，优点是防潮抗水能力强。

药包的起爆方法可分为火雷管起爆法、电雷管起爆法、导爆索起爆法、导爆管起爆法及联合起爆法。目前火雷管起爆法的应用逐渐减少，导爆索起爆法主要用于加强起爆，广泛应用的是电雷管起爆法及导爆管起爆法。

火雷管起爆法是利用点燃的导火索引起火雷管爆炸，进而引爆药包的起爆方法，所用的起爆器材有火雷管、导火索及点火器材等。导火索是以粉状或粒状黑火药为药芯，用棉线、塑料皮、纸条、沥青等材料包裹而成的索状起爆器材。导火索用来传递火焰引爆火雷管，国产普通导火索的燃速为100 ~ 125s/m。

电雷管起爆法是利用电能引爆电雷管，进而引爆药包的方法。电雷管可分为瞬发电雷管和延期电雷管。通以足够电流使引火头燃烧，还要经过一段延期时间才爆炸的电雷管叫延期电雷管。延期电雷管根据延期的长短分为秒延期电雷管和毫秒延期电雷管。延期时间以秒为单位的电雷管称为秒延期电雷管。毫秒延期电雷管与整体管壳式秒延期电雷管相似，但延期时间更精确，时间精确到毫秒级。

### （二）竖井掘进与支护

#### 1. 竖井井筒类型与装备

竖井是整个地下矿山的核心，按用途可以分为提升井和通风井（风井）。提升矿石的为主井，提放人员、设备和材料的为副井，二者兼顾的为混合井；提升设备为箕斗的竖井称为箕斗井（只能提升矿石和岩石），提升设备为罐笼的竖井称为罐笼井（可以提升矿石、人员、设备和材料）。井筒断面形状一般为圆形，很少采用方形。圆形断面有利于施工、维护，但断面利用率较低。

竖井的主要装备是罐笼或箕斗。罐道、罐道梁、井底支承结构、过卷装置、托罐梁等都是为罐笼或箕斗的稳定、安全、高速运行而设，梯子间则是为井内设备的安装、维修或辅助安全行人通道而设。由于竖井是整个矿山的主要通道，所以风、水、电等管缆也都从竖井通过。目前，竖井提升容器有罐笼和箕斗两种，选择提升容器的主要依据是用途和生产能力。罐笼用途多，可以提升矿石、废石、设备、人员，但罐笼的生产能力低，一般用作副井的提升容器。箕斗只用来提升矿石（也可以提升废石），提升速度高，生产能力大，用于产量高的主井。主井生产能力大的用箕斗，生产能力小的用罐笼。罐笼分为单层、多层，每层又分为单车、多车，罐笼的规格视矿车而定。提升容器的数量有单容器和多容器，根据生产能力确定。

竖井断面尺寸首先根据提升容器的类型、规格、数量初步设计，然后按通风要求核算井筒断面尺寸，如风速验算不满足要求，可加大井筒直径，直到满足风速要求为止。

2. 竖井掘进与支护

当岩石比较稳固、断面面积和深度不大，服务年限不长时，采用矩形断面、木材支架；此外则多采用圆形断面、混凝土支架。竖井断面形状及支护形式，竖井断面尺寸主要取决于提升容器的数目及规格、梯子间和管子间的大小、各格间的布置方式等，此外还应满足通风的要求。

竖井掘进包括准备工作、表土施工和基岩掘进。准备工作主要为修筑道路、临时井架，安装掘进所需的压气设备、材料、设备准备等。表土施工即挖掘井筒所穿过的那部分表土。表土的挖掘，必须安设临时支架。表土挖掘完毕达到基岩后，即应砌筑永久支架。基岩掘进包括凿岩爆破、通风、装岩、提升岩石、排水和支护等工序。

竖井是垂直向下掘进，凿岩机钻凿下向孔，圆形断面炮孔呈同心圆排列，当井筒涌水较大时，爆破需采用胶质炸药或采取防水措施的硝铵类炸药，竖井掘进通风比较容易，装岩工作比较繁重，一般用抓岩机把碎石装入吊桶，装满后由绞车提升至地表。

工作面的积水利用吊桶或吊泵排至地表。每次爆破的岩石装完后，为防止井壁岩石塌落，应及时进行临时支护，临时支架一般为金属支架。当井筒掘进一定距离后（几十米深），应从下向上砌筑永久支架，并逐渐拆除临时支架。永久支架常用木材支架和混凝土支架。砌筑永久支架的工作在专门的吊盘上进行，吊盘是悬吊在井筒中的工作台，它由地面低速绞车控制升降。

凿岩爆破掘进法存在工序多，劳动组织复杂，安全性差，劳动强度大，难以实现掘进全面机械化以及产生大量有害气体和粉尘等缺点。为提高掘进机械化水平，克服凿岩爆破掘进法的缺点，出现了回转机械钻进法。

回转机械钻进法是利用井巷钻进设备来开掘巷道。井巷钻进设备主要有平巷联合掘进机、天井钻机和竖井钻机，一般都可以连续地进行破岩和装载（或提升）两道主要工序。

天井钻机一般采用先钻导向孔，然后自下而上扩孔的钻进技术，此时碎石岩粉靠自重落至下部，再进行装运；竖井钻机是从上向下钻进，岩屑的清理比较困难，采用泥浆循环、风力或液压管路运输等方法将岩屑运至地面。钻进法完全取消了凿岩爆破工序，使破岩、装岩（或提升）平行作业，实现了掘进工作的全面机械化具有安全、劳动条件好、掘进速度快、节省劳动力、管理方便、井巷周壁规整光滑易于维护等优点，因此，钻进法是有发展前途的井巷掘进方法。

## （三）巷道掘进与支护

### 1. 巷道断面类型

矿山的巷道数量大、类型多、用途广，是联系矿山各工作场所的主要通道，巷道断面的形状主要是梯形和拱形，也有其他类型。

选择巷道断面形状时，主要考虑以下因素。

（1）地压大小。地压小时采用简单的形状，如梯形和矩形断面；地压大时采用复杂的形状，如拱形、圆形或者椭圆形等。

（2）用途和服务年限。服务年限长的采用复杂形状断面；服务年限短的采用简单形状。

（3）支护材料和方式。简单断面形状可采用木支护或预制的钢筋混凝土板或梁支护，复杂断面形状的巷道用喷射混凝土、砖石支护。锚杆支护可用于各种断面形状的巷道。

（4）施工方法。普通凿岩爆破方法可以开挖任何断面形状的巷道，但施工过程中对巷道围岩的破坏严重。光面爆破法和普通凿岩爆破法一样，可以掘进各种断面形状的巷道，但对围岩破坏较小。全断面掘进机只能掘进圆形断面的巷道，对围岩基本没有破坏。

巷道的断面尺寸取决于巷道的用途。不同用途的巷道内布置的设施不同，要求巷道断面的尺寸不同。运输巷道要满足运输设备安全运行的需要。通风巷道要满足风速、风量的要求。一般设计部门会参考已有巷道标准断面进行设计。

### 2. 巷道掘进

在金属矿山，多采用钻孔爆破法进行巷道掘进。施工的主要工序有钻孔、爆破、装岩和支护，辅助工序则有撬浮石、通风、铺轨、接长管线等。

在凿岩爆破工作中，必须做到以下几点。

（1）断面符合设计要求，不允许欠挖，超挖要尽可能减少（小于150mm）。

（2）平巷的方向和坡度符合设计要求。

（3）爆堆要集中，块度要小，以便装岩。

（4）在保证爆破效果的前提下，凿岩工作量要小，爆破器材消耗要少。

（5）爆破对围岩稳定性破坏要小。

（6）爆破不损坏支架。

3. 工作面炮孔布置

正确布置炮孔是取得良好爆破效果的前提。炮孔布置必须根据岩石的性质、巷道断面形状、所使用雷管和炸药性质等作出相应的设计。

炮孔分为掏槽孔、辅助孔、周边孔三种。

（1）掏槽孔。掏槽的作用是先在工作面上掏出一个槽子，以形成第二自由面，为辅助孔爆破创造有利条件。掏槽孔分为斜孔掏槽和直孔掏槽两种。

斜孔掏槽适用于各种岩石条件，其优点是：可以充分利用自由面，逐步扩大爆破范围，适用于较大巷道断面掘进；凿岩技术要求不高，孔位易于掌握。其缺点是炮孔深度受巷道断面限制，不利于多台凿岩机同时工作。

斜孔掏槽分为锥形掏槽和楔形掏槽两种形式，炮孔与工作面夹角为55°~70°。岩石越坚硬，夹角应越小。每对炮孔孔口间距取300～500mm，坚硬岩石取小值。掏槽孔较其他孔深100～200mm，每对炮孔底间距200mm，两炮孔不能贯通。掏槽孔一次起爆。

直孔掏槽在坚硬岩石中效果较好。其优点是：所有掏槽孔都垂直于工作面，且彼此间距较小，并且要求严格平行；这些直孔有的装药，有的不装药（作为第二自由面）。掏槽孔深度不受断面限制，爆破时对支架破坏较小，但炮孔数目较多。

（2）辅助孔。辅助孔也称崩落孔。辅助孔的作用是爆落主体岩石，继续扩大掏槽形成的第二自由面。周边孔用来爆落巷道周边岩石，最后形成设计轮廓。

辅助孔间距为400～800mm，最小抵抗线为400～800mm。炮孔方向垂直于工作面，装药系数一般为0.5~0.6。

（3）周边孔。周边孔间距为400～700mm，装药系数为0.3～0.5。在柱窝和水沟部分多布置1～3个炮孔。一般周边孔孔口距岩帮100～200mm，孔底落在巷道轮廓线外100mm左右。底孔向下倾斜5°~10°，以利于铺轨。抛掷爆破时，底孔加深200mm左右。

炮孔深度是指孔底到工作面的平均垂直距离。炮孔深度与凿岩机具、岩石可爆性、巷道断面、月进尺、作业循环方式等因素有关。采用气腿式凿岩机时，炮孔深度为1.3~2.0m。炮孔直径与药卷直径有关。我国矿山多用ф32、ф35两种药卷，故炮孔直径取38~42mm。

4. 巷道支护

巷道支护是采矿工作的重要环节，随着科学技术的进步，支护方法及理论也在不断发展。常用的支护方法有整体混凝土支护、锚杆支护、喷射混凝土支护和棚式支架。

（1）整体混凝土支护。整体混凝土支护是矿山井巷支护的主要形式，适用于松软破碎、节理裂隙发育、有渗水的岩体中井巷的支护，特别是服务年限较长的重要井巷或硐室。整体混凝土支护具有强度高、承压能力大、阻水、防火、通风阻力小和材料来源广等优点。

（2）锚杆支护。锚杆支护是向巷道围岩钻孔，通过在孔内安装和锚固由金属、木材等制成的杆件，达到支护目的。目前国内外使用的锚杆种类很多，按其对岩体的锚固方式，可分为端部固定式、全长固定式及混合式三类。

楔缝式、涨壳式、头部胶结式等均属于端部固定式，其特点是通过孔底端的锚头和另一端的紧固部分，使杆体受拉，从而对围岩施加压力。金属楔缝式锚杆，由楔子、杆体、垫板、螺帽等组成。杆体用普通低碳钢制作，直径为18~22mm；头部有长150~200mm、宽3~5mm的切口，尾部长100~150mm部位加工成螺纹。楔子长140~150mm，尾部厚19~25mm、宽度略小于杆体直径。垫板厚6~10mm，常做成方形。安装时，先把楔子插入切口中，将杆体送至孔底，套上垫板和螺帽，将杆体用大锤或凿岩机冲击，直到杆体与围岩夹紧为止，最后将螺帽拧紧。

全长固定式锚杆，如砂浆锚杆、树脂锚杆，则是通过黏结剂将杆体和围岩黏结在一起，因锚杆和围岩弹模不一致，在共同变形的过程中，锚杆对围岩施加压力。

摩擦式锚杆是用机械方法将锚杆压入围岩，使杆体和围岩间产生摩擦力，靠摩擦力将杆体与围岩联系起来，并对围岩施加压力。

（3）喷射混凝土支护。喷射混凝土是将一定配比的水泥、砂、石的拌合料通过混凝土喷射机，用压缩空气做动力沿着管路压送到喷嘴处与水混合后，以较高的速度喷射在岩面上，凝结硬化而成的一种支护形式。混凝土能牢固地和岩壁黏结在一起，并有良好的物理力学性能，控制围岩冒落。由于喷层较薄，具有较好的柔性，可以同围岩共同变形，产生较大的径向、切向位移。但是，当淋水很大时，不宜采用喷射混凝土支护。

（4）棚式支架。在围岩十分破碎不稳定，而且巷道服务年限不长（8 ~ 10年），砌护不经济的情况下，可考虑采用棚式支架，如木支架、金属支架。巷道中常用的木支架是梯形棚架。它是由一根顶梁、两根棚腿以及背板、木楔等组成的。

顶梁是木支架支承顶板压力的受弯构件；棚腿是顶梁的支点，并支承侧压。棚腿与底板的夹角一般为80°，并应插到坚实底板岩石上。顶梁和棚腿的连接，常用“亲口接”。背板通常可用板皮、次木材或柴束，它的作用是使地压均匀地分布到顶梁和棚腿上，并防止碎矸石下落。根据围岩的坚固程度，背板可密集布置或间隔放置。背板后面和围岩间若有空隙，应用废木料或矸石填实。

每架支架的平面应和巷道的纵轴相垂直。为了增加各架支架的稳定性，支架间可以打上小圆木或方木制作的撑柱或钉上拉条。

木支架重量轻，具有一定的强度，加工容易，架设方便，特别适合于多变的地下条件。由于其构造有较大的可缩性，当地压突然增大还能发出声响，所以，在采矿工业中用得最早，用得也最广泛。但其缺点是：强度有限，不能防火，容易腐朽，服务年限短，消耗量大，不能阻水和防止围岩风化。随着木材资源短缺，木支架的应用已逐渐减少，甚至将被淘汰。

金属支架主要有梯形和拱形两种。梯形金属支架用18 ~ 24kg/m的钢轨、16 ~ 20号工字钢或矿用工字钢制作，由两腿一梁构成，常用梁、腿连接方式。对于动压影响大，围岩变形量大的巷道，采用矿用特殊型钢制成的拱形可缩性支架。

## 四、采场运搬

将回采崩落的矿石从工作面运搬到矿块底部受矿巷道的过程，称为采场运搬。采场运搬方法有重力运搬、机械运搬、爆力运搬和水力运搬等。重力运搬、机械运搬两种方法应用较多，爆力运搬应用范围有限，而水力运搬应用极少。

（一）重力运搬

回采崩落的矿石在重力作用下，沿采场底板（或下盘）溜至矿块底部受矿巷道，这种采场运搬方法称为重力运搬。重力运搬矿石方法在开采倾斜与急倾斜矿体中应用非常广泛。重力运搬的可靠程度主要取决于矿体倾角，此外，与矿石的溜放条件及采场底板（或下盘）面的平整程度有关。在空场条件下，对于倾角55° 以上的急倾斜矿体，自然重力运搬一般可使崩落的矿石充分溜入受矿巷道；在有岩石（碎石）覆盖的条件下，矿体倾角达60° ~80° 时才能使矿石借重力充分下移。当矿体倾角小于上述数值时，需采取相应措施减少采场底板（或下盘）部位的矿石损失。如在空场采矿法中，借助溜槽、溜板等实现倾斜矿床的重力运搬；在崩落采矿法中，在底板围岩中开掘放矿漏斗等，以扩大矿石移动范围，改善放矿条件。

（二）机械运搬

机械设备（电耙、输送机、自行设备等）直接进入工作面，将采场里崩落的矿石及时运走，这种采场运搬方法称为机械运搬。在金属矿山，常用的机械运搬设备有电耙和自行设备（装运机、铲运机、电铲与自卸卡车、装岩机与自行矿车）等。机械运搬方法，有时为重力运搬的补救措施，如当矿体倾角不充足时，机械运搬矿体底板部位残留的矿石。有时为矿体倾角所迫，如当矿体倾角小于25° ~30° 时，崩落的矿石就地存留，需借助机械设备才能运走。而采用全面法、房柱法、水平分层充填法以及无底柱分段崩落法等采矿法时，崩落的矿石则完全靠机械设备运走。

（三）爆力运搬

爆力运搬是用深孔爆破时产生的动能，使崩下的矿石沿采场底部移动，并将之抛到矿块底部受矿巷道中的运搬方法。当矿体倾角在30° ~55° 时，矿石既不能靠重力运搬，用机械运搬又有困难。在这种条件下，先用爆力将崩落矿石抛掷一段距离后，再靠惯性力和自重沿底板滑移到受矿巷道。

（四）水力运搬

水力运搬主要用于薄和中厚倾斜矿体，也可用来冲洗重力运搬、机械运搬或爆力运搬底板残留的矿石或矿粉。水力运搬时，在工作面上部设置容积为100$m^3$的蓄水池，从工作面下部开始，分段用水枪喷出的压力水来运搬矿石。为了使矿石流集中，工作面上部超前回采形成约10° 的倾斜面，下部与底板相交处形成一个槽，使矿石流更容易集中于槽内。

## 第二节　露天开采

### 一、基本概念

露天开采，又称为露天采矿，是一个移走矿体上的覆盖物，得到所需矿物的过程，从敞露地表的采矿场采出有用矿物的过程，具有资源利用充分、贫化率低，适于用大型机械施工，建矿快，产量大，劳动生产率高，成本低，劳动条件好，生产安全等优点。

露天矿在开采过程中，先将境界内的矿岩划分成一定厚度的水平层，再自上向下逐层进行开采，形成的阶梯状的工作面叫作台阶，上一个台阶的开采使其下面的台阶被揭露出来，当揭露面积足够大时，就可开始下一个台阶的开采。随着开采的进行，采场不断向下延伸和向外扩展，直至到达设计的最终境界。每一台阶在其所在水平面上的任何方向均以同一台阶水平的最终境界为限。正在开采的台阶叫作工作台阶。推到最终境界线的台阶所组成的空间曲面称为最终边帮（或非工作帮）。为了开采一个台阶并将采出的矿岩运出采场，需要在本台阶及其上部各台阶修筑至少一条具有一定坡度的运输通道，称为斜坡道或出入沟。

#### （一）台阶的几何要素

台阶是垂直方向上的最小开采单元，即台阶在其整个高度上是一次爆破、一次铲装的。穿孔和装药作业在台阶的坡顶面水平进行，铲装和运输作业在台阶的坡底面水平进行。

台阶由坡顶面、坡底面和台阶坡面组成。台阶常以其坡顶面水平和坡底面水平命名。

台阶坡顶面和坡底面与台阶坡面的交线分别称为台阶的坡顶线和坡底线。一个台阶的坡底面水平同时又是其下一个台阶的坡顶面水平。

台阶坡面与水平面的夹角称为台阶坡面角（a）。

台阶坡顶面与坡底面之间的垂直距离即为台阶高度（H）。

从本台阶的坡顶线（本台阶外缘）到上一个台阶的坡底线（本台阶内缘）之

间的距离称为台阶宽度（W）。

### （二）台阶高度

台阶高度是露天开采中最重要的几何参数之一。影响台阶高度的因素有生产规模、采装设备的作业技术规格以及对开采的选别性要求等。为保证挖掘机能获得较高的满斗系数（铲斗的装满程度），台阶高度应不小于挖掘机推压轴高度的2/3。为避免挖掘过程中在台阶的顶部形成悬崖，台阶高度应小于挖掘机最大挖掘高度。

在品位变化大、矿物价值高的矿山（如金矿），开采选别性是制约台阶高度的重要因素。开采选别性指在开采过程中能够将不同品位和类型的矿石及废石进行区分开采的程度。以金矿为例，往往需要对一个区域内的高品位矿、低品位矿、硫化矿、氧化矿及废石进行区分开采。由于一个台阶在垂直方向上是不可分采的，即使在台阶高度内矿石的品位、矿种或矿岩界线变化很大，也不可能在开采过程中将同一台阶高度上不同种类的矿石及岩石分离出来，因此贫化和不同矿种的混杂是不可避免的。可见，台阶高度越大，开采选别性就越差。所以，对选别性要求较高的矿床进行开采时，应选取较小的台阶高度。一般来说，黑色金属矿床的品位变化较小、矿体形态较为规则、矿物价值低，对选别性要求较低，台阶高度一般大于10m，以12～15m最为常见。而大多数贵金属矿床的特征恰恰相反，故台阶高度一般小于10m，以6～8m最为常见。

台阶高度制约着铲装设备的选择，若选用汽车运输时，铲装设备的斗容和装卸参数又制约着汽车的选型。台阶高度同时也影响着最终边帮的几何特征。台阶高度的选取对整个露天矿开采的经济效益有着直接的影响，在一定范围内增加台阶高度会降低穿孔、爆破和铲装成本，但确定最佳的台阶高度要综合考虑各种相关因素，使矿床开采的整体经济效益（不仅是穿孔、爆破和铲装成本）达到最佳值。

### （三）台阶坡面角

台阶坡面角是岩体稳定性的函数体现，其取值随岩体稳定性的增强而增大（最大为90°）。确定台阶坡面角时，需要进行岩体稳定性分析，或参照岩体稳定性相类似的矿山选取。另外，岩体层理面的倾向对台阶坡面角也有直接的影响，当台阶坡面与岩体层理面的倾向相同或相近，而且层理面倾角较陡时，台阶坡面角等于层理面的倾角。

### （四）工作平台与安全平台

正在被开采的台阶称作工作台阶（或工作平台、工作平盘）。

工作台阶上被爆破、采掘的部分称为爆破带，其宽度被称为爆破带宽度（或采区宽度），台阶的采掘方向是挖掘机沿采掘带前进的方向，台阶的推进方向是台阶向外扩展的方向。

在开采过程中，工作台阶不能一直推进到上个台阶的坡底线位置，而是应留有一定的宽度，这部分称为安全平台。安全平台的作用是收集从上部台阶滑落的碎石和阻止大岩石块滚落，宽度一般为2/3～1个台阶高度，在矿山开采寿命期末，有时将安全平台的宽度减小到台阶高度的1/3左右。

工作平台的宽度等于采区宽度与安全平台宽度之和。最小工作平台宽度是刚刚满足采运作业所需要的空间的宽度。

沿工作平台的外缘常用碎石堆筑一道安全挡墙，其作用是阻止石块滚落到下面的台阶和防止汽车或其他设备驶落台阶。安全挡墙的高度一般不小于汽车轮胎的半径，其坡面角等于碎石的安息角（一般为35°左右）。

## 二、开采程序

### （一）掘沟

露天开采是分台阶进行的，由于采装与运输设备是在工作台阶的坡底面水平作业，所以，新台阶开始开采时必须在新台阶顶面的某一位置开一道斜沟，使采运设备到达作业水平（坡底面），而后以沟端为初始工作面向前、向外推进。因此，掘沟是新台阶开采的第一步。

按运输方式掘沟方法可分为不同的类型，如汽车运输掘沟、铁路运输掘沟、无运输掘沟等。由于现代露天矿山，特别是新设计的露天矿山大都采用汽车运输，故以汽车运输掘沟为例进行简要的介绍。

#### 1. 深凹露天矿掘沟

掘沟工作一般分为两阶段进行：首先挖掘出入沟，建立起上、下两个台阶水平的运输联系；然后开掘段沟，为新台阶的开采推进提供初始作业空间。

出入沟的坡度取决于汽车的爬坡能力和运输安全要求。由于现代大型露天矿多采用载重100t以上的大吨位矿用汽车，因此，出入沟的坡度一般在8%～10%。

出入沟的长度等于台阶高度除以出入沟的坡度。例如，当台阶高度为12m、出入沟的坡度为8%时，出入沟的长度为150m。

由于矿山岩性不同，掘沟时的爆破设计也就不同。具体可分为两种：全沟等深孔爆破与沿坡面的不等深孔爆破。采用全沟等深孔爆破时，出入沟的斜坡路面修在爆破后的松散碎石上。这种掘沟方法的优点是穿孔、爆破作业简单，而且当出入沟位置需要移动时，可避免在斜坡上穿孔、装药；其缺点是路面质量差，影响汽车的运行效率，加重了汽车轮胎的磨损。采用沿坡面的不等深孔爆破时，需要沿出入沟的坡面从上至下穿凿不同深度的炮孔进行分段爆破。

出入沟完工后继续下一步——开掘段沟。掘段沟时是否需要分区段爆破，要根据段沟的长度来决定。段沟为等深度，没有必要采用不同的爆破设计。

一般情况下，为了尽快到达新水平，在新的工作台阶形成生产能力，要最大化减少掘沟工作量。因此，沟底宽度尽量小一些，最小沟底宽度是能满足采运设备基本的作业空间要求的宽度，其值取决于电铲的作业技术规格、采装方式与汽车的调车方式。

最节省空间的调车方式是汽车在沟外掉头，而后倒退到沟内装车。在这种调车方式下，沟底宽度只取决于电铲的采装方式。最常用的采装方式是中线采装，即电铲沿沟的中线移动，向左、右、前三方挖掘。这种采装方式下的最小沟底宽度是电铲在左、右两侧采掘时清底所需要的空间，即

$$W_{\mathrm{Dmin}}=2G \tag{2-1}$$

式中，$G$——电铲站立水平挖掘半径。

另一种更节省空间的采装方式是双侧交替采装。电铲沿左右两条线前进，当电铲位于左侧时，采掘右前方的岩石，装入停在右侧的汽车；而后电铲移到右侧，采装左前方的岩石，装入停在左侧的汽车。这种采装方式下的最小沟底宽度为：

$$W_{\mathrm{Dmin}}=G+K \tag{2-2}$$

式中，$K$——电铲尾部回转半径。

实际采用的沟底宽度应适当大于最小沟底宽度，以保证作业的安全和正常的作业效率。

*2. 山坡露天矿掘沟*

许多矿山最终开采境界范围内的地表是山坡或山包，随着开采，矿山由上部

的山坡露天矿逐步转为深凹露天矿。采场由山坡转为深凹的水平称为封闭水平，即在该水平上采场形成闭合圈。

山坡地带的开采也是分台阶逐层向下进行的。与深凹开采不同的是，不需要在平地向下掘沟以到达下一水平，只需要在山坡适当位置拉开初始工作面就可进行新台阶的推进。不过，习惯上将“初始工作面的拉开”也称为掘沟。山坡上掘出的“沟”是仅在指向山坡的一面有沟壁的单壁沟。

如果山坡是较为松散的表土或风化的岩石覆盖层，可直接用推土机在选定的水平推出开采所需的工作平台。如果山坡是硬岩或坡度较陡，则需要先行穿孔爆破，再行推平。

山坡单壁沟也可用电铲掘出，电铲将沟内的岩石直接倒在沟外的山坡堆置，不再装车运走。沟底宽度应与电铲作业技术规格相适应。沟底宽度为：

$$W_D = G + T + e \tag{2-3}$$

式中，$G$——电铲站立水平挖掘半径；$T$——电铲回转中心到履带外缘距离；$e$——电铲履带外缘到单壁沟外缘的安全距离。

### （二）台阶的推进方式

掘沟为一个新台阶的开采提供了运输通道和初始作业空间，完成掘沟后即可开始台阶的侧向推进。由于汽车运输较为灵活，在掘完出入沟后可不开段沟，立即以扇形工作面形式向外推进。刚完成的掘沟作业空间非常有限，汽车在沟口外调车后倒入沟内装车；当沟底采出足够的空间时，汽车可直接开到工作面进行调车；随着工作面的不断推进，作业空间不断扩大，如果需要加大开采强度，可在一定时候布置两台及以上采掘设备同时作业。

划归一台采掘设备开采的工作线长度称为采区长度。采区长度决定了一个台阶可布置的采掘设备台数，直接影响台阶的开采强度。采区长度随采运设备的作业技术规格而定，根据有关资料，国内矿山的采区长度一般大于200m。

从新水平掘沟开始，到新工作台阶形成预定的生产能力的过程，叫作新水平准备。

台阶推进方式主要包括采掘方式和工作线布置方式。

1. 采掘方式

根据采掘方向和工作线方向之间的关系，有两种基本的采掘方式，即垂直采掘和平行采掘。

（1）垂直采掘。垂直采掘时，电铲的采掘方向垂直于台阶工作线走向（采区走向），与台阶的推进方向平行。开始时，在台阶坡面掘出一个小缺口，而后向前、左、右三个方向采掘。电铲先采掘其左前侧的爆堆，装入位于其左后侧的汽车；装满后，电铲转向其右前侧采掘，装入位于其右后侧的汽车。这种采装方式的优点是电铲装载回转角度小（10°~110°，平均为60°），装载效率高；缺点是汽车在电铲周围调车对位需要较大的空间，要求较宽的工作平台。当采掘到电铲的回转中心位于采掘前的台阶坡底线时，电铲沿工作线移动到下一个位置，开始下一轮采掘。

垂直采掘时，一次采掘深度（采掘带宽度A）为电铲站立水平挖掘半径（G），沿工作线一次采掘长度为2G。当然，电铲在同一轮采掘中可以采掘更大的范围，但超过上述范围时，电铲需要做频繁的小距离的移动，影响采装效率。

（2）平行采掘。平行采掘时，电铲的采掘方向与台阶工作线的方向平行，与台阶推进方向垂直。根据汽车的掉头与行驶方式（统称为供车方式），平行采掘可进一步细分为单向行车不掉头和双向行车折返调车等类型。

①单向行车不掉头平行采掘。汽车沿工作面直接驶到装车位置，装满后沿原方向驶离工作面。这种供车方式的优点是调车简单，工作平台只需设单车道。缺点是电铲回转角度大，在工作平台的两端都要有出口（双出入沟），增加了掘沟工作量。

②双向行车折返调车平行采掘。空载汽车从电铲尾部接近电铲，在电铲附近停车、掉头，倒退到装车位置，装载后重车沿原路驶离工作面。这种供车方式只需在工作平台一端设有出入沟就行，但需要双车道。空车到来时，需等待前一辆车装满驶离后，才能开始掉头对位；而在汽车调车时，电铲也处于等待状态。为减少等待时间，可采用双点装车的方式。

2. 工作线布置方式

依据工作线的方向与台阶走向的关系，工作线布置方式可分为纵向、横向和扇形三种。

纵向布置时，工作线与矿体走向平行。一般是沿矿体走向掘出入沟，并按采场全长开段沟形成初始工作面，之后依据沟的位置（上盘最终边帮、下盘最终边帮或中间开沟），自上盘向下盘、自下盘向上盘或从中间向上、下盘推进。

横向布置时，工作线与矿体走向垂直。一般是沿矿体走向掘出入沟，垂直于矿体掘短段沟形成初始工作面，或不掘段沟直接在出入沟底端向四周扩展，逐步扩成垂直于矿体的工作面，沿矿体走向向一端或两端推进。工作线横向布置时，爆破方向与矿体的走向平行，故对顺矿层节理和层理较发育的岩体进行爆破，会显著降低大块与根底，提高爆破质量。由于汽车运输具有灵活性，工作线也可视具体条件与矿体斜交布置。

扇形布置时，工作线与矿体走向不存在固定的相交关系，而是呈扇形向四周推进。这种布置方式灵活机动，充分利用了汽车运输的灵活性，可使开采工作面尽快到达矿体。

3. 采场扩延过程

台阶的水平推进，使其所在水平的采场不断扩大，并为其下面台阶的开采创造了条件。新台阶工作面的拉开，使采场得以延伸。台阶的水平推进和新水平的拉开，构成了露天采场的扩展与延伸。

举例说明，假设一露天矿最终境界内的地表地形较为平坦，地表标高为200m，台阶高度为12m。首先在地表境界线的右侧端沿矿体走向掘沟到188m水平，出入沟掘完后在沟底以扇形工作面推进。当188m水平被揭露出足够面积时，向176m水平掘沟，掘沟位置仍在右侧最终边帮，这样就形成了188～200m台阶和176～188m台阶同时推进的局面。随着开采的进行，新的工作台阶不断投入生产，上部一些台阶推进到最终边帮（已靠帮）。

采场扩延过程中台阶的出入沟沿最终边帮呈螺旋状布置，称为螺旋布线。其特点如下。

（1）螺旋线弯道半径大，线路通视条件好，汽车直进行驶，不需经常改变运行速度，道路通过能力强。

（2）工作线的长度和推进方向会因采场条件的变化而发生变化，生产组织较为复杂。

（3）各开采水平之间有一定的影响，新水平准备和采剥作业程序较为复杂。

（4）要求采场四周边帮的岩体均较为稳固。

将出入沟以迂回形式布置在采场一侧的非工作帮上，称为迂回布线。迂回布线要求布线边帮的岩石较为稳固，地质条件允许时，一般将迂回线路布置在矿体下盘的非工作帮上，可以使工作线较快接近矿体，减少初期剥岩量。迂回线路布置在矿体上盘非工作帮时，虽然工作线到达矿体的时间长，但可减少矿石的损失和贫化。当然，视具体条件也可将迂回线路布置在采场的端帮。由于线路迂回曲线的半径必须大于汽车运行的最小转弯半径，故在迂回区段需留较大的台阶宽度。

与螺旋布线相比，采用迂回布线时，开采工作线长度和方向较为固定，各开采水平间相互影响小，生产组织管理简单，但行车条件不如螺旋布线好。

由于矿体一般位于采场中部（缓倾斜矿体除外），固定布线时的掘沟位置离矿体远，为尽快采出矿石，可将掘沟位置选在采场中间（一般为上盘或下盘矿岩接触带），在台阶推进过程中，出入沟始终保留在工作帮上，随工作帮的推进而移动，直至到达最终边帮位置才固定下来。这种方式称为移动式布线。

采场扩延过程中，每一台阶推进到最终边帮时，均与上部台阶之间留有安全平台。而实际生产中，常常在最终边帮上每隔两个或三个台阶留一个安全平台，将安全平台之间的台阶合并为一个“高台阶”，即并段。例如，152～164m台阶与164～176m台阶在上侧最终边帮可实行并段。由于并段后台阶的高度增加，石块滚落到安全平台上的滚落速度也加大，故实行并段后的安全平台宽度也要适当加宽，一般是每并入一个台阶，安全平台的宽度增加1/3左右。选择安全平台的宽度时，还应考虑最终帮坡角的要求。若依据滚石安全要求所设置的安全平台宽度，使最终帮坡角大于最大允许帮坡角时，需增加安全平台宽度。

### （三）帮坡形式与帮坡角

#### 1. 工作帮坡角

工作帮是由工作台阶组成的边帮，并随台阶的推进而向最终边帮（非工作帮）靠近。工作帮坡角在西方国家一般定义为最上一个工作台阶的坡顶线与最下一个工作台阶的坡底线连成的假想斜面与水平面的夹角。

工作帮坡角的大小对露天矿开采每个时段的剥岩量变化有很大的影响。工作帮坡角越缓，前期剥岩量越大，基建投资越高，基建周期越长，会降低整个矿山的经济效益。所以，从动态经济观点出发，工作帮坡角应尽量陡一些。

增加台阶高度或减小工作平台宽度可以使工作帮坡角变陡。然而，台阶高度受到设备规格和开采选别性的制约，没有多大的变化余地。工作平台的宽度又必须满足采运设备所需的作业空间的要求，并保持较高的设备作业效率，可减小的幅度也非常有限。组合台阶开采是提高工作帮坡角的有效方法。

2. 组合台阶

组合台阶是将若干个（一般4个左右）台阶组成一组，划归一台采掘设备开采。这组台阶称为一个组合单元，在组合单元中，任一时间只有一个台阶处于工作状态，保持正常的工作平台宽度，其他台阶处于待采状态，只保持安全平台的宽度。

组合台阶开采只有当采场下降到一定的深度后才能实现。如果采场空间允许，可以在不同区段布置多台采掘设备，同时进行组合台阶开采；也可视工作帮的高度，在同一区段垂直方向上布置多个组合单元进行开采。

## 三、露天矿床开拓

露天矿床开拓是建立地面与露天矿场内各工作水平以及各工作水平之间的矿岩运输通道，以保证露天矿场的生产运输，及时准备出新的工作水平。矿床开拓设计是露天开采设计中带有全局性的大问题，一方面它受所圈定的露天开采境界的影响，另一方面它既影响着基建工程量、基建投资和基建时间，也影响着矿山生产能力、矿石损失和贫化、生产的可靠性与均衡性以及生产成本。开拓系统一旦形成，若再想改造，则会严重影响生产，造成很大的经济损失。

开拓方案设计应从矿床赋存的自然条件出发，结合生产工艺系统以及矿床开采程序合理地进行，使之能够确保设计的矿山建设速度，满足设计的矿石产量和质量要求，力争投产早、达产快、基建投资少、生产经营费用低。设计中应尽可能采用先进的技术设备，以提高生产的可靠性与生产效率。

影响开拓方案设计的主要因素如下。

一是矿床赋存的自然条件。这是拟订可行开拓方案的主导因素。

二是开采技术条件，包括露天开采境界的尺寸、生产能力、工艺设备类型、矿床开采程序、矿区总平面布局等。

三是经济因素。包括国家有关的技术及经济政策、设备的供给条件、矿山建设速度及矿石产量的要求、矿山开采年限等。

依据所选取的运输设备，露天开拓方法可归为公路运输开拓、铁路运输开拓、联合运输开拓。联合开拓又包括铁路—公路联合运输开拓、公路（铁路）—破碎站—胶带输送机联合开拓（简称胶带运输开拓）、公路（铁路）—箕斗联合运输开拓（简称箕斗运输开拓）、公路（铁路）—平硐溜井联合运输开拓（简称平硐溜井开拓）。

## （一）公路运输开拓

公路运输开拓中最常用的设备是自卸汽车，所以也称汽车运输开拓。与铁路运输开拓相比，公路运输开拓坑线形式较为简单，开拓坑线展线较短，对地形的适应能力强。此外，还可多设出入口进行分散运输和分散排土，便于采用移动坑线开拓，有利于强化开采，提高露天矿的生产能力。

公路运输开拓的坑线布置形式，除可依据露天矿的地形条件、采场平面尺寸和开采深度选择折返式、螺旋式或折返式与螺旋式联合布线形式外，还可以采用地下斜坡道开拓形式。

地下斜坡道开拓形式是在露天采场境界外设置地下斜坡道，并在相应的标高处设置出入口通往各开采水平，汽车经出入口和斜坡道在采矿场与地面之间运行。出入口处底板应朝向采矿场倾斜1°～3°，以防止雨水进入运输通道。地下斜坡道中的运输坑线可采用螺旋式或折返式，螺旋式是在露天采场境界外围绕四周边帮呈螺旋式向下延深，折返式设在露天矿场边帮的一侧。由于地下斜坡道不设在露天的边帮上，避免了因设置露天开拓坑线而增加的剥岩量和由于边坡稳定性差给运输工作造成的不良影响。同时，由于斜坡道隐藏于地下，避免了气候条件的变化给运输工作带来的不良影响。但地下斜坡道单位体积掘进费用高，掘进速度慢，生产能力受到一定限制，故仅适用于中小型矿山。在露天开采中，运输费用占矿石开采成本的40%～60%。随着矿床开采深度的增加，矿岩的运距会显著增大，汽车的台班运输能力就逐渐降低，造成单位矿岩运输费随着采深的增加而上升。因此，虽然公路运输开拓具有地形适应能力强、运输坑线布置灵活等优点，但受到合理运距的影响，也存在一个适用范围。

公路运输开拓的合理运距，即是在该运距范围内汽车运输的成本占开采总成本的比例适中，能够获得正常盈利。合理运距是一个经济概念，它随着技术经济条件的变化而变化。目前，采用普通载重自卸汽车运输时，其合理运距约为3km；采用100t以上大型自卸汽车运输时，合理运距也随之增加，可达5～6km。参考凹陷露天矿重载汽车运行路线和至卸载点的地面距离，在合理运距范围内就可折算出公路运输开拓的合理开采深度。当采用载重量为80～120t的汽车运输时，合理开采深度一般为200～300m。

### （二）铁路运输开拓

采用铁路运输开拓，运输能力大，设备坚固耐用，吨公里运输费用为汽车运输的1/4～1/3。但铁路运输开拓线路较为复杂，开拓展线比汽车运输长，转弯半径大，灵活性低，掘沟工程量和露天边帮的附加剥岩量增加，新水平准备时间较长。

铁路运输开拓多采用固定式坑线。由于牵引机车的爬坡能力弱，从一个水平至另一个水平的坑线较长，列车的转弯半径大（准轨铁路运输转弯半径不小于100～200m），故在开拓坑线的布置形式上，铁路运输坑线多采用折返式、直进—折返式、螺旋式及折返—螺旋式等形式。

采用铁路运输时，直进式是最理想的坑线布线形式，但只适用于开采深度浅、采场走向很大的露天矿。对于其他形式的露天矿，多采用直进式与折返式相结合的坑线开拓形式，即机车直进若干个台阶后，坑线经折返站改变方向再继续直进，直至延伸到采场底部，形成直进与折返混合坑线形式，也可称为多水平折返式。单水平折返坑线是最基本的折返形式，仅适用于采场平面尺寸有限而矿床延深较大的矿山。

折返站是折返坑线的组成部分，供列车换向和会让之用，因而增加了铁路运输线路的长度。同时，列车在折返站的停车、换向、会让等作业又降低了运输效率，延长了运行周期，故应尽量减少坑线的折返次数。

铁路运输开拓多为折返坑线形式，随着矿床开采深度的增加，运输距离及折返站数量也相应增加，列车在折返站停车和换向的次数也就增加，从而使运行周期变长，运输效率明显降低。对于凹陷露天矿，单一铁路运输开拓的经济合理的开采深度为120～150m，若采用牵引机组运输，可将线路的坡度提高到6%，开采深度最大可达到300m。对山坡露天矿，在地形标高不超过150～200m的条件下，采用铁路运输开拓方式可取得理想的经济效益。

### （三）联合运输开拓

铁路运输开拓及其生产工艺所固有的缺点，使其受到合理开采深度的限制。汽车运输虽然具有机动灵活、爬坡能力大等优点，但受到合理运距及合理开采深度的限制，而且重车长距离上坡运输，使汽车的使用寿命大幅缩短。为此，露天矿在生产实践中经常视具体条件采用各种形式的联合运输开拓方式。

1. 铁路—公路联合运输开拓

目前，单一铁路运输开拓在国内外金属露天矿使用的比例正逐渐减少，特别是在深凹露天矿已成为一种不合理的开拓运输方式。对于采用铁路运输开拓的露天矿，转入深部开采时，大多改用铁路—公路联合运输，即采场上部保持铁路运输，采场下部采用公路运输，中间设置矿岩倒装站。由于采场内运距在汽车合理运距之内，汽车的周转速度快、生产效率高，因此，采用铁路—公路联合运输开拓取得的经济效益比单一铁路运输开拓高13%～16%，挖掘机效率高20%～25%。

2. 公路（铁路）—破碎站—胶带运输机联合开拓（胶带运输开拓）

胶带运输开拓是近年来发展起来的一种高效率、连续（半连续）运输的开拓方式，并成为大型露天矿开采的一种发展趋势。该开拓方式是借助设在露天采场内或者露天开采境界外的带式输送机，从露天采场运出矿岩。采用胶带运输开拓时，由于爆破后的矿岩块度较大，爆破后的矿石和岩石必须先运送到设置在采矿场的破碎站，经破碎机破碎后才能由胶带运输机输送。采场内主要采用汽车运输，也可以用火车运输，形成公路（铁路）—破碎站—胶带输送机运输开拓方式。

公路（铁路）—破碎站—胶带运输机联合运输开拓常用的形式有堑沟开拓和斜井（溜井）开拓。采用堑沟开拓时，破碎站的形式为半固定或移动式；采用斜井（溜井）开拓时，破碎站设为固定或半固定式。

公路（铁路）—破碎站—胶带运输机堑沟开拓。此种开拓方式下矿岩的运输流程是：矿石和岩石用自卸汽车或火车运至破碎站，破碎后经板式给矿机转载到胶带运输机运至地面，再由地面胶带运输机或其他运输设备转运至卸载地点。

当露天矿最终边坡岩石不稳定，而采场境界外岩石稳固时，若将胶带运输机布置在边帮上，作业会很不安全，这时可采用公路（铁路）—破碎站—胶带运输机斜井开拓方式，将作为运输坑线的斜井布置在最终开采境界的外部，胶带运输机安装在斜井内，半固定式破碎站设置在斜井的底部。这种开拓方式的基建工程量不受矿山工程发展的影响，避免了胶带运输机的沟道与采场内运输道路的交叉。确定斜井位置时，要同时考虑半固定破碎站的设置位置，应当使其距离卸载点近；斜井穿过的岩层必须稳定，不能影响采场内的生产。

胶带运输开拓的优点：运输能力大，升坡能力大，可达到16° ~18° ；运输线路距离短，为汽车运距的1/5 ~ 1/4，铁路运距的1/10 ~ 1/5。因而开拓坑线基建工程量小，运输成本低，运输的自动化程度高，劳动生产率高。

胶带运输开拓的缺点：由于胶带运输系统中需设置破碎站，破碎站的建设费用较高；采用移动式破碎站时，破碎站的移设工作复杂；运送硬度大的矿岩时，胶带的磨损大；敞露式的胶带运输机易受到恶劣气候条件的影响，因而增加了设备的维护工作量与维护费用。

3. 公路（铁路）—平硐溜井联合运输开拓（平硐溜井开拓）

平硐溜井开拓方式通过开拓溜井与平硐来建立露天采矿场与地面之间的运输联系，适用于地形复杂、矿床地面高差大的山坡露天矿。溜井与平硐为矿石主要运输通道，矿石由汽车或其他运输设备运至采场内的卸矿平台向溜井中翻卸，在溜井的下部通过漏斗装车，经平硐运至卸载地点。平硐内的运输方式一般为准轨或窄轨铁路。

通常需在采矿场附近的山坡选择废石场，开拓通达废石场的公路（或铁路）运输坑线，利用汽车（或机车）将其从采矿场直接运至废石场排弃。

平硐溜井开拓系统中，溜井承担着受矿和放矿的任务，它是系统的关键组成部分。合理地确定溜井位置和结构要素，对于防止溜井堵塞和跑矿，保证矿山正常生产，具有重要意义。溜井位置的选择应根据矿床的埋藏地点进行，以采场和平硐的运输功最小、平硐长度小以及平硐口至选矿厂的距离最短为原则。溜井应布置在稳定性好的岩层中，避开断层和破碎带，使溜井系统位于地质条件好的地层中。平硐的顶板至采场的最终底部开采标高应保持最小安全距离，一般不能小于20m。需开拓的溜井数目应根据矿山的矿石年生产能力和溜井的年生产能力来确定。

平硐溜井开拓方式利用地形高差自重放矿，系统的运营费低；缩短了运输距离，减少了运输设备的数量，提高了运输设备的周转率；溜井还具有一定的储矿能力，可进行生产调节。其不足之处是：放矿管理工作要求严格，否则易发生溜井堵塞或跑矿事故；溜井放矿过程中，空气中的粉尘影响作业人员的健康。

## 四、露天开采工艺

金属矿床露天开采的工艺过程一般为：穿孔、爆破、采装与运输，各工序环节相互衔接、相互影响、相互制约，构成了露天开采的最基本生产周期。

### （一）穿孔作业

穿孔作业是露天开采的第一道生产工序，作业内容是采用穿孔设备在计划开采的台阶区域内穿凿炮孔，为其后的爆破工作提供装药空间。穿孔作业的成本占整个露天矿石开采总生产成本的10%～15%。

目前，露天矿生产中广泛使用的穿孔方式有两种：热力破碎穿孔与机械破碎穿孔。露天矿应用最广泛的穿孔设备是牙轮钻，潜孔钻次之，火钻与凿岩台车仅在某些特定条件下使用，钢绳式冲击钻已被淘汰。

露天矿穿孔设备的选择主要取决于开采矿岩的可凿性、开采规模要求及设计的炮孔直径。

牙轮钻机具有穿孔作业效率高、作业成本低，机械化程度高、适用于在各种硬度的矿岩中穿孔的优点，已成为当今世界露天矿应用最广泛的穿孔设备。目前，美国、加拿大和俄罗斯的金属露天矿山中牙轮钻机的比重已占80%以上。我国中小型露天矿山仍在广泛使用潜孔钻机，大型露天矿山已大量使用牙轮钻机。

### （二）爆破作业

爆破作业是将整体矿岩进行破碎及松动，形成一定形状的爆堆，为后续的采装作业提供条件。在露天开采的总生产成本中，爆破作业成本占15%～20%。

露天开采对爆破作业的基本要求如下。

一是适当的爆破储备量，能满足挖掘机连续作业的要求，一般每次爆破的矿岩量应能满足挖掘机5～10个昼夜的采装作业量。

二是合理的矿岩块度，利于提高后续工序的作业效率，降低开采总成本。具体就是，爆破后的矿岩块度应小于挖掘设备铲斗所允许的最大块度和粗碎机入口所允许的最大块度。

三是爆堆堆积形态好，前冲量小；无上翻，无根底；爆堆集中且有一定的松散度，利于提高铲装设备的作业效率；在复杂的矿体中不破坏矿层层位，不影响选别开采。

四是无爆破危害，爆破所产生的地震、飞石、噪声等效应均应控制在允许的范围内，同时尽量控制爆破带来的后冲、后裂和侧裂现象。

在整个矿床开采过程中，需要根据各时期不同的生产要求和爆破规模采用不同的爆破方式。露天开采过程中的爆破作业可分为以下三种：基建期剥离大爆破、生产期台阶正常采掘爆破与各台阶水平生产终了期的台阶靠帮（或并段）控制爆破。

1. 基建期剥离大爆破

在山坡露天矿的基建期，为了剥离矿体上部（或侧向）较厚的覆盖岩层，平整作业场地、开挖公路或铁路运输通道，通常要进行大爆破，这种利用开凿地下硐室进行集中装药的大型爆破工程，又称为硐室爆破。大爆破的方式有以下两种。

（1）破碎松动爆破。特点是岩体的绝大部分经爆破破碎后仅有少量的位移。根据位移量的大小，又可分为弱松动爆破与强松动爆破。

（2）抛掷爆破。特点是岩体经爆破破碎后发生较大的位移，并在装药硐室处形成爆破漏斗。根据破碎岩石的被抛掷程度与方向，抛掷爆破又可分为抛扬爆破、抛坍爆破与定向爆破。

大爆破的设计原则及要求如下。

（1）经济合理性原则。在保证良好的爆破效果的前提下，尽可能减少基建投资与爆破工程量，加快基建工程的建设速度、降低爆破成本。

（2）爆破设计要求。根据矿山基建期与生产期的整体要求，结合矿床的地形地质条件，科学合理地确定大爆破的各项参数及爆破范围，尽量方便施工，不给后续工程留下隐患。

（3）爆破质量要求。爆堆的形态及分布应符合要求，降低大块率，减少边缘欠挖量，爆破后形成的场地要平整。

（4）爆破安全要求。在工业场地、重要建筑物或重要设施附近进行大爆破时，必须保证周围环境的安全，在采场边帮附近进行大爆破时，必须保证采矿场边帮的稳定。

2. 生产期台阶正常采掘爆破

露天台阶正常采掘爆破是在每一生产台阶分区依次进行的，当穿孔作业完成炮孔的穿凿后，爆破工序即开始。先由爆破设计人员依据穿孔工序所生成的实测布孔图进行爆破设计与计算，内容主要有炸药类型及炸药单耗（或装药密度）的选取、炮孔装药结构设计、每孔装药量与总炸药消耗量计算、起爆网络及起爆方式设计。然后，爆破人员依据设计方案进行炮孔装药并实施爆破。

露天生产台阶正常采掘爆破中常用的爆破方法有外敷爆破、药壶爆破、浅孔爆破与深孔爆破。

外敷爆破（俗称裸露爆破）主要用于台阶正常生产爆破后的大块二次破碎及根底处理，不需钻凿炮孔，直接将炸药敷于大块上进行爆破。

药壶爆破法可以克服较大的底盘抵抗线，减少钻孔工作量，在工作环境困难时使用。该方法必须在已穿凿的深孔孔底用药壶法进行扩孔，经几次扩孔达到设计体积后再装炸药进行爆破。

浅孔爆破法通常用于小型矿山的台阶生产爆破，在大中型矿山用于辅助性爆破，如开掘出入沟、修路、处理根底及不合格大块等。浅孔的炮孔规格通常指炮孔直径在50mm以下，孔深不超过5m。

深孔爆破法是露天矿台阶正常采掘爆破时最常用的方法。根据起爆顺序的不同，可分为齐发爆破、毫秒迟发爆破和微差爆破等，其中以微差爆破的使用最为广泛。根据预爆台阶前是否留有部分渣堆，又可分为清渣爆破与压渣爆破。

3. 靠帮并段台阶的控制爆破

随着采场水平方向的不断推进与垂直方向上的不断延伸，每一台阶水平最后都要推进到设计的最终边帮位置，通过靠帮或并段过渡为露天采场的固定边帮。台阶靠帮时常常采用并段措施来提高露天采场的最终边帮角，使之达到稳定边坡所允许的最大值。当生产台阶向最终边帮过渡时，由于生产过程的爆破地点与最终边帮相邻，若采用正常生产爆破，其爆破的地震效应将会给最终边帮的稳定性带来很严重的影响。因此，通常在紧邻边帮布置一排预裂孔和一排缓冲孔，来避免和减少台阶靠帮或并段爆破对最终边帮稳定性的危害。

紧邻边帮的最后一排孔为预裂孔，特点是：在靠帮或并段台阶欲形成固定边帮台阶坡顶线的位置处钻凿倾斜炮孔，该炮孔的倾角即为最终边帮台阶的坡面角。为了保证边帮平台的平整，不设置超钻，炮孔直径也比正常生产爆破的炮孔直径小，以减少预裂孔的装药量。国内露天矿生产中多采用φ100～200mm的潜孔钻机或60～80mm的凿岩台车穿凿预裂炮孔。预裂炮孔在正常生产炮孔起爆之前先行一次性起爆，其孔内分段装药，并且所装药柱直径小于炮孔直径，在炮孔壁与装药柱之间形成一环形孔隙，降低爆轰波的初始压力，保护孔壁，防止其周围的岩石过度粉碎。一般情况下，预裂孔的孔间距要比正常生产爆破的孔间距小，其经验取值为预裂孔径的7～16倍。

位于预裂孔和主生产炮孔之间的一排炮孔称为缓冲孔。缓冲孔的特点是孔网参数（孔间距与排间距）略小于生产炮孔，且孔底不设置超钻或减少超钻量，同时控制缓冲炮孔中的装药量使其低于生产炮孔。为了使孔内装药量不至于过分集中，应采用填塞物或空气间隔的分段装药结构。缓冲孔与预裂孔同时起爆，或略迟于预裂孔起爆。

### （三）采装与运输

1. 采装作业

采装作业是利用装载机械将矿岩从较软弱的矿岩实体或经爆破破碎后的爆堆中挖取，装入某种运输工具内或直接卸至某一卸载点。

采装作业使用的机械设备有机械式单斗挖掘机、索斗铲、前装机、轮斗挖掘机、链斗挖掘机等。由于金属露天矿山矿岩一般都比较坚硬，世界上绝大多数金属露天矿山的采装设备都是以单斗挖掘机（电铲）为主。

单斗挖掘机一般由工作部分、回转盘部分、行走部分和电气部分组成，工作部件包括铲斗、开斗机构、铲杆、推压机构和起重臂等。

挖掘机的生产能力分技术生产能力和实际生产能力两种。

挖掘机的技术生产能力是假设其在给定的工作环境中（工作面尺寸、矿岩性质、装载条件等）进行1h不间断作业所能达到的生产能力，即挖掘机从工作面挖掘并装入运输容器中的矿岩实方体积或重量。它是考虑了采装作业中的铲斗满斗系数、矿岩松散系数和工作循环时间后，挖掘机连续工作的生产能力，是挖掘机可能达到的最大生产能力。

挖掘机的实际生产能力是考虑了挖掘机工作时间利用率后的生产能力。在实际采装作业中，挖掘机因等车和进行辅助作业（如剔除爆堆中的不合格大块、铲整爆堆、设备故障、铁路运输时的移道工作以及司机交接班）等原因，不可能在工作时间内都进行采装作业，因此，挖掘机的实际生产能力才是编制采掘生产进度计划的基础。

在设计新建矿山的生产能力时，通常对比其他类似条件的矿山指标来确定新建矿山的挖掘机生产能力，并以此为基础编制矿山的中长期采掘计划。

2. 运输作业

露天矿运输作业是采装作业的后续工序，其基本任务是将矿石运送到贮矿场、破碎站或选矿厂，将岩石运往废石场。据统计，矿山运输系统的基建投资占总基建费用的60%左右，运输的作业成本占矿石开采总成本的30%～40%，运输作业的劳动量约占矿石开采总劳动量的一半以上。因此，运输作业的方式与运输系统的合理性，将直接影响露天矿生产的经济效益。

露天矿可采用的运输方式有自卸汽车运输、铁路运输、胶带运输机运输、斜坡箕斗提升运输以及由各种方式组成的联合运输。

实践证明，由于汽车运输具有爬坡能力大，运输线路通过的平面尺寸小，运输周期相对较短，运输过程机动灵活，运输线路的修筑与养护简单，适应强化开采等特点，在现代露天矿山得到了广泛的应用。但相比于铁路运输，汽车运输的吨公里运费高，且设备维修较为复杂，占用的熟练工人数量多，油料能源消耗量大，运行过程中产生的废气和扬尘污染大气。

由于胶带运输机的爬坡能力强，能够实现连续或半连续作业，自动化水平高，运输生产能力大，运输费用低，所以在国内外深露天矿的应用日益广泛。

# 第五章 矿物筛分技术

## 第一节 碎散物料的粒度组成与粒度分析

### 一、粒度及其表示方法

#### （一）粒度

描述单一颗粒大小的尺寸称为粒度，一般用颗粒三维尺寸的算术平均值或几何平均值表示。

#### （二）粒级

用某种方法（如筛分）将粒度范围宽的物料群分离成若干个粒度范围窄的级别，这些级别均称为粒级。各粒级均以其上限粒度（$d_1$）及下限粒度（$d_2$）表示，如$d_1 \sim d_2$或$d_2 \sim d_1$或$-d_1+d_2$。

#### （三）粒度组成

各粒级按粗、细不同顺序排列，并指明各粒级占物粒群总量的质量百分率。这种资料称粒度组成（见表5-1）。

表5-1 碎散物料的粒度组成

| 粒级（mm） | 质量（kg） | 产率（%） | | |
|---|---|---|---|---|
| | | 各粒级 | 筛上累积 | 筛下累积 |
| 12~16 | 22.5 | 15 | 15 | 100 |
| 8~12 | 30.0 | 20 | 35 | 85 |
| 4~8 | 45.0 | 30 | 65 | 65 |
| 2~4 | 22.5 | 15 | 80 | 35 |
| 0~2 | 30.0 | 20 | 100 | 20 |
| 合计 | 150.0 | 100 | | |

## 二、粒度分析方法

### （一）筛分分析法

此法是利用筛孔大小不同的一系列筛子对散料筛分，n层筛子可把物料分成（n+1）个粒级，各粒级的上、下限通常就取相应筛子的筛孔尺寸，即$-d_n$，$d_1 \sim d_2$，$d_2 \sim d_3$，……，$d_{n-1} \sim d_n$，$>d_n$。该方法的优点：设备简单，易于操作；缺点：筛分结果受颗粒形状和筛分时间影响。适用范围：0.04mm ~ 100mm的散粒

### （二）水力沉降分析法

此法是利用水力分析装置，根据不同粒度的颗粒在水介质中沉降速度不同而分成若干粒级。适用范围：1 ~ 75μm。

### （三）显微镜分析法

此法是利用显微镜观察微细颗粒的大小和形状。适用范围：0.1 ~ 50μm。特点：直观。

# 第二节　筛分及筛分设备

在矿物加工过程中经常先将松散的物料分成不同粒级，然后采用不同的分选方法和设备进行分选加工，或直接作为筛分产品供给用户。碎散物料分成不同粒级的过程叫筛分。

## 一、筛分作业的分类

### （一）独立筛分

当筛分产品作为最终产品供给用户使用时，称为独立筛分。对于煤炭工业，商品煤的粒级要根据煤质、煤的粒度组成和用户要求，按国家有关煤炭粒度分级的规定来确定，供动力用煤的粒级见表5-2。

**表5-2　供动力用煤的粒级**

| 粒级名称 | 粒级符号 | 粒级/mm |
|---|---|---|
| 特大块 | T | ＞100 |
| 大块 | D | 50~100 |
| 中块 | Z | 25~50 |

续表

| 粒级名称 | 粒级符号 | 粒级/mm |
|---|---|---|
| 小块 | X | 13~25 |
| 粒煤 | L | 6~13 |
| 粉煤 | F | ＜6 |

### （二）准备筛分

当筛分是为分选作业提供不同粒级的入选矿物时，称为准备筛分，如重选及磁选前的矿物筛分。在选矿过程中，不同的分选设备有着不同的适宜分选粒度，并对分选效果也有不同的影响。过粗的大块不能分选，过细的微粒难以回收。

### （三）预先筛分与检查筛分

若用在破碎前把合格粒级预先筛出叫预先筛分；若用在破碎后以控制破碎产品的粒度则叫检查筛分。

许多情况下，一个筛分作业能同时起预先筛分和检查筛分的作用。

预先筛分的目的是避免物料的过度破碎，从而提高破碎设备的生产能力和减少动力消耗。

检查筛分的目的是从破碎设备的产物中，将粒度不合格的大块筛出，以保证产品不超过要求的粒度上限。

### （四）脱水筛分

将伴有大量水的碎散物料（如矿浆、泥浆等）作为筛分原料，以脱除其中液相为目的的筛分称为脱水筛分。例如湿法选矿，需要在水介质中进行，精、尾矿中都含有大量的水，脱水筛分一方面对产品进行脱水，达到产品的水分要求，另一方面可以回收水，以便循环使用。

### （五）脱泥筛分与脱介筛分

为达到一定的工艺目的，将碎散物料或伴水的碎散物料作为筛分原料，脱除其中细粒的筛分，称为脱泥筛分或脱介筛分。例如，在跳汰选煤时，为了降低洗水黏度，提高细粒煤的分选效率，在煤进入跳汰机前的脱泥筛分；在重介质选煤时，为了回收细粒状的重介质（–200网目）所进行的脱介筛分。

## 二、筛分机的类型

筛分机依筛面的运动形式，可分成固定筛和振动筛两大类。固定筛又分为棒条筛、条缝筛、弧形筛、旋流筛等；振动筛又可分为直线振动筛、圆振动筛、旋转筛、辊轴筛、摇动筛等。

工业上应用最广泛的是振动筛。

## （一）固定筛

固定筛是最简单，也是最古老的筛分机械，筛面由许多平行排列的筛条构成，排列的方向与筛上料流的方向相同或垂直。筛面呈水平安装或倾斜安装，工作时固定不动，物料靠自重沿筛面下滑而筛分。传统的固定筛有棒条筛和条缝筛之分，前者筛条较粗、筛缝较大（一般>25 mm），用于粗粒级筛分；后者筛条较细，筛缝较小（一般0.25～1 mm），用于矿浆的初步脱水。

弧形筛和旋流筛属于新型固定筛。弧形筛筛面沿筛上料流方向呈圆弧形，筛条与筛上料流方向垂直；旋流筛的筛面是圆锥形，筛条近似与母线平行。它们可用于矿浆的初步脱水、脱泥或脱介，工作时皆利用矿浆沿筛面运动时产生的离心力强化筛分。

固定筛构造简单，寿命长，尤其不消耗动力，设备成本和运行成本低。因此，虽然生产能力和筛分效率较低，但仍在广泛使用。

## （二）振动筛

振动筛由筛箱、激振装置、传动装置、支承或吊挂装置组成。筛箱通过弹簧支承或吊挂在机架上，依靠激振器产生振动。物料在筛面上做跳跃运动，并透过筛孔。

振动筛是一个弹性振动系统，其振幅受给料量和其他动力学因素的影响而可以改变。振动筛是目前矿物加工中应用最广的一种筛分机。

### 1. 惯性振动筛的组成与工作原理

（1）圆振动筛（单轴筛）。工作原理：电动机经三角带使激振器偏心块产生高速旋转。运转的偏心块产生很大的离心力，激发筛箱产生一定振幅的圆运动，筛上物料在倾斜的筛面上受到筛箱传给的冲量而产生连续的抛掷运动，物料与筛面相遇的过程中使小于筛孔的颗粒透筛，从而实现分级。

根据筛机振动时，装在激振器轴上的带轮的几何中心是固定或不定的方式，把圆振动筛分为不定中心和自定中心式。

圆振动筛使用和维护：振动筛应在筛面没有物料的情况下启动，尽量避免带料开机，筛机运转平稳后才能给料。停机前应先停止给料，待筛面物料排除后再停机。工作过程中应经常观察筛机运行情况，如发现运动不正常或异常声响，应及时停机检查，找出原因，排除故障。

（2）直线振动筛。工作原理：直线振动筛是双振动电机（惯性激振器）驱动。当两台振动电机（惯性激振器）做同步、反向运转时，其偏心块所产生的激振力在平行于电机轴线的方向相互抵消，在垂直于电机轴的方向叠为一合力，因此物料在直线振动筛机上的运动轨迹为直线向前做抛物线运动。两电机轴相对筛面有一倾角在激振力和物料自重力的合力作用下，物料在筛面上被抛起跳跃式向前做直线运动，从而达到对物料进行筛选和分级的目的。

2.振动筛的主要部件

（1）筛箱。筛箱是筛机的承载部分，由筛框及固定在它上面的筛面组成。筛框是用型钢组合起来的结构件，对它的基本要求是具有较大的整体刚度和抗疲劳强度。

常见的筛面有筛箅、筛板、筛网、筛片和筛布等几种。按材质可分为金属和非金属两种。对筛面的基本要求是：有足够的机械强度、最大的开孔率、筛孔不易堵塞。所谓开孔率，是指筛孔总面积与整个筛面面积之比。

筛网是用钢丝编织而成的筛面，筛孔一般为方形。采用不同的编织方法，可以编出多种结构的筛网。钢丝的材质有低碳钢，弹簧钢或不锈钢等几种。筛网的开孔率较高，可达70%，但没有筛板牢固，寿命较短。

筛片是用圆形金属丝（常用牌号为1Cr18Ni9Ti的钢丝）冷压成梯形、三角形或其他上宽下窄断面的筛条后，再经焊接或螺栓连接而成的筛面。筛片的孔形几乎都是长方形，且长宽比较大，通常称为筛缝。

（2）惯性激振器。

①单轴激振器。按偏心质量的配置方式，单轴激振器分为偏质轮式、偏质轴式、偏质轮轴式和偏质块式四种。

②双轴激振器。双轴激振器基本上就是两个或两组单轴激振器的组合，按照偏心质量分配方式分类的单轴激振器，都可组合成对应的双轴激振器。

箱式激振器的偏心质量均采用偏质块，齿轮对采用稀油润滑。为了调节激振力，有的剖分式激振器在其转轴的端部（箱体外边）装有调节的偏质块，调节原理与偏质轮相同。箱式激振器可通过外壳上的法兰凸缘，用螺栓紧固在筛框侧板的开孔处，但更多的是通过外壳上的底座法兰倾斜安装在筛框上特别设置的支承梁上。

（3）振动电机。振动电机是把电动机和激振器合二为一的通用机电产品，用于包括振动筛在内的多种振动机械。

（4）传动装置。振动筛的传动装置有带传动、挠性联轴器传动和联合传动三种。V形带传动功率大、效率高，被广泛采用；常用的挠性联轴器有万向联轴器和瓣形轮胎联轴器两种，其中后者的挠性件用输送带制作，取材容易、维修方便、造价低，故应用更为广泛。联合传动装置包括V形带、挠性联轴器和传动轴。

振动筛使用维护注意事项：在启动筛机前，应检查周围是否有妨碍筛机运转的障碍物，各处连接螺栓是否紧固，尤其是振动电机、支撑座、筛板的固定螺栓要重新紧固一遍。检查两台振动电机或激振器的转向是否相反，如转向相同，应变更一台电机的电源接线，使两台电机的转向相反。连续运转4小时后，测量轴承温度，轴承温度不得超过75℃。筛机停车前，应先停止给料，筛面物料走完后，再停车。停车后要及时清理筛面上的物料和杂物。振动电机或激振器使用3个月后要加油一次，每半年小修一次，每一年大修一次。

**（四）ZD型等厚筛（香蕉筛）**

等厚筛分法是在入料端给予物料的加速度（或倾角）比普通筛分法大，使物料具有大的抛射强度和大的运动速度，致使物料快速分层；对于已分好层的物料，再给以和普通筛分机相同的加速度（或倾角），使小于筛孔的细粒物料有充分的机会透筛。

为了实现等厚筛分，可采用两种方法，分别是大抛射强度的等厚筛分法和大安装倾角的等厚筛分法，即不同抛射强度的等厚筛分法和不同筛面倾角的等厚筛分法。

不同倾角的筛面，其抛射强度也不同，大倾角筛面的抛射强度大，小倾角筛面的抛射强度小，因此，不同筛面倾角的等厚筛分法，归根结底还是不同抛射强度的等厚筛分法。

不论采用哪种等厚筛分法，都是在给料端使物料具有较大的抛射强度和运动速度，致使物料快速分层并快速运动；而在中间段和排料端使物料具有较小的抛射强度，因而使已分层的小于筛孔的细粒物料慢速运动并充分透筛。因此，筛面物料具有不同的抛射强度，使整个筛面的透筛率均衡，这就是等厚筛分原理的实质。其中分为三段，入料段筛面用于松散物料和使易筛颗粒透筛，中间段筛面主要用于大部分小于筛孔尺寸颗粒透筛，排料段筛面用来检查性筛分。

### （五）立式圆筒筛

立式圆柱形筛筒垂直放置，物料通过给料圆盘给入筛筒中。当电动机通过传动带驱动曲轴转动时，带动筛筒绕轴线作水平面的高速圆运动，同时，由行星齿轮减速器带动给料盘和筛筒绕其几何轴线低速转动，即筛筒的运动是复合运动。复合运动的筛面使物料从筛面上近乎沿切线方向水平抛出，并投射到筛面的另一个周向位置上，使一部分细颗粒透过筛孔。如此反复抛出与投射，直至完成筛分，筛筒内、外侧的粗、细物料在其重力作用下下落，并分别经漏斗收集后排出。

立式圆筒筛的振动强度很大，物料对筛面有清理作用，抗堵孔能力强，单位筛面面积处理能力大，能精确筛分。但是结构复杂，为使筛筒的圆振动惯性力被配重产生的离心惯性力相抵消，达到动平衡，要求制造精度高。

### （六）变幅筛

变幅筛是平面曲柄摇杆运动系统，下端用铰轴支承的立式筛箱相当于摇杆，筛箱上的双层筛面均垂直于连杆运动平面，在筛箱的任意水平面上，筛面与两侧都构成“口”字形。物料由筛箱上部给入后，受两筛面往复撞击而实现筛分。变幅筛的主要特点是振幅大、频率低、物料易松散，上部筛面的振幅比下部筛面大，有利于大量细物料快速透筛，但要求给、排料配置高度较大。

### （七）弛张筛

弛张筛是双质量振动系统，采用聚氨酯橡胶筛面，支承筛面的任意两根相邻横梁都分别属于两个振动质体，其中一个质体是筛箱，另一个质体是配重。当两质体相差 $\pi$ 相位振动时，任意两根相邻横梁不断地靠近—远离，弹性筛面也相应不断地松弛—紧张，即筛面随筛箱作牵连运动的同时，还相对筛箱做相对运动。这种弛张运动不仅使筛孔不断产生变形，而且大大增加了筛面的振动强度，从而有效地克服了筛孔堵塞现象，显著提高了筛机处理能力。

### （八）无振动离心筛

无振动离心筛的工作原理是矿料由给料溜槽进入给料盘，并均匀地撒向筛筒，一部分小于筛孔的颗粒穿过，其余物料受筛筒阻滞作用仍留在内侧，这就实现了部分筛分。被阻滞在筛筒内侧的物料经过锥形漏斗进入第二层给料盘，并再次布料筛分，如此重复，最后筛上物和筛下物靠重力从各自的排料漏斗中排出。由于物料主要是在离心力场中实现筛分的，筛筒不作任何振动，故称为无振动离心筛。

（九）琴弦筛

琴弦筛实际上是采用琴弦筛丝作为筛面的惯性振动筛。它的特点是当筛面振动时，琴弦筛丝本身还产生自振，具有不堵孔、自清洗的能力。适用于25mm以下的小颗粒物料的筛分。

（十）高频筛

原理相同于直线振动筛，区别在于安装角度不同，筛面选择不同，电机转速不同，工艺流程中起的作用不同。

适用条件：–0.5mm的物料湿法分级和液固分离。

安装倾角目的：延长物料在筛面上停留时间，增强分级、脱水效果。

## 第三节　筛分机工作效果和影响因素

### 一、筛分效果

评定筛分效果的指标较多，例如《煤用筛分设备工艺性能评定方法》（GB／T 15716—2005）中规定以筛分效率、平均分配误差和总代配物含量三项作为评定指标。

在生产中筛分效率和处理能力是相互有关的，两者都是筛分机工作的主要指标，在谈到提高筛分机的效率时，只有在保持一定的生产能力的前提下才有意义。

### 二、影响筛分过程的因素

（一）入筛原料性质的影响因素

1. 表面水分

2. 含泥量

黏土物料在筛分中会黏结成团，使细泥混入筛上产物中；此外，黏土也很容易堵塞筛孔，需湿法筛分或预脱泥。

3. 粒度特性

影响筛分过程的粒度特性主要是指原料中含有对筛分过程有特定意义的各种粒级物料的含量（见表5–3）。

**表5–3　物料的粒度特性对筛分过程的影响**

| 粒级名称及其粒度范围 | | | 对筛分过程的影响 |
|---|---|---|---|
| 原料（$d_1$～$d_2$） | 能筛粒级（$d_1$～L） | 易筛粒（$d_1$～0.75L） | 容易穿过粗粒层并接近筛面继而透过筛孔 |
| | | 难筛粒（0.75L～L） | 难以穿过粗粒层及透过筛孔，且容易卡在筛孔内 |
| | 不能筛粒级（L～$d_1$） | 阻碍粒（L～1.5L） | 对其他粒级尤其是难筛粒级的穿层与透筛有阻碍作用，且容易卡在筛孔内 |
| | | 非阻碍粒（1.5L～$d_1$） | 对其他粒级的阻碍作用很小 |

4. 密度特性

当物料中所有颗粒都是同一密度时，一般对筛分没有影响。但是当物料中粗、细颗粒存在密度差时，情形就大不一样。如密度大的颗粒小，密度小的颗粒大等情况。

## （二）筛子性能的影响因素

1. 筛面运动形式

筛面运动形式关系到筛上物料层的松散度及需要透筛的细物料相对筛面运动的速度、方向、频率等，因而对分层、透筛过程均有影响。几种典型筛子的筛分效率大致如表5–4所示。

**表5–4　典型筛子的筛分效率**

| 筛面运动形式 | 固定不动 | 筒形转动 | 摇动 | 振动 |
|---|---|---|---|---|
| 筛分效率（%） | 50～60 | 60 | 70～80 | ≥90 |

在振动筛中，筛面的运动形式有圆振动、直线振动和椭圆振动几种。其中圆振动形式能使物料充分松散，抗堵孔能力强，但筛上物料的抛射角大，输送能力小。

2. 筛面结构参数（长宽、倾角、筛孔形状）

一般情况下，筛面宽度决定筛子的处理能力，筛面越宽，处理能力就越大；筛面长度决定筛子的筛分效率，筛面越长，效率就越高。对于振动筛，增加宽度常受到筛框结构强度的限制。

为便于排出筛上物，筛面往往倾斜安装。倾角的大小与筛子的生产率和筛分效率有密切的关系。

3. 振幅和频率

筛面的振次和振幅是振动筛的主要动力学参数。对粗粒物料的筛分应采用大振幅小频率，对细粒物料的筛分应采用小振幅大频率。

### （三）操作条件的影响

对一定的筛子和筛分原料而言，操作条件主要是指给料的数量和质量。前者即指筛子的负荷；后者是指应保持连续和均匀地向筛子给料，其中均匀性既包括在任意瞬时的筛子负荷都应相等，也包括物料是沿整个筛面宽度上给进。

## 第四节　常规筛分机的使用和维护

### 一、筛分机常见故障及排除方法（见表5–5）

表5–5　筛分机常见故障及排除方法

| 故障 | 原因 | 排除方法 |
|---|---|---|
| 无法启动或振幅小 | 1. 电机损坏 | 更换电机 |
| | 2. 控制线路中的电器元件损坏 | 更换电器元件 |
| | 3. 电压不足 | 改变电源供给 |
| | 4. 筛面物料堆积太多 | 清理筛面物料 |
| | 5. 振动器出现故障 | 检修振动器 |
| | 6. 振动器内润滑脂变稠、结块 | 清洗振动器，更新添加合适的润滑脂 |
| 物料流运动异常 | 1. 筛箱横向水平没找正 | 调整支架高度 |
| | 2. 支撑弹簧钢度太大或损坏 | 调整弹簧 |
| | 3. 筛面破损 | 调整筛面 |
| | 4. 给料极不平衡 | 均匀操作，稳定给料 |
| 筛分质量不佳 | 1. 筛孔堵塞 | 减轻筛机负荷及清理筛面 |
| | 2. 入筛物料水分增加 | 改变筛箱倾角 |
| | 3. 筛机给料不均 | 调节筛机的给料 |
| | 4. 筛面上料层过厚 | 减少筛机的给料 |
| | 5. 筛网拉得不紧，传动皮带过松 | 张紧筛网，拉紧传动皮带 |

续表

| 故障 | 原因 | 排除方法 |
|---|---|---|
| 正常工作时筛机旋转减慢，轴承发热 | 1. 轴承缺少润滑油 | 往轴承内注入润滑油 |
| | 2. 轴承阻塞 | 清洗轴承，更换密封圈，检查迷宫密封装置 |
| | 3. 轴承注油过量或加入了不合适的油 | 检查轴承的润滑油 |
| | 4. 轴承损坏或安装不良，圆轮上偏心块脱落，偏心块的大小不同，迷宫密封被卡塞 | 更换轴承，安装偏心块，调整圆轮上 |
| 其他故障 | 1. 轴承损坏 | 更换轴承 |
| | 2. 筛网拉得不紧或筛面固定不牢 | 拉紧筛网 |
| | 3. 轴承固定螺栓松了 | 拧紧螺栓 |
| | 4. 弹簧损坏 | 更换弹簧 |

## 二、筛分机日常保养

启动前检查粗网及细网有无破损；每一组束环是否紧锁。启动时注意有无异常杂音；电源是否稳定；振动有无异状。使用后立即清理干净。

## 三、定期保养

定期检查粗细网和弹簧有无疲劳及破损，机身各部位是否因振动而产生损坏。

电机运行两周左右，必须补充一次适时的锂基润滑脂（ZL-3）。累计运行1500小时，检查轴承，若损坏时立即更换。

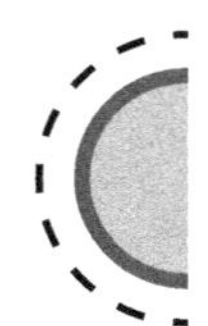

# 第六章　煤炭洗选加工技术

## 第一节　跳汰选煤技术

### 一、煤的性质及类型

煤是一种包含易燃有机物质和不易燃无机物质的混合物，是非常重要的能源，也是冶金、化工的重要原料。为了提高其使用效率，就需要在生产过程中进行选煤。煤的形成和地质条件密切相关，煤的物理、化学和技术特征也因地质条件差异而不同。煤的物理特性表现在煤岩的成分上，它对煤的化学特性、煤的类型都会产生影响，煤岩成分的差异会导致煤的光泽和质地方面存在差异。煤的化学特性主要反映在煤炭中的大量有机矿物和作为煤炭主要成分的有机物质中的大量化学元素。

就煤的主要类型而言，无烟煤组合物具有高碳含量、低挥发性和相对高的密度，燃烧时燃点相对较高，没有烟雾，主要用于有高碳含量需求的项目中，无烟煤还能用作还原剂并可用于其他领域。烟煤降解程度通常较高，火焰较短，燃烧时间长，燃点中的贫煤相对较低，燃烧后没有焦炭，可以更好地用来发电。

### 二、我国选煤技术工艺流程

#### （一）受煤

受煤不是一种生产工艺，而是一种筛选前所需的程序。为了确保煤矿生产作业的连续性，并在不妨碍下一个工序的情况下，确保煤矿底部所生产原煤的及时运输，方便接收和储存煤炭，需要在矿井口附近配备一定数量的煤仓，这个阶段即为受煤。

#### （二）筛分

筛分是根据原煤颗粒的大小进行过滤初选，就是使用多孔筛，将新提取的原煤混合物分成不同的颗粒级别，常用的筛分方法有干法筛分和湿法筛分。目前，筛选工作已广泛应用于原煤的生产之中，我国在这方面的技术也已逐渐成熟。

### （三）破碎

破碎是为了将大块物料分成小颗粒，这是煤炭选择过程的一个关键组成部分。破碎一般使用机械来进行，常见的破碎方法有压碎、折断、击碎、磨碎等。破碎时，应根据用户对选定颗粒的要求进行调整，并将所选产品破碎到适宜的粒度。在选择煤炭之前，必须将煤分成更细的颗粒，最大限度地分离煤和矸煤。

### （四）选煤

煤炭的选择是煤炭洗选技术最重要的程序，就是使用机械设备从原煤中除去杂质，然后根据用户的需要处理和分类煤炭产品，并最终生产出各种规格的产品。作为一种不可再生资源，煤炭的储量是有限的，随着工业化的发展加快，煤炭的使用量会更高。只有对煤炭的选择工艺作出调整，改进煤炭的选择技术，提高煤炭的选择效率和选择质量，降低煤炭选择成本，才能实现高质量发展。

### （五）存储及运输

为了协调生产、运输和营销三者之间的关系，使生产和运输部门平稳有效地运行，需要对成品煤进行分类并集中储存，确保顺利完成装货和运输工作，为开拓和占有市场打下坚实的基础。

## 三、跳汰选煤概述

### （一）跳汰选煤的定义

跳汰选煤指物料在以垂直脉动为主的介质中，按其物理—力学性质（主要是按密度）实现分层和重力选煤的方法，物料在固定运动的筛面上连续进行的跳汰过程，由于冲水、顶水和床层水平流动的综合作用，在垂直和水平流的合力作用下实现分选。

### （二）跳汰选煤的发展与应用

跳汰是一种古老的重力选矿方法，由原始的人工跳汰发扆到多种不同结构形式的现代跳汰机，按水流脉动方法大致可分为动筛、活塞和气动三种类型。

1556年出现人工操作的桶形“动筛跳汰槽”用于选矿，19世纪初开始用于选煤，50年代以后已遍及中欧的各煤矿。

1820年德国学者哈尔茨将动筛跳汰机发展为定筛的活塞跳汰机，利用脉动水流选矿，1840年开始应用于选煤。法国学者别拉尔于1848年研制出连续工作的选煤用活塞跳汰机，该机于1851年获英国专利，并迅速推广到法、比、德、美等国。19世纪末，德国学者F.鲍姆发明了用压缩空气通过滑动风阀使水脉动的水力跳汰机，于1891年9月26日获得专利权。这种跳汰机具有良好的可操作性，便于使脉动水流适应入料的特性。

鲍姆跳汰机的早期结构比较简单，采用U形机身、滑动风阀和手动排料。到20世纪30年代，手动排料被电机或液压泵带动的机械调控所取代。滑动风阀于50年代过渡为旋转风阀，60年代进一步发展为电控气动风阀，80年代以来，这类风阀逐步转化为用微机数控。

1954年，在埃森举行的国际选煤会议上，日本学者高桑和松村提出筛下空气室跳汰机（TACUB jig）并于1958年用于北海道赤平选煤厂。这种跳汰机的特点是空气室由跳汰室的一侧移至跳汰机固定筛板的下方，它不仅比鲍姆跳汰机重量轻，占地空间少，而且具有沿跳汰室宽度洗水脉动分布均匀的新特点。

跳汰选煤在各主要产煤国家中，仍占主导地位。筛侧和筛下空气室跳汰机的总体发展都较快。80年代以来，一些国家推出一批新型跳汰机，从机体的几何形状和组合方式，空气室和风阀结构，控制系统，供风、供水和给料等综合自动调控都进行了改进和开发，使传统的跳汰机向高效率、大处理量和全自动化方向前进了一步。各主要产煤国家针对跳汰机还存在的薄弱环节正在利用现代高新技术开展一系列的研究工作。

动筛跳汰机是跳汰技术的原始机型，长期以来未能获得推广应用。已用现代化技术开发成新产品，可用它代替人工手选排矸和选块煤，粒度上限达300mm，处理能力大，洗选效果好和耗水量少，拓宽了跳汰选煤的应用范围。

### （三）选煤过程

跳汰选煤由物料分层和产品分离两个过程组成。

*1. 物料分层*

筛面上物料在垂直脉动介质中反复升落实现分层的过程。分床层起振和吸啜着床两个阶段。各阶段密切相关，相互依存。

（1）床层起振是跳汰物料分选的第一步。随着操作条件的不同，床层可呈整起、散起或居中的过渡状态。近年的跳汰理论与实践趋向于使床层起振时保持适当的整体性，以便创造按颗粒密度分层的条件。

（2）床层起振后的松散过程是物料进行分层的开始。物料的分层精度与床层松散波源和传播方式有关，实测结果有三种类型：松散波起于床层底部，顺次向上传播；松散波由上部开始逐渐向下拉开；松散波由中部开始向上下同时扩展。在生产操作中，松散波源和扩展过程可以通过控制给风制度进行调整，在跳汰周期、频率和风压不变的情况下，调整给风量，即可改变松散波源出现时的床层高度和传播速度。

（3）吸啜着床是跳汰分选过程的继续。通过吸啜作月可使分选粒度下限延伸。

2. 产品分离

将已完成按密度分层的床层分别排出跳汰机成为质量不同的产品。溢流排出的为精煤，排料机排出的为中间产物和矸石。

在生产实践中，物料分层和产品分离需相互协调配合，否则跳汰分选效果和处理能力都会受到影响。

跳汰选煤应用范围与分选效果：

跳汰选煤法广泛用于分选可选性难、易以及粒度组成宽（或窄）的各类煤种。影响其分选效果的因素有原煤性质、工艺流程、设备性能、操作水平和对产品质量的要求等。因此，跳汰选煤的分选效率和处理能力变化较大。在其他条件下相同时，主要决定于入料的密度组成和粒度组成。

## 四、跳汰选煤实际流程中的常见问题和解决办法

跳汰选煤工艺在煤矿开采中的应用比较普遍，这是因为该技术的应用历史成熟、适应性更强、分选质量更高，且技术流程并不复杂，经济成本也更低，在性价比上非常出色，适合应用于煤矿开采。不过，跳汰选煤工艺虽然拥有出众的技术优势，但也存在诸多问题，尤其是当前煤矿开采工作逐渐深入的大背景下，将面临更大的挑战。因此工作人员需要分析跳汰选煤工艺的应用现状和常见问题，结合这些问题进行改进，以提高跳汰选煤工艺的可靠性和使用效率。

### （一）跳汰选煤工艺应用现状

跳汰选煤工艺由于发展历史较长，工艺流程比较成熟，和其他选煤工艺相比，工艺技术更加完善、缺陷更少、应用效率更高。跳汰选煤工艺以跳汰机为主要设备，有定筛和动筛两种类型，两种类型的跳汰机在具体应用上也有所不同。

目前，国际流行的跳汰机以机体大型化、风阀和排料系统自动化为主要研发方向。我国由于对跳汰机的引入较晚，在研究进度上落后于矿业发达国家，但是也取得了一些突破。

1. 定筛跳汰机的具体应用

随着煤炭行业的高速发展，跳汰选煤工艺的应用越来越多，跳汰机的发展前景良好，并且催生出多种跳汰机系列，这些跳汰机中以SKT系列和X系列最为著名，尤其是SKT系列的跳汰机更是占据了较大的市场份额，这是因为SKT系列的跳汰机和其他跳汰机相比，自身的优势非常明显。例如，SKT系列跳汰机作为定筛跳汰机，在设计上比较先进，该系列跳汰机的筛下空气室采用U形震荡模式，这样会让机床在工作时非常平稳，不会发生颠簸等现象。SKT系列跳汰机的风阀采用了滑动式数控风阀，这种风阀能够减少人力和财力的消耗，不仅降低了经济成本，而且能提升工作效率。SKT系列跳汰机作业时产生的噪声很小，对作业人员的危害不大，且科学性和可靠性很高。此外还可以使用电脑数控装置，为操作人员提供很大的便利，在跳汰选煤工艺中工作人员不需要执行太过复杂的操作，对于跳汰机的运行状态也可以直接观察。当跳汰机出现故障时，操作人员可以准确查找故障，并给予维修，保障工艺流程的顺利完成。

2. 动筛跳汰机的具体应用

动筛跳汰机与定筛跳汰机相比，在选煤方式上更加传统，就效率而言，动筛跳汰机比定筛跳汰机更低，且作业时的稳定性也远远不如定筛跳汰机，但是动筛跳汰机的优势在于结构的简单以及耗水量不大，具备比定筛跳汰机更大的运用范围。比如在缺水严重的地区或者高寒地带，由于定筛跳汰机的用水量大，功能优势无法发挥，就可以使用动筛跳汰机开展跳汰选煤工艺，为煤矿开采工作的顺利进行提供技术支持，因此动筛跳汰机虽然在性能和效率上比之定筛跳汰机均有不足，但依然存在适应的应用环境，适合作为特殊矿区的跳汰选煤工艺开展应用设备。

### （二）跳汰选煤实际流程中的常见问题

1. 设备问题

设备问题是指跳汰机设备故障引发的问题，这些问题包括筛板松动、筛板破裂、床层排空、系统故障、风阀角度不一和电磁阀故障等。筛板松动与筛板破裂，顾名思义就是指在操作过程中出现筛板的松动或破裂，在跳汰机运作中，如果观察到筛板在跟着水流跳动，那么筛板极有可能出现螺丝的松动或掉落；如果在水流上升期时观察到床层出现液面涌出，而在水流下降期又观察到水流降落速度快，那么筛板可能出现洞状的破裂口。而床层排空则是因为跳汰机的闸门开口过大或排料装置调整不合理，造成了在作业中排料超过了规定值，最终引发了床层排空。系统问题是排料过程中因为支撑弯板发生错位，造成与提升轮的间隙存在不均匀现象，物料从间隙大的地方大规模溢出，引发系统故障。风阀角度不一是因为床层跳动的不稳定，造成差距过大，致使无法顺利分选的现象。电磁阀故障是由于设备的滤气器失效或者高压风带的杂质过多，引起设备堵塞或者密封圈漏气问题，造成作业受阻。对于这些问题，工作人员要及早发现并予以处理，才能保证跳汰选煤工艺的顺利进行。

2. 工艺问题

跳汰选煤工艺发展至今，其流程已较为完善，但依然存在缺陷。例如给煤方面，存在给煤横向不均匀和难以控制煤量的情况，此外在排料上也存在排料不当现象。另外，因为开采煤块的大小、厚度均不同，因此测灰仪常常无法有效测量数值。这些问题对跳汰选煤工艺的效率和质量均产生了较大影响，甚至影响到煤矿开采的工作进度以及煤矿产品的生产，从而对企业的经济效益产生影响。

### （三）常见问题的解决办法

1. 设备问题解决

当工作人员观察到筛板螺丝出现松动或掉落时，需要对螺丝进行加固处理，同时清理床层，如果水流不正常，还要仔细检查筛板有无漏洞，并予以修补，防止问题影响到作业稳定性。当床层排空现象发生时，要注意检查闸门和电极，并将其调整到合适的位置，在完成对闸口和电极的调整后，还要重新调整床层，确保床层厚薄合适，防止排空现象的再度出现。而如果出现物料大规模溢出情况，要对提升轮和导向轮加以调整，确保提升轮在工作时的轮道位置正常，同时对支撑弯板螺栓做紧固处理，防止变形。对于风阀角度不一现象，工作人员要注意同一段中各隔室风阀周期特性是否一致，特别是对旋转方向的检查，如果转动方向相反，需要进行部件更换。当跳汰机出现电磁阀故障时，则要对电磁阀进行清洗，并检查密封圈、线圈和滤气器，如果发现组件存在问题，要及时进行更换。

2. 工艺问题解决

在进行跳汰选煤时，可以对给煤设备进行改装，例如将用于给煤的缓冲仓下水冲溜槽改为链条式给煤机，这样在跳汰选煤过程中就可以针对性地给煤，从而使得给煤横向更均匀，给煤量的控制力度也更大，杜绝因为水冲溜槽给煤而造成给煤不当的问题。在排料方面，将手动闸门排料改为浮标测量床层，同时采取液压自动闸门进行排料，解决排料量和排料速度不当的情况。

针对测灰仪无测量数值问题，工作人员要为其输送符合测量要求的矿料，从而让测灰仪顺利测量得到数值。最后，当原煤成本标准不符合开采情况时，需要适当更换作业设备，挑选适合的跳汰机进行选煤，来提高煤矿选煤量。针对煤矿跳汰选煤工艺存在的缺点，对其中常见的设备问题以及工艺问题加以整改，从而实现跳汰选煤工艺的优化，可以为煤矿企业提供更多的经济效益。

## 第二节　浮游选煤技术

### 一、浮选基本过程

浮游选煤是指在充气的煤浆中，依据颗粒表面润湿性进行分选。浮选过程涉及三相，即固相、液相和气相。其中液相是分选介质，一般为水；气相即空气，煤粒的选择性运输工具；固相是欲分离的矿物，包括煤和矸石。

在充气矿浆中，矿粒与气泡碰撞接触。由于煤表面润湿性较小，所以碰撞后能黏附在气泡上并随气泡一起升浮，最终成为泡沫精矿；矸石表面润湿性强，碰撞后不能与气泡附着，只能作为尾矿留在矿浆中，从而实现了二者的分离。

### 二、浮选基本原理

#### （一）润湿现象

水在固体表面展开的现象称为润湿。润湿是自然界中常见的一种现象，水滴展开的程度越大，固体表面的润湿性越好。表面易被水润湿的矿物，称为亲水性矿物，表面不易被水润湿的矿物称为疏水性矿物。矿物润湿性越强，其表面越亲水，浮选时可浮性越差。矿表润湿性的大小，常用接触角来度量。

#### （二）接触角

三相润湿周边上任一点处的气液界面切线与固体表面之间包含液相的夹角称

为接触角，用θ表示。θ角的理论取值为0°~180°，θ=0°矿表完全被润湿，表现为绝对亲水；θ=180°矿表完全不能被润湿，表现为绝对疏水。自然界中，绝对亲水和绝对疏水的矿物极少，目前测得的最大接触角为石蜡的106°。θ角减小，润湿性提高，矿物表面亲水性增强，可浮性变差；θ角增大，润湿性降低，矿物表面疏水性增强，可浮性变好。

矿物的接触角越大，其表面疏水性越强，可浮性越好。自然界中，接触角大于或等于90°的矿物较少，主要是由于氧化、风化等因素的影响，矿物表面性质的差异被削弱，使浮选过程更加困难。

煤泥的可浮性与其变质程度密切相关，中等变质程度的煤具有最好的可浮性。

### （三）水化现象

矿物表面具有一定程度的极性，置于水中，将与极性的水分子发生作用，使水分子在其表面产生定向、密集排列，形成水化膜，这种现象称为水化现象。

水化膜呈扩散结构，越靠近矿物表面，水分子的排列越紧密、有序。

水化膜具有一定厚度，其厚度与矿物表面的润湿性成正比。亲水性矿物表面润湿性大，故形成的水化膜厚，疏水性矿物表面润湿性小，形成的水化膜相对较薄。

水化膜的黏度比普通水大，具有与固体相似的弹性，所以比普通水稳定，且水化膜越厚，越稳定。

浮选时，煤粒欲与气泡发生附着，首先要排开二者之间的水化膜，此时需要外加一定的能量。

煤泥浮选时，由于煤粒表面的疏水性较强，故形成的水化膜薄，不稳定，排开较容易，煤粒与气泡发生碰撞时，它就能够附着在气泡表面，进入泡沫精矿；而矸石表面亲水性较强，形成的水化膜厚，稳定性好，矸石与气泡碰撞时，水化膜很难破裂，所以矸石不能与气泡附着，只能留在矿浆中。

### （四）气泡矿化

浮选过程中，矿粒黏附在气泡上的过程称为气泡的矿化。黏附矿粒后的气泡称为气泡矿化。

1. 气泡矿化的过程

（1）矿粒与气泡的碰撞接触。在浮选机的搅拌作用下，矿粒与气泡在浮选机内作相对运动，于是有了相互碰撞接触的机会，进而可以黏附在一起。碰撞的概率越高，气泡矿化的可能性就越大。

（2）水化膜及其薄化。排开气泡与煤粒之间的水化膜是能否实现矿化的关键。矿粒与气泡碰撞后，并不是都能黏附在一起形成矿化气泡，只有在碰撞过程中能及时排开两者间的水化膜，才有可能实现两者的黏附和固着。

由于不同矿粒表面的润湿性不同，所以形成的水化膜厚度及水分子排列的紧密程度不同，排开时的难易程度也不同。矿物表面疏水性越强，形成的水化膜就越薄，气泡与其靠近时，两者间的水化膜排开就越容易。

（3）矿粒与气泡附着的牢固性。矿化气泡在上升的过程中会受到许多外力的作用，如重力、离心力等，这些力将有可能导致已黏附在气泡上的矿粒再从气泡上脱落下来，故称其为脱落力。只有附着牢固的煤粒才可能随气泡上升进入泡沫层，实现与矸石的分离。

向矿浆中添加捕收剂，可强化煤粒与气泡的附着。

2. 气泡矿化的影响因素

气泡矿化是浮选过程的基本行为。它的影响因素有很多，如矿粒的大小、表面疏水性、矿浆浓度、气泡尺寸以及浮选机内流体的动力学性质等。

矿粒最终能否成为泡沫精矿，取决于：矿粒与气泡碰撞接触的概率；矿粒与气泡的附着概率；矿化气泡在升浮过程中的不脱落率；泡沫层的稳定性。

3. 气泡矿化的途径

气泡矿化的途径基本有：煤粒与气泡通过碰撞、附着实现矿化，小气泡与小颗粒一起形成气絮团实现的矿化，气体在疏水性煤粒表面析出形成矿化气泡。正常情况下，水中都溶有一定数量的空气。温度和压力发生变化，溶解的空气数量也发生变化。

浮选中的气体析出都是在恒温降压条件下进行的。产生的气泡有两个特点：一是直径小，分散度高，单位体积内具有很大的气泡表面积；二是能选择性地优先在疏水性矿物表面析出，是一种“活性微泡”。微泡形成的条件：①矿浆中空气的初始溶解度；②矿浆的降压程度；③矿浆中是否存在疏水性矿物表面。微泡的作用：①与微粒形成气絮团，带动微粒上浮；②是矿粒与大气泡附着的桥梁，使二者的附着更为容易，也更牢固。

### （五）煤泥性质对浮选的影响

1. 煤岩成分

根据煤岩成分可将煤分成镜煤、亮煤、暗煤和丝炭。煤岩成分不同，其性质和可浮性均有不同。镜煤、亮煤的接触角为37°~40°，暗煤和丝炭的接触角则在26°~33°之间，故镜煤、亮煤的可浮性较暗煤和丝炭好。一般而言，原料中暗淡型成分含量高时，会增加浮选的难度。

另外丝炭的灰分较高，如果其进入泡沫产品会增加精煤的灰分，并影响精煤的结焦性。丝炭在精煤中的含量超过10%~12%，精煤将不能结焦。

2. 煤的变质程度

实践表明，中等变质程度的煤具有最好的可浮性。年轻和年老煤浮选的效果差，一是因为它们具有较发达的孔隙，孔隙度在中等变质程度时最小。二是因为它们的疏水性差，变质程度低的煤，因含有较多的含氧官能团，故亲水性较强，可浮性差；变质程度较高的无烟煤则因侧链减少、变短而使疏水性降低。

3. 煤的氧化程度

煤具有较大的孔隙度和表面积，故其表面具有相当好的吸附能力。氧具有较强的化学活性，煤粒无论是在空气中还是在水中，都能对它产生吸附作用，使煤粒表面发生氧化。煤氧化后，表面亲水性增加，可浮性降低。

煤氧化有两种途径，一是在自然界的风化过程中被氧化，二是在水中长期浸泡被氧化，后者的氧化更为剧烈，要想尽量减少煤泥在水中的停留时间，就可以采用直接浮选的办法。

### （六）高灰细泥对浮选的影响

1. 高灰细泥

高灰细泥通常以下三种方式混入精煤，降低了精煤质量。

（1）机械夹带，即细泥被气泡–煤粒聚合体包裹进入精煤。

（2）随泡沫精矿夹带的水进入精煤。

（3）覆盖在粗颗粒表面进入精煤。

高灰细泥对精煤的影响通常是沿着浮选室逐渐增加的，故浮选机后几室灰分相对较高。

2. 高灰细泥影响精煤回收率

（1）在粗粒表面形成细腻覆盖，降低其表面的疏水性。

（2）占据大量的气泡表面，影响煤粒与气泡的碰撞和附着。

（3）对药剂无选择吸附，消耗大量药剂，使粗粒在亏药条件下浮选。

3. 其他

高灰细泥不仅影响浮选过程，对后续精煤脱水及煤泥回收均有不利影响。如：增加黏度，堵塞滤饼毛细孔和滤布孔隙，导致产品水分增加以及循环水浓度增高等。

## 三、浮选药剂

浮选是利用煤粒与矸石之间表面润湿性的差别进行分选的，差异越大，分选效果越好。

向浮选矿浆中加入药剂，可人为地增加二者之间的差异，改善浮选效果。

浮选药剂种类繁多，根据其作用的不同，可将其分为捕收剂、起泡剂和调整剂。其中，调整剂又分为活化剂、抑制剂、介质pH调整剂和 分散剂、絮凝剂等。

### （一）起泡剂

1. 浮选工艺对气泡的要求

（1）气泡直径较小。充气量一定时，气泡的尺寸越小，数量就越多，可提供足够的气泡表面供煤粒附着，但不能过小。

（2）气泡在矿浆中应充分弥散，不兼并。气泡的生成和兼并是一对逆过程，兼并过快，则气泡数量减少，对矿化不利，故应控制气泡的兼并速度。

（3）气泡稳定性应适当。气泡的稳定性过小，则易破裂，不能将煤粒带入泡沫层，影响精煤回收率；过于稳定，又会对精煤脱水及后续作业产生影响。所以，气泡的稳定性要适当。

在普通水或矿浆中通入气体，只能形成一些大而易碎的气泡。为了获得性质良好的气泡，可向其中添加起泡剂。

2. 起泡剂的结构与性能

选煤过程中添加的起泡剂多为杂极性的有机物质。其分子结构中均有两个基，一端为极性基，具有亲水疏气的性质，如—OH、—COOH、—O—、—$SO_3H$

等；另一端为非极性基（烃链），表现疏水亲气性。起泡剂可在气泡表面产生定向吸附。

在水中，起泡剂都有一定的溶解性。溶解度高的起泡剂可迅速产生大量气泡，但气泡较脆，寿命短，不能持久，故药耗比较大。溶解度小的起泡速度慢，但泡沫持续时间长，泡沫层较稳定。

3. 起泡剂的作用

起泡剂分子以其非极性的烃链与气泡接触，以其极性基指向水。极性基具有亲水性，与周围水分子相互作用，在气泡表面形成水化膜。它的主要作用如下：使空气在矿浆中分散成小气泡，并防止其兼并；向矿浆中加入起泡剂，气泡的平均直径由3~5mm降到0.5~1mm，外围水化膜的存在可防止气泡间的兼并；增大气泡的机械强度，提高其稳定性；降低气泡升浮速度，增加其在矿浆中的停留时间。但是，起泡剂用量不是越多越好，而是有一个最佳值。

4. 浮选对起泡剂的要求

浮选对起泡剂的要求如下：用量低，能形成数量多、大小适度、分布均匀、稳定性适当和黏度不大的气泡；具有适当的溶解度和良好的流动性；无捕收作用，对矿浆pH值的变化及各种组分具有较好的适应性；便于使用又不造成公害；应无毒、无臭、无腐蚀性，不污染环境且使用方便。

5. 选煤厂常用的起泡剂

（1）松木加工副产品。松油：主要成分为 a -萜烯醇，淡黄色或棕色液体，密度0.9~0.95 $g/cm^3$，起泡能力强，一般无捕收作用。缺点是黏性大。选择性差，来源有限。

（2）石油、化工副产品。仲辛醇：原料是蓖麻子，淡黄色油状液体，具有刺激性臭味，密度0.83 $g/cm^3$。起泡性能强，选择性好，泡沫不黏，对过滤脱水影响小，用量为100g/t煤泥。

（3）合成起泡剂。FP101：棕色油状液体，密度0.81 $g/cm^3$，起泡性能与仲辛醇相似，形成的泡脆，选择性好。

### （二）捕收剂

煤泥浮选广泛采用非极性烃类油为捕收剂。

1. 非极性烃类油的特点

（1）结构对称。

（2）化学性质不活泼。

（3）难溶或微溶于水。

（4）具有较强的疏水性。

2. 烃类油与煤表面的作用规律

（1）烃类油不溶于水，以油滴形式存在于矿浆中。

（2）烃类油在煤粒表面选择性吸附。

（3）煤表面疏水性越强，吸附的油滴数量越多。

3. 烃类油的捕收作用

（1）油滴在煤粒表面吸附，提高煤表面的疏水性。

（2）烃类油可以在煤粒与气泡接触的三相接触周边形成三相油环，提高煤粒与气泡的黏着强度。

（3）油滴可与煤粒、气泡形成气絮团，增加上浮力，提高浮选速度。

4. 选煤常用的捕收剂

（1）煤油。淡黄色或无色液体，不溶于水，密度 0.84 g/cm$^3$ 左右，一般只具有捕收作用，与性能较好的起泡剂配合使用，用量0.5~2kg/t。

（2）轻柴油。外观呈淡黄色，密度0.74~0.95 g/cm$^3$，黏度较大，在水中的油滴尺寸大，沿煤粒展开的速度慢，但其疏水性强，是一种性能较好的捕收剂。与性能好的起泡剂配合使用，用量为1~2kg/t。

煤油与柴油相比，成分更稳定，捕收性与选择性更高。

### （三）药剂的选择和管理

1. 药剂的选择

（1）浮选效果好，即具有好的选择性和高的浮选速度。

（2）价格低廉，药耗小。

（3）来源充足，成分稳定，无毒、无刺激。

（4）对产品过滤脱水无不良影响。

2. 药剂的管理

（1）药剂库和浮选车间严禁烟火。

（2）应保持良好的通风，降低空气中的挥发性药剂浓度。

（3）接触带有刺激性的药剂时，要注意自我防护。

（4）加强计量管理，建立交接班制度，减少药耗。

### （四）药剂制度

药剂制度是浮选过程中添加的药剂的种类、用量、配比以及加药地点、加药方式等的总称。

1. 药剂的种类

煤泥浮选过程添加的药剂主要有两种，即捕收剂和起泡剂。捕收剂主要用于提高煤粒表面的疏水性，起泡剂则是改善矿浆中气泡的性质。

添加时，应先加捕收剂，后加起泡剂。有的药剂兼有捕收性能和起泡性能，浮选时可只使用一种药剂。

2. 药剂的选择

（1）捕收剂。一般来讲，浮选活性高的药剂，选择性就较低。所以，对易洗煤，可选用浮选活性低的药剂；对表面疏水性差的煤，应选用活性高的药剂；细泥含量多时，用选择性高的药剂。

（2）起泡剂。煤泥中高灰细泥含量高时，应选择气泡直径大、性脆、寿命不太长的起泡剂，以加强泡沫层的二次富集作用；煤泥中粗粒含量大时，应选用起泡率高，气泡直径小、寿命长的起泡剂，有利于增强粗粒在气泡上的附着强度。

（3）加药方式和地点。加药方式分一点（集中）加药和多点（分段）加药两种。一点加药是将药剂总量一次全部加入搅拌桶中；多点加药则是将所需的药剂分别加入搅拌桶和浮选槽内，一般搅拌桶加60%~70%，其余的加到浮选槽。对易洗煤，常采用一点加药方式；难浮煤或浮选活性高的药剂，应采用多点加药。

（4）药剂消耗量。药剂消耗量与药剂种类、煤泥性质、矿浆浓度等都有关系。①变质程度低的煤，表面被氧化的煤以及疏水性差的煤药剂消耗普遍较高；②细粒级物料含量越高，表面积越大，浮选时的药耗越大；③矿浆浓度越低，药耗越大。

（5）油比。油比是浮选时添加的捕收剂与起泡剂的重量之比。我国选煤用油比常在10：1~5：1之间。一般对易洗煤采用小油比；反之，用大油比。

## 第三节　煤炭的深度物理加工和超净煤的制备

我国煤炭储量丰富，分布广泛，品种多样，是世界最大产煤国家。煤炭在我国一次能源消费中占有75%的比例，不仅是我国最重要的能源，而且是我国重要的冶金和化工原料，在我国经济建设中起到举足轻重的作用。因此，洁净、高效地利用煤炭关系到我国经济可持续发展及社会的全面稳定，也是我国能源安全中最重要的一环。

根据用户不同的需求，煤炭经过洗选、筛分，不仅使煤炭产品结构适应市场需要，而且还可以使煤炭在使用过程中具有更好的环保效果，可以带来巨大的经济效益。煤炭的深度加工就是通过物理或者化学的方法，最大限度地清除其中的无机矿物，降低煤炭灰分的过程。通过深度加工能进一步增加煤炭的使用价值，提高附加价值，充分发挥煤炭的效能，更加洁净地使用煤炭，获取更高的社会效益与经济效益。

煤炭是一种有机可燃体和无机矿物的混合体，其中的有机可燃体是煤炭加工的目的矿物，而其中的无机矿物不仅严重影响了煤炭的高效利用，同时也是煤炭利用过程中污染环境的主要根源之一。

我国煤炭产量的80%作为动力煤直接燃烧，煤炭中的无机矿物降低了煤炭的单位发热量，影响了煤炭的燃烧效率，加速了设备的磨损，增加了运输成本。煤炭燃烧过程中化学反应产生的大量臭氧、烟雾以及因排放物导致的酸雨和温室效应造成了严重的环境污染。

炼焦煤时，无机矿物含量高使焦炭中的灰分增加，降低了高炉的生产能力，影响了钢材的质量，特别是煤炭中硫分在炼焦过程中大部分转入焦炭。焦炭含硫高会使生铁含硫高，增大其热脆性，同时还使高炉运行指标下降。此外焦炭中的硫含量高，会使冶炼过程的环境污染加剧。

本节介绍几种具有代表性的煤炭深度脱灰技术。

### 一、超净煤的制备

超净煤是煤经物理和化学方法精制得到的超低灰、超低硫精煤。超净煤由于灰分特别低，可以制备成代替柴油或天然气煤基流体燃料—精细水煤浆，可以制备低灰的活性炭，也可以作为各种碳素材料的原料。实际上，制备超净煤等于把煤炭又细分出了一种灰分更低的产品。而这种煤炭产品由于可以制备成附加值更高的其他产品，因此，可以为企业带来明显的经济效益。超净煤的制备可采用化学法和物理法。

## 二、化学法制备超净煤

化学法是通过化学药剂和煤中组分进行化学反应达到提纯煤炭的目的。按化学药剂的类型可以分为无机法和有机法。无机法是利用酸、碱类化合物和煤中矿物质进行反应，经过洗涤、过滤、干燥将含灰物质除去，而有机质则保留原有的结构和特征。有机法是通过有机溶剂溶解、破坏煤中的有机物，然后将溶解的有机物和不溶的残渣分离。化学法制备超净煤有氢氟酸法、常规酸碱法。

### （一）氢氟酸法

氢氟酸法包括氢氟酸、酸性氟化铵、氢氟酸–盐酸、盐酸–氢氟酸–盐酸等体系。以下是氢氟酸–盐酸工艺的基本原理。

氢氟酸具有极强的腐蚀性和渗透性，与煤中的无机矿物如高岭土、石英、方解石等反应，生成硅氟酸，再经加热后，分解为氢氟酸（$H^2F^2$）和四氟化硅（$SiF^4$），四氟化硅呈气态挥发。

如上所述，氢氟酸与煤中某些矿物反应，生成难溶于水的氟化物，如$CaF^2$、$FeF^2$等。这些沉淀物经加热大部分都可以溶于盐酸。

盐酸属于强酸，能使碳酸盐和大部分硫酸盐以及部分硫化物溶解，因而能将煤中的方解石、菱铁矿、白云石以及经氢氟酸浸渍产生的氟化物等除去。

采用HF–HCl体系不仅可以减少氢氟酸的消耗量，还可削弱它的不良作用，而且还能得到更好的技术效果。原料煤粉碎后，先用氢氟酸，后用盐酸处理，随后过滤、洗涤、干燥即可获得灰分＜1%的超净煤。

氢氟酸–盐酸法脱灰效果很好，但氢氟酸有毒，对人体和环境有害，对设备、厂房有腐蚀性，因而限制了该方法的大面积使用。

### （二）常规酸碱法

常规酸碱法的基本原理是在一定条件下，氢氧化钠溶液和煤中的硅酸盐、铝硅酸盐、石英等矿物反应生成可溶性的硅酸钠或酸溶性的硅铝酸钠，与黄铁矿则生成酸溶性的氢氧化铁和多硫酸钠。煤中的碳酸盐类，金属氧化物等矿物以及碱浸过程中形成的酸溶性化合物，则可以和酸反应进入液相。经过滤、洗涤后，与煤中有机质分离。

要使酸碱法脱灰更经济，重点是碱的再生和副产品的回收。碱的再生一般是采用石灰与滤液中从煤中溶解出的成分反应，使滤液再生出NaOH。影响酸碱法脱灰的因素主要有反应时间、温度、煤的粒度等。延长反应时间对脱灰有利；温度升高对脱灰有利，碱处理时温度应高于1400，但不应过高，否则会引起有机质的改变；粒度越细脱灰效果越好。

酸处理后的滤液中含有$AICl_3$，对其进行加热，析出一定量的氯化氢气体和水，变成碱式氯化铝，再加水聚合可生成聚合氯化铝。

### （三）化学煤制备法

前面介绍的两种方法属于无机法，而化学煤的制备属于有机法。它是一种在较低温度、压力下将煤溶解于极性溶剂，使煤大分子断裂成小分子，再经固液分离而得到的一种低灰、低硫、性能接近2号燃料油的化学煤。它是流动点为1500的热塑物质，既可以用废气加热后喷燃，也可以粉碎后在炉内燃烧，或与水、甲醇及其他液体混合制成浆体。

基本原理是利用煤衍生物——酚油和碱作溶剂，在温度为325～345℃和压力为816～1214MPa条件下，溶解并破坏煤中有机质，使煤结构中C–C链断裂，大分子变成小分子；同时，用一氧化碳和水蒸气反应，产生氢覆盖在煤粒表面，起到加氢的作用；然后将热溶解的有机物和不溶的残渣进行过滤分离；接着再用甲醇作反溶剂，从热溶解的有机物中沉淀出固体的化学煤，再经过滤、分离、干燥即得到化学煤的最终产品。

## 三、物理深度脱灰法

煤炭的物理深度脱灰是通过把煤炭超细粉碎，使煤中的无机矿物与有机可燃体充分解离，再用一些有选择性的药剂分选出超净煤。物理方法不存在化学反应，煤和无机矿物的成分没有发生变化，所以避免了化学法所要具备的温度、压力等条件，对设备不会有严重的腐蚀，对环境不会造成严重的污染。但由于其脱灰效果主要取决于无机矿物在煤中的嵌布粒度和磨煤获得的解离度，而细粒嵌布于煤中的无机矿物主要是黏土，所以物理深度脱灰的效果不如化学脱灰，而且受煤种的影响很大。以下是几种典型的煤炭深度物理脱灰工艺。

### （一）OTISCA工艺

美国的OTISCA公司于20世纪80年代初开发，1982年建成日产2.4t连续生产线，1990年又建成小时处理能力达15t的中试生产线。用该工艺已成功地对上百个不同变质程度煤进行了精选，获得灰分<1%，硫分<0.7%，产率为95%以上的超纯煤。桥连液加热蒸发可回收、复用。产品制备成精细煤浆供美国通用汽车公司和通用电气公司燃用。

粒度<10cm的原煤经锤式破碎机粉碎成<250μm的煤粉，加水配成浓度为50%的煤浆，进入搅拌球磨机磨至平均粒径为7μm，用循环水进一步稀释到15%的浓度，与团聚剂（与干煤体积比约为1：1）一并进入混合器。经高速剪切作用后，形成3mm左右的团粒，矿物质分散在水中，经筛分机脱水、淋洗，筛下水澄清复用，筛上产物送入加热套，用60℃热水蒸发团聚剂，即可得到最终产物。团聚剂蒸汽再经压缩、冷却，回收复用。

OTISCA工艺本质上是油团脱灰工艺，和传统的油团法相比，其先进处在于用戊烷等短链烃作桥连液并加以回收。

油团法几乎是最早的选矿方法之一。其主要缺点是耗油量大、成本高、分选精度差，故不能用于分选超纯煤。OTISCA工艺成功之处在于使用短链烃，选择性好，不必高温即可回收，因而能有效降低生产成本。更重要的是它能有效分选超纯煤，这是常规油团法所无法比拟的。当然该工艺的推广应用也会遇到许多麻烦，其中最大的问题是短链烃沸点低，易挥发和着火燃烧，存在爆炸的危险。

### （二）絮团浮选工艺

絮团浮选工艺是一种分选细粒矿物的有效方法，它是一种选择性絮凝和浮选结合的工艺，同时发挥了选择性絮凝选择性好和浮选精度高的特点。

分选超纯煤的前提是对煤炭的超细粉碎。大量试验证明，如果需要分选出超纯煤，一般都需要把煤炭粉碎到<10μm，才能使煤中的无机矿物与有机可燃体得到比较充分的解离。

絮团浮选工艺的原则流程如下：首先把常规的洗选精煤破碎到2mm以下，再加水调配成浓度为30%的煤浆，通过螺杆泵把煤浆泵送到超细搅拌磨机，把煤磨碎到10μm以下，使无机矿物从煤炭中充分解离出来，如果煤炭中含黄铁矿比较高，可以在超细磨的过程中加入黄铁矿抑制剂；如果黏土矿物含量太高，可以适当加入分散剂，避免黏土矿物对煤颗粒表面的覆盖和污染。

超细磨后的煤浆用泵给入絮团发生器，在絮团发生器中加入絮凝剂，矿浆中的低灰煤粒表面吸附有絮凝剂，在絮团发生器的高剪切作用下，低灰细粒煤结成具有一定尺度的絮团，从絮团发生器排出的矿浆再给入机械搅拌式浮选机，经过多次精选，即可获得超纯煤。

## 四、深度加工与降低主焦煤灰分

### （一）焦煤灰分

我国炼焦精煤的灰分一直偏高，入焦化炉的精煤平均灰分为10.13%，其中强黏结性的肥煤和焦煤的灰分一般高达12.00%。与美国、英国和日本等国相比，我国的冶金焦灰分高出3～4个百分点。我国主焦煤的特点不仅灰分高，而且硫分也高，有的冶炼精煤的硫分高达2%，严重制约了我国冶金工业的发展，降灰脱硫一直是冶金工业所希望的事情，也是目前市场经济给予选煤工业的一个重要课题。

我国的主焦煤大部分属于难选煤，内在灰分高，低密度物（$<1.3g/cm^3$）含量少，特别是当分选低灰精煤（如分选密度$<1.4g/cm^3$）时，精煤产率很低。对精煤质量影响最大的是中煤含量，尤其是分选密度$\pm0.1g/cm^3$中间产物含量。在这些中间产物中，矿物质和有机质致密连生，其矿物质（包括灰分矿物和黄铁矿）的嵌布粒度都在几微米至几十微米左右。可见，采用目前常规的选煤方法，很难经济有效地选出较高产率的低灰精煤（如灰分低于6%～8%的精煤）。

肥煤和焦煤为炼焦用煤中不可或缺的煤种，但在我国的煤炭资源中，肥煤储量却非常稀少。据统计，在中国现有煤炭经济可开发剩余可采储量中，肥煤不足4%。目前，对于此类稀缺煤种的洗选，一般都尽量提高精煤产率，但精煤灰分偏高，这无疑提高了炼焦煤的总灰分。正常情况下，洗选出的中煤和浮选尾煤都是作为燃料用，稀缺煤种的中煤和尾煤不设法进一步回收，而是作为燃料使用显然是不合理的。尤其是目前很多炼焦煤选煤厂为了解决中间产品的销路问题，不再出中煤而出灰分较低的混煤（$A_1\leqslant32\%$）作为燃料出售给电厂，更造成了主焦煤种的极大浪费。

要提高我国冶炼用精煤的产率，同时降低精煤的灰分和硫分，使其达到国际先进水平，必须突破目前常规选煤技术的约束，开发出一种适合我国煤质特征的选煤技术。由此可见，要经济高效地产出低灰精煤，重点就是要对精煤质量影响最大的中间产物进行处理，只有处理好中间产物，才能降低精煤的灰分和提高精煤的产率。

### （二）深度降灰的基本原理

煤炭是有机可燃体和无机矿物的混合物，煤炭中的灰分来源于煤中的无机矿物，煤的密度和亲水性主要取决于煤中无机矿物的含量。对于重力选法，是通过密度差异把密度较低、含无机矿物较少的低灰精煤分选出来；而对于浮选法，则是利用表面性质的差异把疏水性较好、含较少无机矿物的低灰精煤分选出来。从精煤到矸石或尾煤，无机矿物的含量逐步增加，由于无机矿物在煤炭中是连续分布的，随着无机矿物的含量逐渐增加，灰分越来越高，密度和亲水性也越来越高。

常规的重力选，一般是分选出精煤、中煤和矸石三个产品，存在中煤段和矸石段两个分选界面。精煤作为炼焦的原料，中煤由于含灰分较高，无法用于炼焦，只能作为电厂的燃料，实际上是浪费了大量的炼焦煤资源。洗选的矸石一般也是作为矿区矸石电厂的燃料。

常规的浮选，一般都是分选出精煤和尾煤两种产品，以垂直线为分选界面把入浮的原料煤分成两部分，如果分选精煤的灰分比较低，则精煤产率也比较低，垂直线位置将向左移。反之，垂直线将向右移。这种一次分选两产品的工艺，其中间产物将进入精煤和尾煤，中间产物进入精煤中的量如果比较大，则精煤灰分增加；如果中间产品进入尾煤的量比较大，则尾煤的灰分降低，所以中间产品的处理也成为降低精煤灰分，提高精煤产率的途径。

一般而言，浮选精煤的灰分高于重力选精煤的灰分，往往通过降低重力选精煤的灰分来“背负”浮选精煤的灰分，达到降低总精煤灰分的目的，结果是降低了总精煤的产率。

深度降灰的基本原理是采用超细粉碎的方法，粉碎以有机可燃体和无机矿物连生体为主的中间产品，使其中的无机矿物解离出来。如果中间产品中富含黄铁矿，在超细磨的过程中同样能得到较充分的解离，然后再用有效的分选方法把微细粒精煤分选出来，选出的微细粒低灰精煤再掺混到重选的粗粒精煤中去。可见，该技术的两个主要环节就是超细粉碎和微细粒的分选，所以它是涉及界面化学、粉体工程、流体力学、化学药剂、机械等多门学科的矿物加工技术。近年来，随着低能耗，特别是适合于细粒矿粒超细粉碎的搅拌磨等设备超细磨技术的提高，对细粒煤泥中间产物超细粉碎，达到其中的低灰煤与无机矿物解离的目的，已经成为可能。20世纪80年代德国和印度已经开始重视对洗选中间产物深度分选的研究。

采用上述深度降灰技术时，无论是重力选还是浮选，第一段（中煤段）的分选密度可以低一些，虽然精煤产率低一些，但保证了低的精煤灰分；中间产品量加大了，超细粉碎后可以分选出低灰分精煤，该精煤和初始分选的精煤合并成最终精煤，这样，既降低了精煤的灰分，又提高了精煤的产率，达到降低最终精煤灰分和硫分的目的。

煤炭是一种有机可燃体和无机矿物的混合物，采用化学方法可以大幅度地去除其中的无机矿物，使所有煤种的灰分<1%。采用超细粉碎使煤中的无机矿物和有机可燃体充分解离，再用絮团浮选的方法可以分选出超净煤，因煤种而异，超净煤的灰分可以<1%，或者为<1%～3%。超净煤是制备代柴油精细水煤浆和活性炭等碳素材料的优质原料，生产超净煤，对于煤代油和洁净利用煤炭资源具有重要的战略意义。对于炼焦煤，采用深度脱灰方法，可以大幅度提高精煤产率或降低精煤灰分，其分选结果甚至优于分步释放浮选结果。该技术的应用对于保护我国的优质煤炭资源具有重要意义。

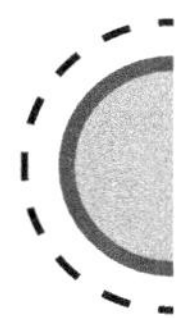

# 第七章　高浓度洗煤废水处理技术

## 第一节　高浓度洗煤废水的产生与性质

### 一、洗煤废水的产生

湿法选煤需要大量的水，以跳汰洗煤为例，每入选1t原煤需3～5$m^3$循环水，还需补加部分清水，这些水经过洗选过程后就含有了大量的细小颗粒，通常把这种含有粒径小于1mm的悬浮粒子的洗煤水叫煤泥水，也叫洗煤废水。

洗煤废水有两种：一种是煤质较好的原煤洗选所产生的洗煤废水，这类废水所含的颗粒粒度较大，浓度较低，处理相对比较容易；另一种是高泥质原煤洗选所产生的洗煤废水，这类废水悬浮物浓度高，颗粒细小，且表面带有较强的负电荷，是一种稳定的胶体体系，难以处理。我国有相当数量的原煤是年轻煤种，属于高泥质原煤。

我国是煤炭生产和消耗的大国，煤炭作为第一能源，在一次能源消耗的结构中占76%，每年选煤用水量约$8.4\times10^8m^3$，占全国工业用水量的0.74%。洗煤废水的外排，严重污染了煤矿周围地区的环境。据调查，我国532条河流中，有82%受到污染，其中30条500km以上的河流中有18条受到洗煤废水的污染。煤矿附近小型水库或鱼塘中的鱼被毒致死的事件时有发生。

煤矿洗煤废水的直接排放，不仅严重地污染了周围的环境，而且还会造成大量煤泥的流失。如果洗煤废水经适当处理后回用于洗煤，不仅解决了环境污染问题，而且还会为企业带来显著的经济效益，其中包括回收煤泥所得、节省洗煤用水的水费和免交的排污费。根据统计，我国每年外排洗煤废水含固体悬浮物（煤泥）30×104t以上，煤泥损失价值1500万元，每年为补充洗煤用水多支出水费约2500万元，缴纳超标排污费2000万元。

洗煤废水的排放也造成了水资源的极大浪费。我国是水资源匮乏的国家，人均占有水资源量约2260$m^3$，仅为世界人均水平的1/3左右，水资源短缺已严重阻碍了我国的经济发展和社会进步。洗煤废水在工业废水中占有一定的比例，排放量较大，如果将这些废水进行处理并回用，就能节约大量的水资源，实现水资源的可持续利用，所产生的社会效益是非常显著的。

洗煤废水已成为煤炭工业的主要污染源和煤炭损失源之一。洗煤废水的处理与回用不仅对环境保护具有重要意义，同时具有显著的经济效益和社会效益。

## 二、高浓度洗煤废水的性质

洗煤废水的性质与所洗选的原煤性质有关。一般情况下，地质年代较长，煤质较好的原煤所产生的洗煤废水处理难度较小；而地质年代较短的年轻煤种遇水易泥化，选煤所产生的洗煤废水悬浮物浓度和COD浓度都很高，而且颗粒表面带有较强的负电荷，久置不沉，难以处理。

我国有相当部分原煤属于高泥质，遇水容易泥化。这类原煤洗选会产生难处理的高浓度洗煤废水。我国从20世纪60年代初就开展了洗煤废水处理的研究工作，但始终没有研究出适合我国国情的处理方法。近些年来，虽然有部分煤矿选煤厂开始尝试使用混凝—沉淀二级处理工艺，但混凝剂选择不当或处理工艺及工艺参数选择不合理，使得这类洗煤废水还存在着处理效果不理想或处理成本太高的问题。要想解决这类处理难题，必须对其性质、特点进行研究，找到问题的原因。

## 三、高浓度洗煤废水的过滤性能

对于洗煤废水来说，由于悬浮物含量很高（其悬浮物浓度高于城市污水处理厂二沉池的污泥浓度），如果其过滤性能好，可直接采用污泥脱水机（多采用板框压滤机）进行脱水。但有些洗煤废水过滤性能较差，直接脱水机很难实现泥水分离。高浓度洗煤废水的过滤性能一般都比较差，因此，常采用投加混凝剂的方法进行泥水分离，同时改善沉淀煤泥的脱水性能，使煤泥在过滤时形成颗粒大、孔隙多和结构强的滤饼。

污泥的脱水性能一般采用污泥比阻这个参数来反映。污泥比阻即污泥过滤比阻抗，也就是单位干重滤饼的过滤阻力。污泥比阻值越大，脱水性能越差；污泥比阻值越小，脱水性能越好。一般认为比阻r大于$0.4 \times 10^{13}$m/kg时，其脱水性能不好，不能直接进行机械脱水。

高浓度洗煤废水的过滤性能较差，应采用混凝的方法，首先进行泥水分离，然后再对分离出来的煤泥进行脱水。

## （一）高浓度洗煤废水的特点

高浓度洗煤废水是一种呈弱碱性的稳定胶体分散体系，有以下几个显著的特点。

一是悬浮物浓度高。高浓度洗煤废水的浓度比城市污水处理厂浓缩池底流的浓度（一般仅为5000mg/L左右）要高很多，一般在70000mg/L左右。

二是COD的浓度高，但与SS的浓度高低存在着一定的关系。SS的浓度高，COD的浓度也高；SS的浓度低，COD的浓度也低。

三是微细颗粒含量高。从煤泥颗粒粒径分布的测定结果看，高浓度洗煤废水中微细颗粒含量高，小于0.075mm的颗粒含量一般在56%以上。高浓度洗煤废水中的微细颗粒主要是黏土矿物颗粒，这些颗粒的聚沉稳定性决定着洗煤废水处理的难易程度。

四是过滤性能差。高浓度洗煤废水的过滤性能较差，不能采用直接压滤脱水的方法处理。

五是颗粒表面带有较强的负电荷。高浓度洗煤废水中的煤泥颗粒表面都是带有较强负电荷的胶体体系，而且$\zeta$电位都比较高，一般在-0.050V以上。

六是黏度较高。高浓度洗煤废水属于高黏度废水，其黏度比水的黏度大4倍以上。

七是煤泥颗粒密度小。煤泥颗粒的密度一般在1.05～1.15kg/m$^3$，与水的密度相差不大。

## （二）高浓度洗煤废水难处理原因分析

通过对高浓度洗煤废水的特点分析可知，高浓度洗煤废水难以处理的原因主要包括以下几点。

一是悬浮颗粒带有较强的负电荷，使洗煤废水成为一种稳定的胶体分散体系。颗粒表面带电是洗煤废水稳定的根本原因。

①较强负电荷的胶体颗粒之间产生较强的静电斥力，而且$\zeta$电位越高，胶粒间的静电斥力越大，胶粒越稳定。

②胶粒的布朗运动因胶粒间的静电斥力而使胶体具有稳定性。

③胶粒带电能将极性水分子吸引到它的周围形成一层水化膜，从而阻止胶粒间的相互接触。水化膜厚度决定于扩散层厚度，而扩散层厚度又影响ζ电位。如果胶粒ζ电位消除或减弱，水化膜也随之消失或减弱。

因此，处理洗煤废水首先要降低ζ电位，破坏胶体的稳定性，然后再采取其他措施，强化凝聚效果。

还有黏土颗粒的阳离子取代（如三价铝离子取代硅氧四面体中的部分四价硅，三价铁离子取代铝氧八面体中的部分三价铝等）及黏土颗粒表面氢氧基团的电离等也能使颗粒带负电。

另外，炭黑颗粒表面的羟基—OH和羧基—COOH基团在水中离解也能使颗粒表面带电，这也是胶体带电的一个因素。

二是微细颗粒含量高是高浓度洗煤废水难处理的又一原因。粒径越小，沉速越小，沉淀分离就越困难。在洗煤废水处理领域，一般认为煤泥颗粒粒径小于0.075mm的颗粒是很难靠自然沉降分离的，而高浓度洗煤废水中小于0.075mm的微细颗粒含量均高于55%。

三是污泥比阻大，过滤性能差是增加高浓度洗煤废水处理难度的因素之一。

四是悬浮物浓度高、煤泥颗粒密度小以及黏度较高等因素也都是影响高浓度洗煤废水泥水分离的不利因素。

## 四、高浓度洗煤废水对环境的污染

### （一）悬浮物的污染

悬浮物是洗煤废水中的主要污染因子。洗煤废水中的悬浮物严重超标，一般超标几十倍，有的甚至超标几百倍、几千倍。

洗煤废水中的悬浮物主要是细小的煤粒和黏土类颗粒，这些悬浮物大量进入水域后，产生的危害主要如下。

一是使水体色度加深，透光性减弱，影响水生生物的光合作用，抑制其生长繁殖，阻碍水体的自净作用。

二是悬浮固体可能堵塞鱼鳃，导致鱼类窒息死亡。

三是由于微生物对有机悬浮固体的代谢作用，会消耗掉水体中的溶解氧。

四是悬浮固体中的可沉固体，沉积于河底，造成底泥积累与腐化，使水体水质恶化。

五是悬浮固体可作为载体，吸附其他污染物质，随水流迁移污染。另外，水体受溶解固体污染后，使溶解性无机盐浓度增加，如作为给水水源，水味涩口，甚至引起腹泻，危害人体健康，故饮用水的溶解固体含量应不高于500mg/L，工业锅炉用水要求更加严格。农田灌溉用水，要求不宜超过1000mg/L，否则会引起土壤板结。

### （二）煤的染色作用对水体的色度影响

煤是一种特殊的染色体，对水体有一定的染色作用，从而造成水体的色度严重超标。色度是一种感观性指标，色度较高的水体会引起人们感官不悦。在接纳洗煤废水的水系中，颜色皆呈黑色，严重影响水的透明度，直接破坏自然环境，给人以污浊厌恶之感。尤其是在风景名胜游览地区，影响更大。

### （三）选煤药剂的污染

煤泥分选，尤其是采用浮选方法时需要添加起泡剂（松油、杂醇类等）、捕收剂（煤油、轻柴油等）、调整剂（酸、碱等）等药剂。另外，在煤泥浓缩、煤泥压滤过程中也要投加絮凝剂，如聚丙烯酰胺等。由于这些药剂的使用，使得外排水中的一些指标超标，给环境造成严重污染。据报道，某选煤厂外排水中油的测定值达25.7mg/L，最高时达95.9mg/L，超出排放标准10倍左右。由于高含量的油类物质会在水面形成油膜，影响水体的复氧，并消耗水中的溶解氧，使水体形成严重的缺氧状态，影响水生植物及鱼类的繁殖生长。另外．洗煤废水中的有毒物质、有机物及其酸碱性成分也是环境的污染源。

### （四）各种金属离子的污染

煤炭颗粒和灰分中含有一些金属离子，洗选后有部分金属离子进入洗煤废水中。测定表明，选煤厂外排水较入洗前清水中金属离子含量增高。

## 第二节　处理洗煤废水常用的混凝剂和絮凝剂

### 一、处理洗煤废水常用的混凝剂

高浓度洗煤废水是一个颗粒表面上带有负电荷的胶体分散体系，其难以自然沉降的最根本原因就是这一胶体体系中的胶体颗粒表面带有较强的负电荷，并且主要体现在胶体的 ζ 电位上。ζ 电位越高，胶粒间的静电斥力越大，胶体越稳定。另外，胶粒表面的水化膜的存在，也阻止了煤泥颗粒间的相互接触，进而使煤泥颗粒更加稳定。而水化膜与胶体的 ζ 电位有着密切关联，胶粒 ζ 电位降低，水化膜厚度也随之变小。因此，高浓度洗煤废水处理的关键是降低煤泥颗粒表面的 ζ 电位。从理论上讲，带有阳离子的无机盐类混凝剂均可以达到降低胶粒 ζ 电位的作用，可以用于高浓度洗煤废水的处理。但由于洗煤废水的成分不一样，无机盐类混凝剂的效果也不尽相同。适于高浓度洗煤废水处理的无机盐类混凝剂主要有以下几种。

### （一）硫酸铝

硫酸铝是水处理中常用混凝剂之一。其特点是无毒、价格便宜，使用方便，用它处理后的水不带色，常用于脱除浊度、色度和悬浮物，但絮凝体较轻，适用于水温20～40℃，pH值范围为5.7～7.8。硫酸铝溶液能够电离出带正电荷$Al^{3+}$，而洗煤废水是煤泥颗粒表面带负电的胶体体系，因此在处理洗煤废水的过程中，$Al^{3+}$能够通过压缩双电层和吸附电中和两种作用促进煤泥颗粒的脱稳，进而实现洗煤废水的泥水分离。硫酸铝与PAM配合使用处理洗煤废水已有成功的案例，但每个矿开采的煤种不同，产生的洗煤废水性质也不同，因此，具体的处理效果还需要通过实验测定。

### （二）聚合氯化铝

聚合氯化铝（PAC，即碱式氯化铝）是一种多价电解质，能显著降低水中黏土类杂质（多带负电荷）的胶体电荷。由于相对分子质量大，吸附能力强，具有优良的凝聚能力，形成的絮凝体较大，凝聚沉淀性能优于其他混凝剂。PAC聚合度较高，投加后快速搅拌，可以大大缩短絮凝体形成的时间。PAC受水温影响较小，低水温时凝聚效果也很好，最低析出温度在−20℃左右。PAC对水的pH值降低较少，适宜的pH值范围为5～9。

### （三）三氯化铁

三氯化铁（$FeCl_3 \cdot 6H_2O$）是铁盐混凝剂中最常用的一种。固体三氯化铁是具有金属光泽的褐色结晶体，一般杂质含量少。无水三氯化铁产品中$FeCl_3$含量达92%以上，不溶杂质小于4%。液体三氯化铁浓度一般在30%左右，价格较低，使用方便。三氯化铁的混凝机理也与硫酸铝相似，但混凝特性与硫酸铝略有区别。三氯化铁在水中与氢氧化物碱度作用后生成了多种水解产物，进而结合成了$Fe(OH)_3$。这些水解产物带有很多正电荷，能中和胶体微粒上的负电荷，并且与带负电荷的颗粒物和$Fe(OH)_3$相结合。所以三氯化铁具有絮凝能力，并使污染颗粒形成矾花。三氯化铁适用的pH值范围较宽，形成的矾花颗粒的离散性强，比较密实，并且带正电荷多，处理低温或低浊水的效果优于硫酸铝。但三氯化铁腐蚀性较强，且固体产品易吸水潮解，不易保管。

### （四）硫酸亚铁

硫酸亚铁（$FeSO_4 \cdot 7H_2O$）固体产品是半透明绿色结晶体，俗称绿矾。硫酸亚铁在水中能离解出带正电荷的$Fe^{2+}$，$Fe^{2+}$能够通过吸附电中和并压缩双电层使胶体颗粒脱稳。同时，硫酸亚铁在废水混凝过程中，水解产生的一部分$Fe^{2+}$经氧化生成$Fe^{3+}$，并生成多核络合离子化合物，进而具有一部分三价铁盐的混凝效果。硫酸亚铁作混凝剂形成的絮凝体较重，形成较快而且稳定，沉淀时间短，能去除臭味和一定色度。适用于碱度高、浊度大的废水。废水中若有硫化物，可生成难溶于水的硫化亚铁，便于去除。硫酸亚铁缺点是腐蚀性比较强，且废水色度高时，色度不易除净。在实际工程中，硫酸亚铁与PAM联用处理洗煤废水，能够实现洗煤废水闭路循环。

### （五）聚合硫酸铁

聚合硫酸铁（PFS）是一种性能优越的无机高分子混凝剂，形态性状是淡黄色无定型粉状固体，极易溶于水，10%（质量浓度）的水溶液为红棕色透明溶液，具有吸湿性。与硫酸铁相比，PFS的相对分子质量增大，伸展度增大，触点增多，粒间的吸附作用增大。在溶液中PFS提供大量的大分子络合物及疏水性氢氧化物聚合体，具有较好的吸附作用。但PFS在溶液中多种核羟基络合物不同于有机高分子絮凝剂，这些高分子物的分子量远小于有机絮凝剂的分子量。PFS广泛应用于饮用水、工业用水、工业废水、城市污水、污泥脱水等的净化处理。在混凝处理洗煤废水过程中，PFS能够提供多种组分的核羟基络合物，如$Fe_2(OH)$、$Fe_3(OH)^+$、$Fe_4(OH)^{4+}$等，这些组分对洗煤废水中的胶体颗粒起多种混凝作用，既有压缩胶粒的双电层、降低$\zeta$电位的作用，又有吸附电中和的作用，聚合硫酸铁对洗煤废水具有较好的处理效果。

### （六）聚合氯化铝铁

聚合氯化铝铁（PAFC）是由铝盐和铁盐混凝水解而成的一种无机高分子混凝剂，依据协同增效原理，加入铁离子或三氧化铁和其他含铁化合物复合而制得的一种新型高效混凝剂。PAFC集铝盐和铁盐的优点，对铝离子和铁离子的形态都有明显改善，聚合程度大为提高。

PAFC取铝混凝剂和铁混凝剂对气浮操作有利之处，改善聚合氯化铝的混凝性能，对高浊度水和低温低浊水的净化处理效果特别明显，可不加碱性助剂或其他助凝剂。PAFC极易溶于水，可用于生活饮用水、工业用水及工业废水、生活污水处理。PAFC混凝效果除表现为剩余浊度色度降低外，还有絮体形成块，吸附性能高，泥渣过滤脱水性能好等特点，特别是在处理高浊度水和低温低浊度水时，处理效果比硫酸铝、聚合氯化铝、聚合硫酸铁、三氧化铁效果好。由于PAFC含有带有正电荷的铝铁多核络合物，且分子量高，用于洗煤废水处理时，不仅具有压缩双电层、吸附电中和的作用，而且具有吸附架桥和网捕卷扫作用，因此，采用PAFC处理洗煤废水能够获得良好的处理效果。

### （七）含钙混凝剂

含钙混凝剂在水中能电离出$Ca^{2+}$，因而能够压缩双电层，降低煤泥颗粒表面的ζ电位，进而达到混凝的效果。另外，由于洗煤废水中有大量的黏土，投加$Ca^{2+}$的混凝效果更优。洗煤废水处理中常用含钙混凝剂有石灰（主要成分CaO）和氯化钙（$CaCl_2$）。石灰价格低，但产生的泥渣较多。氯化钙处理效果好，产生的泥渣也少，但成本较高。

## 二、处理洗煤废水常用的絮凝剂

有机高分子絮凝剂与无机高分子混凝剂相比，具有用量少，絮凝速度快，受共存盐类、pH值及温度影响小，污泥量少等优点。但普遍存在未聚合单体有毒的问题，而且价格昂贵，这在一定程度上限制了它的应用。目前使用的有机高分子絮凝剂主要有合成的与改性的两种。

污水处理中大量使用的有机絮凝剂是人工合成的。人工合成有机高分子絮凝剂多为聚丙烯、聚乙烯物质，如聚丙烯酰胺、聚乙烯亚胺等。这些絮凝剂都是水溶性的线性高分子物质，每个大分子由许多包含有带电基团的重复单元组成，因而也称为聚电解质。

在洗煤废水处理的过程中，有机高分子絮凝剂是最常用的药剂。

对于处理难度较小的洗煤废水，投加一种有机高分子絮凝剂或者一种无机混凝剂就能获得较理想的处理效果，但对于黏土含量高、处理难度大的高浓度洗煤废水，单独投加一种混凝剂或絮凝剂，效果不理想，达不到处理要求。为了解决这类问题，常常是将无机盐类混凝剂和有机高分子絮凝剂配合使用。高浓度洗煤废水处理常用的有机高分子絮凝剂主要是聚丙烯酰胺或其衍生物的高聚物或共聚物。

### （一）聚丙烯酰胺

洗煤废水处理常用的絮凝剂是聚丙烯酰胺（PAM），它具有凝聚速度快，用量少，絮凝体粒大强韧等优点，常与无机混凝剂联用。与无机混凝剂联用时，利用铁盐、铝盐等无机混凝剂对胶体微粒电荷的中和作用和高分子絮凝剂优异的絮凝功能，从而得到满意的处理效果。常用的聚丙烯酰胺有三种类型，即阳离子型、阴离子型和非离子型。

阳离子型聚丙烯酰胺是丙烯酰胺与阳离子单体聚合而成，或将聚丙烯酰胺“阳离子化”。煤粒表面呈负电性，阳离子聚丙烯酰胺用作絮凝剂，分子链既可以在煤粒间架桥，又可以中和煤粒表面的负电荷，减少煤粒之间的排斥作用，有利于聚集与絮凝，从而提高脱水速度和降低精煤产品的水分。

阴离子型聚丙烯酰胺由丙烯酰胺与阴离子单体聚合而成。丙烯酰胺与丙烯酸钠的共聚物是应用最多的阴离子聚合物絮凝剂。丙烯酰胺与丙烯酸钠聚合时交替共聚的倾向较大，易形成理想的交替共聚物，使阴离子单元在分子链上均匀分布。阴离子絮凝剂在煤粒表面为环式或尾式吸附，易于在煤粒间形成桥，对煤粒表面的双电层有压缩作用，且不易受矿浆pH值的影响。

非离子型聚丙烯酰胺是丙烯酰胺（AM）的均聚物，由于其有较大范围的电荷密度，因此在给定的矿浆中可以有一种最佳的卷曲构型，使其产生最佳的絮凝效果。

聚丙烯酰胺的类型不同，其作用机理、絮凝效果及适宜的絮凝对象也不同。例如，阳离子聚季铵盐丙烯酰胺接枝共聚物（PQAAM）是一种阳离子型高分子絮凝剂。PQAAM在水中以离子存在，它含有季铵离子，对胶体表面负电荷中和能力强。另外，此种絮凝剂分子量大，酰氨基与煤粒表面形成氢键，增加了吸附架桥作用，有利于絮凝沉降。据报道，PQAAM与PAM联用处理庞庄煤泥水，当联合用量为6mg/L时沉降速度为0.743cm/s，透光率为87%。

### （二）二甲基二烯丙基氯化铵的均聚物及共聚物

二甲基二烯丙基氯化铵的均聚物（PDMDAAC）及其与丙烯酰胺的共聚物（PDMDAAC/AM）为白色易吸水粉末，溶于水、甲醇和冰醋酸，不溶于其他溶剂。商品一般为水溶液，呈中性，干燥后略黄。在室温下，PDMDAAC水溶液在pH值=0.5～14范围内稳定，PDMDAAC/AM水溶液在碱性介质中发生部分水解。均聚物和共聚物分子都带正电荷，水溶液和吸湿性固体粉末具有导电性，导电机理为离子迁移导电。有学者在研究生活污泥的脱水时发现，PDMDAAC不仅可作为絮凝剂，还可作为杀菌剂。PDMDAAC属阳离子表面活性剂，在日用化工行业应用较为广泛，尤其是用作洗发水的添加剂，可使头发柔软、亮泽，而且易于梳理。在应用于处理煤泥水方面只有一些理论性研究，未见大规模应用实例的报道。

### （三）MN-5絮凝剂

MN-5絮凝剂是以多胺类阳离子絮凝剂为主体的复配药剂。MN-5药剂不仅能凭借其阳离子性中和煤泥表面负电荷，压缩煤泥表面双电层起絮凝作用。同时，多胺大分子链上的亚氨基（—NH—）可与煤泥表面发生较强的氢键吸附从而起到架桥作用。因此，用它处理洗煤废水具有较好的效果。实际应用中，MN-5絮凝剂与PAM联合使用处理淮北矿务局石台选煤厂和徐州矿务局权台选煤厂的洗煤废水，均获得满意的效果。石台选煤厂浓缩机溢流浓度从60g/L降至0.3g/L，达到了洗水闭路标准。

## 三、混凝剂的选择

无论是从胶粒间静电斥力方面，还是从水化膜的生成方面来看，$\zeta$ 电位的大小都能反映胶体稳定性的程度，$\zeta$ 电位越大，则胶体越稳定。因此，混凝剂的选择首先应以其对洗煤废水 $\zeta$ 电位的影响程度为依据。其次，由于混凝沉降是一个较复杂过程，影响的因素很多，而且洗煤废水处理的最终目的就是实现洗煤废水的闭路循环。在选择混凝剂时，除了考察 $\zeta$ 电位的变化情况，还要进行沉降实验，通过实验考察清水分离率和清水水质指标。另外，混凝剂的选择还要结合生产实际，不仅在技术上应该可行，而且在经济上也应该是合理的。

由于高浓度洗煤废水中的煤泥颗粒带有负电荷，因此，选用的混凝剂应带有正电荷。最初选用石灰、氯化钙、硫酸铁、硫酸铝、聚合硫酸铁、聚合氯化铝、钙镁复合药剂（自制）作为混凝剂进行初步实验研究。

氯化钙、硫酸铁、硫酸铝溶水后能够产生二价以上的阳离子，而且又都是常用的混凝剂，来源广泛，因此，选用这三种药剂处理高浓度洗煤废水在技术经济上都是合理的。

聚合硫酸铁和聚合氯化铝的混凝作用与硫酸铁、硫酸铝基本相同，但一般情况下效果要好于硫酸铁、硫酸铝。

在实验室用钙盐和镁盐复配的钙镁复合药剂含有$Ca^{2+}$、$Mg^{2+}$，理论上讲其效果应与氯化钙相近，但可以减少水中$Cl^{-}$含量，减轻CI的腐蚀作用。

初步沉降的实验结果表明，石灰、氯化钙能够使高浓度洗煤废水分离出清水，混凝效果较好，可以做进一步的实验研究。硫酸铁、硫酸铝、聚合硫酸铁和聚合氯化铝对高浓度洗煤废水均有一定的混凝效果，但上清液混浊，相比较而言，聚合硫酸铁和聚合氯化铝的效果要优于硫酸铁和硫酸铝，因此，选聚合硫酸铁和聚合氯化铝做进一步实验。在实验室用钙盐和镁盐复配的钙镁复合药剂的效果与氯化钙的效果类似。

## 四、絮凝剂的选择

实验表明，洗煤废水中加入含钙的无机混凝剂后，能够使久置不沉的洗煤废水破坏其胶体状态，发生拥挤沉降，并能在一定时间内分离出清水，但形成的絮体颗粒细小，沉降速度缓慢，反应时间长，很难在实际工程中应用，而且污泥的进一步脱水也将发生困难，应该采取一定的措施来增大颗粒的粒度，从而提高沉降速度，强化混凝沉淀效果。

高分子絮凝剂具有良好的絮体化机能。目前，在水处理领域中使用的高分子絮凝剂品种繁多，除无机和天然高分子絮凝剂外，还有人工合成的高分子有机絮凝剂。高分子絮凝剂之所以能够提高沉降速度，主要是因为高分子絮凝剂可以促使细小的悬浮颗粒互相凝聚，形成粒度较大的絮体，而高分子完成增大粒径作用的主要途径有以下几个方面。

一是吸附架桥。这是增大粒径的最有效途径。主要通过高分子的桥联作用把悬浮粒子联结在一起，从而形成一种任意的松散的多孔性结构的物体——絮体。

二是电荷中和。悬浮粒子在水溶液中一般带有负电，高分子絮凝剂的水溶液也可以带电，这样就可以通过静电引力使粒子凝聚在一起，达到增加粒度的目的。

将无机混凝剂和高分子有机絮凝剂配合使用时，水处理的效果会更佳。在洗煤废水的处理过程中，应用最广泛的高分子絮凝剂是聚丙烯酰胺（PAM）。这是一种合成高分子絮凝剂，具有线性结构，溶于水。PAM不仅能够使煤泥颗粒发生凝聚，加快沉淀速度，而且可改善沉淀煤泥的脱水性能。

PAM具有很强的凝聚作用，主要表现在以下两个方面。

一是由于氢键结合、静电吸引、分子间作用力、离子交换等作用对胶粒有较强的吸附结合力。

二是高聚合度的线性分子在溶液中保持适当的伸长形状，从而发挥吸附架桥作用，把许多细小颗粒吸附后缠在一起。

PAM的分子量与洗煤废水的混凝处理效果有着一定关系，分子量越大，沉降效果越好，沉降速度也越大。这主要是因为PAM的分子量与其分子链的直线长度有关，分子链长，分子量就大，而长度越长，絮凝作用就越好。但PAM分子量过大，溶解困难，实际使用不方便，因此，常选用分子量为500万的非离子型PAM作为絮凝剂。

总而言之，PAM对高浓度洗煤废水的处理有比较好的效果，能够提高沉降速度，形成粒度较大的絮体，综合各方面因素，本研究采用分子量为500万的非离子型PAM处理高浓度洗煤废水。

## 第三节　石灰与PAM联用处理高浓度洗煤废水

### 一、石灰投加量对处理效果的影响

一是石灰对洗煤废水具有一定的混凝作用，加入石灰以后，洗煤废水的胶体稳定性被破坏，悬浮颗粒由原来的静止不沉变成能够沉降，但沉降的速度较慢。絮体在沉降过程中有明显的界面，属于拥挤沉淀。洗煤废水经混凝沉淀后，能够达到泥水分离的目的，但只能回收22%的清水，清水分离率较低，且上清液中的SS和COD也达不到排放和回用洗煤的标准。

二是石灰的投加量对处理效果有一定的影响，随着投药量逐渐增加，处理效果越来越好，当石灰的投加量达到3.2g/L后，处理效果达到较好的水平，当石灰的投加量达到4.8g/L时，处理效果有恶化的趋势。这说明石灰的投加量要适当，投加量过小，处理效果不理想；投加量过大，会使胶体趋于再稳定，同样也影响处理效果。

三是形成的絮体颗粒较小，沉降速度较慢，含水率高，且过滤性能不好，不利于进一步泥水分离，给后续处理造成困难。因此，应投加絮凝剂强化沉淀效果。

## 二、石灰与PAM联用处理高浓度洗煤废水的效果

上述的实验结果表明，单独投加石灰溶液处理洗煤废水，能够实现泥水分离，但形成的絮体颗粒较小，沉降速度较慢，上清液中的SS和COD也达不到排放和回用洗煤的标准。因此，应投加絮凝剂强化沉淀效果。絮凝剂仍采用分子量为500万的非离子型PAM。

### （一）PAM药量与投加顺序对处理效果的影响

1.PAM 药量对处理效果的影响

取SS=68.730g/L，COD=27164mg/L，pH=8.14的水样4份各100mL，先分别加入浓度为0.1%的非离子型PAM溶液，投药量分别为10mg/L、20mg/L、30mg/L和40mg/L，以100r/min的速度搅拌60s，然后再均加入浓度为4%的石灰悬浊液，投药量为2.4g/L，以80r/min的速度搅拌60s，倒入沉淀柱中沉淀，记录不同时间的泥面高度。

（1）当洗煤废水中石灰的投加量一定时，随PAM投加量的不断增加，沉降速度和清水分离率均有一定程度的提高，但当PAM投加量达到30mg/L后，沉降速度和清水分离率的增长速度减慢。

（2）沉降30min已基本完成沉降过程，沉降60min的实际清水分离率随着PAM的变化速率比沉降速度的变化速率小，当PAM投加量从10mg/L增加到40mg/L时，沉降速度从0.0467mm/s提高到0.253mm/s，平均提高了442%，而实际清水分离率从29%提高到34%，仅提高了5%（不投加PAM也能分离出25%左右的清水）。这说明PAM的投加量主要影响沉降速度，对清水分离率影响不十分显著。因此，在实际应用中，应从技术和经济两方面考虑，确定一个经济合理的投

药量。

2. 投加PAM和石灰的顺序研究

取pH=8.43，SS=70450mg/L，COD=27591mg/L水样2份各100mL，其中一份水样的加药顺序是先加入浓度为4%的石灰悬浊液，投药量为2.4g/L，以100r/min的速度搅拌60s，然后再分别加入浓度为0.1%的非离子型PAM溶液，投药量为30mg/L，以80r/min的速度搅拌60s；另一份水样的加药顺序是先加入浓度为0.1%的非离子型PAM溶液，投药量为30mg/L，以100r/min的速度搅拌60s，然后再分别加入浓度为4%的石灰悬浊液，投药量为2.4g/L，以80r/min的速度搅拌60s。

根据实验结果可以看出，加药顺序对处理效果有一定的影响，先投PAM后投石灰悬浊液的效果要好于先投石灰悬浊液后投PAM的效果，不仅沉速快，而且清水分离率也高。另外，从絮凝体的外观来看，先投PAM生成的颗粒粒度大，强度也高，有利于进一步脱水。从出水水质来看，先投PAM出水的SS稍高一点，但远远低于回用洗煤的标准（300mg/L）。因此，应先投PAM，后投石灰悬浊液。关于加药顺序对处理效果影响的原因，分析认为可能主要有以下两个方面：①投加石灰后pH值的升高对PAM的絮凝性能有较大影响；②pH值升高，使得由$SiO_2$吸附SiO3所形成的胶体粒子和由$Al(OH)_3$吸附$AlO_2$所形成的胶体粒子增多，使胶体体系更加稳定。

## （二）搅拌时间与搅拌速度对处理效果的影响

高浓度洗煤废水的混凝主要是同向絮凝，搅拌时间与搅拌速度也即搅拌强度对同向絮凝效果有很大的影响。在混凝过程中，混合阶段的搅拌强度一般采用速度梯度G作为控制指标，在絮凝阶段，一般采用速度梯度G与搅拌时间T的乘积，即GT作为控制指标。在对给水除浊的混凝实验中，混合阶段，G一般在100～1000$s^{-1}$之内；絮凝阶段，GT一般在10000～100000之内。但污水水质复杂，G和GT变化较大。

本项研究混凝实验采用的混凝设备是变速定时搅拌器，搅拌桨尺寸为11mm×55mm。当转速为60～150r/min，搅拌时间为30～120s时，经计算速度梯度G为102～347s~$^{1}$，GT为3060～18000，基本在常用的经验数值范围内，同时初步的实验结果也表明，所选的搅拌时间和搅拌速度范围是具有一定的代表性的。

从实验结果来看，投加PAM后的搅拌速度对处理效果的影响较小，而投加石灰后的搅拌速度对处理效果的影响相对要大一些。投加石灰后的搅拌速度过大过小处理效果都不好。搅拌速度过小，混合不充分，不利于絮体的形成；搅拌速度过大，对絮体有破坏作用。实验结果说明，投加PAM后的搅拌速度在100r/min，投加石灰后的搅拌速度在80r/min时处理效果较理想。

## 第四节　聚合氯化铝与PAM联用处理高浓度煤泥水

### 一、絮凝沉淀原理

絮凝是在悬浮液中加入高分子化合物（即絮凝剂），由于其桥架作用而使悬浮液中微粒集聚变大，形成絮团，从而加快聚沉，达到固–液分离的现象。一般高分子化合物都有很长的分子链，而且链上都有很多的活性基因，这些活性基因能在颗粒表面进行吸附。若一个分子链能同时吸附两个或两个以上微粒，那么就会把微粒像桥架一样连接起来形成絮团。洗煤厂适宜选用非离子型聚丙烯酰胺作为絮凝剂，其分子量为1500万，固含量≥90%。简称PAM药剂。

### 二、混凝沉降试验

混凝沉降试验即在煤泥水中加入混凝剂和絮凝剂两种药剂。通过大量试验证明先加入混凝剂，充分搅拌后再加入絮凝剂，效果最佳。

#### （一）混凝剂原理

从前文可知煤泥水悬浮液，可以认为是一个胶体分散体系，煤泥水中的固体颗粒表面上通常带有负电荷，它的稳定性主要取决于煤泥水中细颗粒彼此间静电产生斥力，特别是当两个颗粒双电层重叠时产生的斥力就更大。于是要想让带电的胶体颗粒互相凝聚，必须破坏胶体的稳定性。

凝聚剂是通过中和颗粒表面电荷，使悬浮液失稳的化学药剂，则可采用无机电解质凝聚剂中和煤泥水中颗粒表面的双电层，使胶体颗粒失去稳定。因此煤泥水中的细小颗粒凝聚成较大一点的颗粒，这些颗粒荷电电性较小，容易参与絮凝剂的桥架作用且在颗粒与颗粒间残余的斥力作用下所产生的絮团比较压实。由于细小的颗粒都被凝聚成团，产生的澄清水质量也比较高。选用聚合氯化铝作为试验混凝药剂，其AL2O3含量≥30%。简称PAC药剂。

## （二）混凝沉降试验（见表7-1、表7-2）

**表7-1　混凝沉降试验初始沉降速度测试条件**

| 指标 | 试验次数 | | | | |
|---|---|---|---|---|---|
| | 1 | 2 | 3 | 4 | 5 |
| 50ml分度值间距（mm） | 27 | 27 | 27 | 27 | 27 |
| 絮凝剂溶液体积 | 5 | 10 | 15 | 20 | 25 |
| 絮凝剂用量（$g/m^3$） | 100 | 200 | 300 | 400 | 500 |

**表7-2　混凝沉降试验初始沉降速度测试结果**

| 澄清液面高度（mm） | 各次试验累计沉降时间（s） | | | | |
|---|---|---|---|---|---|
| | 1 | 2 | 3 | 4 | 5 |
| 57 | 4.13 | 4.39 | 2.26 | 3.05 | 2.28 |
| 54 | 7.27 | 7.13 | 4.44 | 5.07 | 5.01 |
| 81 | 10.5 | 10.63 | 6.63 | 6.56 | 6.83 |
| 108 | 13.6 | 13.45 | 9.23 | 9.46 | 8.97 |
| 135 | 16.53 | 16.25 | 11.66 | 12.26 | 11.49 |
| 162 | 19.51 | 18.53 | 14.05 | 14.37 | 13.64 |
| 189 | 23.38 | 22.13 | 22.66 | 19.73 | 23.64 |
| 216 | 64.95 | 78.82 | 63.52 | 59.81 | 63.94 |
| 初始沉降速度（cm/min） | 48.87 | 53.86 | 57.63 | 66.44 | 75.21 |
| 30min沉淀物体积（mL） | 82 | 93 | 107 | 96 | 115 |
| 沉淀物浓度（g/L） | 150 | 123 | 136 | 127 | 134 |

通过对比絮凝沉降试验和混凝沉降试验初始沉降速度测试，可以得出，混凝沉降的速度远快于单一絮凝沉降速度。同时试验现象表明，混凝沉降后上清液透光率远高于单一絮凝沉降后的效果。

## （三）成效对比（见表7-3）

**表7-3　混凝沉降工艺与絮凝沉降工艺成效对比**

| 工艺 | 单一絮凝剂添加工艺 | 混凝剂与絮凝剂复合添加工艺 |
|---|---|---|
| 系统布置 | 原系统设备 | 混凝剂制备系统与原设备同步运行 |
| 运行操作工艺参数 | 自动制配添加药剂，配置药剂浓度为3%~5%，根据煤泥量调整 | 去气桶处添加PAM药剂，添加浓度在3%-4%调整 |
| 实际运行操作 | 药剂浓度设为4%，煤质差时设为5%，频率为35~50Hz | PAM浓度设为4%，频率在30~40Hz。PAC浓度设为8%，稳定运行 |
| 运行效果 | 溢流水混浊，溢出黑水，清水层为0m，影响洗煤用水 | 溢流水清晰，上清液1.5m以上，系统稳定 |

通过实验得出如下结论。

一是原煤洗选后<0.045粒级煤泥占62.06%，属于高泥化、难沉降煤泥水，采用自然沉降方法，无法快速获取上清液，影响洗水质量。

二是依靠单一非离子型聚丙烯酰胺处理高泥化煤泥水，虽然效果优于自然沉降效果，但仍有大量极细煤泥处于悬浮状态，无法获取澄清上清液，煤泥絮凝效果仍不理想。

三是聚合氯化铝与非离子型聚丙烯酰胺混凝沉降为高泥化煤泥水的最佳处理方案。通过后期不断试验证明：先加入聚合氯化铝充分搅拌 80s 后，再加入非离子型聚丙烯酰胺，添加比例为1.8：1，效果最佳。

## 第五节　钙镁复配药剂与PAM联用处理高浓度洗煤废水

从前文可知，氯化钙与PAM联用处理高浓度洗煤废水是一种比较有效的方法，具有出水水质好，清水分离率高，沉降速度快，沉淀煤泥脱水效果好等优点。但$Cl^-$对管道和设备具有较强的腐蚀性，投加氯化钙处理洗煤废水对管道和设备的使用寿命有较大的影响。另外，氯化钙价格较高，致使氯化钙与PAM联用处理高浓度洗煤废水的处理药剂费也较高。为了降低处理成本，并解决$Cl^-$的腐蚀的问题，以氯化钙和价格便宜的硫酸镁为原料，复配新的钙镁混凝药剂。新复配的混凝药剂既要有氯化钙混凝效果好的优点，又要克服$Cl^-$腐蚀管道的缺点。

本节主要研究氯化钙和硫酸镁的复配比例、投药量等对洗煤废水处理效果的影响，确定复配药剂与PAM联用处理洗煤废水的工艺条件。

### 一、复配药剂的制备

将氯化钙和硫酸镁都配成浓度为2%的水溶液分别放在溶液瓶中待用。使用时将氯化钙和硫酸镁按一定的比例混合，搅拌使其混合均匀。复配药剂是透明、均一的溶液。复配药剂不宜放置时间过长，最好现用现配。

### 二、投加钙镁复配药剂处理高浓度洗煤废水

#### （一）氯化钙和硫酸镁不同质量比对混凝效果的影响

将实验水样倒入烧杯，投加钙镁混凝药剂，搅拌均匀后再加入PAM溶液，以

一定的速度搅拌一定的时间，然后倒入沉淀柱中静止沉淀60min，最后测定清水分离率及清水中的SS、COD等指标，并测定絮凝体的污泥比阻值。

采用pH值=7.88，SS=63.492g/L，COD=25938mg/L的水样进行实验。

取实验水样7份各100mL，分别投加氯化钙和硫酸镁质量比为5：0、4：1、3：2、1：1、2：3、1：4、0：5的复配药剂溶液，投药量为1.0g/L，以100r/min的速度搅拌60s，然后倒入沉淀柱中沉淀，记录不同时间的泥面高度。实验结果如表7-4所示。

**表7-4　氯化钙与硫酸镁质量比对处理效果的影响**

| 5：0 | | 4：1 | | 3：2 | | 1：1 | | 2：3 | | 1：4 | | 0：5 | |
|---|---|---|---|---|---|---|---|---|---|---|---|---|---|
| 沉降时间(min) | 絮体高度(mm) | 沉降时间(min) | 絮体高度(mm) | 沉降时间(min) | 絮体高度(mm) | 沉降时间(min) | 絮体高度(mm) | 沉降时间(min) | 絮体高度(mm) | 沉降时间(min) | 絮体高度(mm) | 沉降时间(min) | 絮体高度(mm) |
| 0 | 105 | 0 | 105 | 0 | 105 | 0 | 105 | 0 | 105 | 0 | 105 | 0 | 105 |
| 10 | 101 | 10 | 101 | 10 | 102 | 10 | 102 | 10 | 103 | 10 | 103 | 10 | 104 |
| 30 | 94 | 30 | 95 | 30 | 96 | 30 | 97 | 30 | 99 | 30 | 100 | 30 | 102 |
| 50 | 91 | 50 | 92 | 50 | 93 | 50 | 94 | 50 | 96 | 50 | 97 | 50 | 98 |
| 100 | 88 | 100 | 89 | 100 | 90 | 100 | 91 | 100 | 93 | 100 | 94 | 100 | 95 |
| 150 | 85 | 150 | 86 | 150 | 87 | 150 | 88 | 150 | 90 | 150 | 91 | 150 | 92 |
| 200 | 83 | 200 | 84 | 200 | 85 | 200 | 86 | 200 | 88 | 200 | 89 | 200 | 90 |
| 300 | 81 | 300 | 82 | 300 | 83 | 300 | 84 | 300 | 86 | 300 | 87 | 300 | 88 |
| 480 | 79 | 480 | 80 | 480 | 81 | 480 | 82 | 480 | 85 | 480 | 86 | 480 | 87 |

由上述实验结果可得出如下结论：氯化钙与硫酸镁复配对洗煤废水具有一定的混凝效果。复配药剂中氯化钙与硫酸镁的质量比对混凝效果有一定影响，随着氯化钙与硫酸镁质量比的下降，沉速和实际清水分离率均有所下降，但当氯化钙与硫酸镁的质量比大于1：1时，清水分离率下降比较缓慢，当氯化钙与硫酸镁的质量比小于1：1后，清水分离率下降得比较明显。这说明$Ca^{2+}$对洗煤废水的混凝效果虽然优于$Mg^{2+}$，但效果差距不是很大，因此，用$Mg^{2+}$替代$Ca^{2+}$是可行的。为了保证复配药剂中$Ca^{2+}$含量不能过少，$Cl^{-}$含量又不能过多，复配药剂中氯化钙与硫酸镁的质量比确定为1：1。

### （二）钙镁复配药剂投加量对处理效果的影响

采用pH=7.88，SS=63.492g/L，COD=25938mg/L的水样进行实验。取实验水样6份各100mL，然后分别加入浓度为2%的钙镁复配药剂溶液，投药量分别为

0.4g/L、0.8g/L、1.0g/L、1.2g/L、1.6g/L、2.0g/L，以100r/min的速度搅拌60s，然后倒入沉淀柱中沉淀，记录不同时间的泥面高度，最后测定上清液中的SS和COD浓度。实验结果如表7-5所示。投药量与清水分离率、SS、COD的关系如表7-6所示。

**表7-5　钙镁复配药剂投加量对处理效果的影响**

| 钙镁复配药剂投加量为0.4g/L | | 钙镁复配药剂投加量为0.8g/L | | 钙镁复配药剂投加量为1.0g/L | | 钙镁复配药剂投加量为1.2g/L | | 钙镁复配药剂投加量为1.6g/L | | 钙镁复配药剂投加量为2.0g/L | |
|---|---|---|---|---|---|---|---|---|---|---|---|
| 沉降时间(min) | 絮体高度(mm) | 沉降时间(min) | 絮体高度(mm) | 沉降时间(min) | 絮体高度(mm) | 沉降时间(min) | 絮体高度(mm) | 沉降时间(min) | 絮体高度(mm) | 沉降时间(min) | 絮体高度(mm) |
| 0 | 102 | 0 | 104 | 0 | 105 | 0 | 106 | 0 | 108 | 0 | 110 |
| 10 | 100 | 10 | 102 | 10 | 102 | 10 | 103 | 10 | 104 | 10 | 106 |
| 30 | 97 | 30 | 97 | 30 | 96 | 30 | 96 | 30 | 97 | 30 | 99 |
| 50 | 96 | 50 | 94 | 50 | 93 | 50 | 91 | 50 | 93 | 50 | 94 |
| 100 | 93 | 100 | 91 | 100 | 89 | 100 | 86 | 100 | 86 | 100 | 87 |
| 150 | 91 | 150 | 89 | 150 | 86 | 150 | 84 | 150 | 83 | 150 | 84 |
| 200 | 89 | 200 | 87 | 200 | 84 | 200 | 82 | 200 | 81 | 200 | 82 |
| 300 | 87 | 300 | 85 | 300 | 82 | 300 | 80 | 300 | 79 | 300 | 80 |
| 480 | 86 | 480 | 83 | 480 | 80 | 480 | 78 | 480 | 77 | 480 | 79 |

**表7-6　钙镁复配药剂投加量与各项指标的关系**

| 投药量（g/L） | 清水分离率（%） | SS（mg/L） | COD（mg/L） | 沉速（mm/s） |
|---|---|---|---|---|
| 0.4 | 14 | 448 | 257 | 0.0029 |
| 0.8 | 17 | 375 | 204 | 0.0039 |
| 1.0 | 20 | 321 | 173 | 0.0050 |
| 1.2 | 22 | 309 | 161 | 0.0055 |
| 1.6 | 23 | 302 | 153 | 0.0062 |
| 2.0 | 21 | 320 | 177 | 0.0063 |

从上述的实验结果可以得出如下结论。

一是钙镁复配药剂对高浓度洗煤废水的处理效果与氯化钙相近，经过480min的沉淀，能够分离出23%的清水，但沉降速度较慢，清水分离率较低，上清液中的SS和COD也达不到排放和回用洗煤的标准。因此，钙镁复配药剂需与PAM配合使用。

二是钙镁复配药剂的投加量对处理效果有一定的影响，随着投药量从小到大增加，处理效果越来越好，当钙镁复配药剂的投加量在1.2～1.6g/L范围内，处理效果最好，超过1.6g/L后，处理效果提高不显著，且有下降的趋势。因此，钙镁复配药剂的投加量要适当，投药量过小，处理效果不理想；投药量过大，会使胶体趋于再稳定，同样也影响处理效果。根据实验结果，并参照投加氯化钙的实验结果，钙镁复配药剂的投药量采用1.2g/L为宜。

## 三、钙镁复配药剂与PAM联用处理洗煤废水的实验研究

### （一）投加PAM和钙镁复配药剂的顺序研究

取pH=7.88，SS=63.492g/L，COD=25938mg/L水样2份各100mL，其中一份水样的加药顺序是先加入浓度为2%的钙镁复配药剂溶液，投药量采用1.2g/L，以100r/min的速度搅拌60s，然后再加入浓度为0.1%的非离子型PAM溶液，投药量采用30mg/L，以80r/min的速度搅拌60s；另一份水样的加药顺序是先加入PAM溶液，然后再加入钙镁复配药剂溶液，其他实验条件相同。实验结果如表7-7、表7-8所示。

表7-7　先投钙镁复配药剂后投PAM的沉降实验

| 沉降时间（min） | 0 | 1 | 2 | 3 | 5 | 10 | 30 | 60 |
|---|---|---|---|---|---|---|---|---|
| 絮体高度（mm） | 109 | 92 | 83 | 73 | 68 | 66 | 64 | 60 |

注：沉降60min实际清水分离率为40%，沉速v=0.253mm/s，上清液中SS的浓度为76mg/L。

表7-8　先投PAM后投钙镁复配药剂的沉降实验

| 沉降时间（min） | 0 | 1 | 2 | 3 | 5 | 10 | 30 | 60 |
|---|---|---|---|---|---|---|---|---|
| 絮体高度（mm） | 109 | 91 | 82 | 72 | 67 | 65 | 62 | 59 |

注：沉降60min实际清水分离率为41%，沉速v=0.264mm/s，上清液中SS的浓度为72mg/L。

根据实验结果可以看出，钙镁复配药剂和PAM混合投加时，加药顺序对混凝效果影响不大。但从形成的絮体外观来看，先投钙镁复配药剂形成的絮体尺寸较先投PAM形成的絮体尺寸小，不过差别不是很大。因此，先投加哪种药剂都可以，视具体情况而定。

### （二）正交实验确定最佳实验条件

根据实际情况，做四因素三水平正交实验，4个因素包括PAM的投加量、PAM投加后的搅拌时间、钙镁复配药剂的投加量和钙镁复配药剂投加后的搅拌时间。由于钙镁复配药剂的性质与氯化钙性质相近，因此，搅拌速度和搅拌时间参照氯化钙单因素实验结果。因素水平见表7-9。

根据因素水平表，本实验选用L9（34）表，按组合规则设计实验方案。

**表7-9　因素水平**

| 水平 | A钙镁复配药剂投加量（g/L） | B搅拌时间（s） | CPAM投加量（mg/L） | D搅拌时间（s） |
|---|---|---|---|---|
| 1 | 0.8 | 30 | 20 | 30 |
| 2 | 1.2 | 60 | 30 | 60 |
| 3 | 1.6 | 90 | 40 | 90 |

取pH=7.88，SS=63.492g/L，COD=25938mg/L水样进行实验。实验步骤是每次取水样100mL，先投加浓度为2%的钙镁复配药剂溶液，以100r/min的搅拌速度搅拌一定时间，然后再投加浓度为0.1%的PAM溶液，以80r/min的搅拌速度搅拌一定时间，最后将水样倒入沉淀柱中沉淀。实验结果如表7-10所示。

**表7-10　正交实验结果**

| 序号 | A | B | C | D | 沉速（mm/s） | SS（mg/L） |
|---|---|---|---|---|---|---|
| 1 | 4 | 30 |  | 30 | 0.039 | 182 |
| 2 | 4 | 60 | 3 | 60 | 0.186 | 136 |
| 3 | 4 | 90 | 4 | 90 | 0.210 | 110 |
| 4 | 6 | 30 | 3 | 90 | 0.232 | 98 |
| 5 | 6 | 60 | 4 | 30 | 0.287 | 84 |
| 6 | 6 | 90 | 2 | 60 | 0.153 | 157 |
| 7 | 8 | 30 | 4 | 60 | 0.310 | 72 |
| 8 | 8 | 60 | 2 | 90 | 0.159 | 161 |
| 9 | 8 | 90 | 3 | 30 | 0.236 | 104 |
| $K_1$ | 0.162 | 0.210 | 0.134 | 0.204 |  |  |
| $K_2$ | 0.224 | 0.211 | 0.218 | 0.216 |  |  |
| $K_3$ | 0.235 | 0.200 | 0.269 | 0.200 |  |  |
| R | 0.073 | 0.011 | 0.135 | 0.016 |  |  |
| 优水平 | $A_3$ | $B_2$ | $C_3$ | $D_2$ |  |  |
| 主次因素 | C>A>D>B |  |  |  |  |  |
| 最优组合 | $A_3B_2C_3D_2$ |  |  |  |  |  |

根据正交实验的结果及极差分析可得如下结论。

一是最佳实验组合条件是$A_3B_2C_3D_2$，即钙镁复配药剂投加量为1.6g/L，搅拌时间60s，PAM投加量为40mg/L，搅拌60s。

二是影响洗煤废水沉降速度的主要因素是PAM的投加量，即随PAM的加入量增加，沉降速度明显加快；其次是钙镁复配药剂的投加量，其余两个因素影响相对较小。

## （三）最佳实验条件下的验证实验

### 1. 最佳实验条件下的沉降实验

取pH=7.88，SS=63.492g/L，COD=25938mg/L的水样，按上述最佳组合条件进行实验，即每次取水样100mL，投加浓度为2%的钙镁复配药剂溶液，投加量为1.6g/L，以100r/min的搅拌速度搅拌60s，再投加浓度为0.1%的PAM溶液，投加量为40mg/L，以80r/min的搅拌速度搅拌60s，最后将水样倒入沉淀柱中沉淀。实验结果如表7-11所示。

**表7-11　最佳条件下的沉降实验**

| 沉降时间（min） | 0 | 1 | 2 | 3 | 5 | 10 | 30 | 60 |
|---|---|---|---|---|---|---|---|---|
| 絮体高度（mm） | 112 | 89 | 76 | 69 | 66 | 62 | 58 | 56 |

沉降30min已基本完成沉降过程，沉降60min实际清水分离率为44%，沉速v=0.332mm/s。上清液中pH=7.95，SS=64.48mg/L，COD=54.75mg/L。三项指标均达到回用洗煤的标准。

### 2. 最佳实验条件下沉降污泥的比阻测定

取pH=7.88，SS=63.492g/L，COD=25938mg/L的水样500mL，先投加浓度为2%的钙镁复配药剂溶液，投加量为1.6g/L，以100r/min的搅拌速度搅拌60s，然后再投加浓度为0.1%的PAM溶液，投药量为40mg/L，以80r/min的搅拌速度搅拌60s，静沉60min，得污泥260mL，取其中200mL做污泥的比阻测定实验。过滤材料为定性滤纸，过滤面积约为63.59$cm^2$，真空度为$3.50\times10^4$Pa。实验按1.2.5步骤进行。实验结果见表7-12。

表7-12　污泥比阻实验结果

| 时间（t/s） | 30 | 60 | 120 | 180 | 240 | 300 | 360 | 415 |
|---|---|---|---|---|---|---|---|---|
| 滤液体积（V/mL） | 24.1 | 37.6 | 53.5 | 66.3 | 74.1 | 80.3 | 85.6 | 90.3 |
| tN（s/mL） | 1.25 | 1.60 | 2.24 | 2.72 | 3.24 | 3.74 | 4.21 | 4.60 |

抽滤后泥饼重126.804g，泥饼的浓度125.300g/L（秒表启动前的滤液体积为8.5mL）。经计算单位体积的滤液所产生的滤渣重量C=127.323g/L，取C=0.128g/mL，污泥比阻计算结果见表7-13。

表7-13　污泥比阻计算结果

| 真空度（Pa） | 曲线斜率（$s/cm^6$） | 过滤面积（$A/cm^2$） | 滤液动力黏度（Pa•s） | 滤渣重量（$g/cm^3$） | 污泥比阻（m/kg） |
|---|---|---|---|---|---|
| 3.50×10 | 0.0501 | 63.59 | 0.001 | 0.128 | $0.111\times10^{13}$ |

根据实验结果可以看出，投加钙镁复配药剂以后的污泥比阻为$0.111\times10^{13}$m/kg，与投加氯化钙后的污泥比阻相近，远小于$0.4\times10^{1}$m/kg，说明煤泥的脱水性能得到改善。从上面的实验结果可以看出以下几点。

①氯化钙与硫酸镁复配对洗煤废水具有一定的混凝效果。复配药剂中氯化钙与硫酸镁的质量比对混凝效果有一定影响。当氯化钙与硫酸镁的质量比为1：1时，不仅具有与氯化钙相近的处理效果，而且使$Cl^-$含量减少一半，进而减轻了Cl对管道和设备的腐蚀，另外，硫酸镁的价格比氯化钙低，因此，使用钙镁复配药剂还可以降低成本。

②虽然钙镁复配药剂能够使洗煤废水实现泥水分离，但沉降速度较慢，清水分离率较低，上清液中的SS和COD也达不到排放和回用洗煤的标准。钙镁复配药剂与PAM联用处理洗煤废水，沉降速度和清水分离率均有一定程度的提高。加药顺序对处理效果影响不大。

③采用钙镁复配药剂与PAM联用的方法处理洗煤废水，影响煤泥沉降速度的最主要因素是PAM的投加量，即随PAM的加入量增加，沉降速度明显加快；其次是钙镁复配药剂的投加量，钙镁复配药剂和PAM投加后的搅拌时间对沉降速度的影响相对较小。最佳实验条件是钙镁复配药剂投加量为1.6g/L，搅拌时间为60s，PAM投加量为40mg/L，搅拌时间为60s。在最佳实验条件下，沉降60min

实际清水分离率为44%，沉速v=0.332mm/s。上清液中pH=7.95，SS=64.48mg/L，COD=54.75mg/L。三项指标均达到回用洗煤的标准。沉淀煤泥的比阻为$0.111 \times 10^{18}$m/kg，与原洗煤废水相比降低了许多，满足机械脱水的要求。

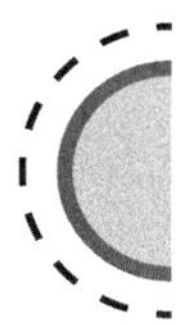

# 第八章　洗煤泥与污泥处理焚烧技术

## 第一节　煤泥的产生和特点

### 一、煤泥的产生

煤泥经过烘干可以作为燃料，也可以用来发电，还可以烧制高岭土，炉渣可以做空心砖等，通过加工变废为宝。那煤泥是如何产生的呢？

大多数情况下煤泥会从以下的途径产生。

一是在洗煤选煤过程中。煤经过粉碎，洗煤选煤过程中，有大量的煤颗粒参与，一定细度的煤粉和水形成煤泥。一般情况下，都是产出尾煤时会生成很多煤泥。

二是在开采过程中。开采过程中，由于地下水比较多，煤开采时被一次破碎，这时也会有煤泥产生。不过这时的煤泥还是可以进入洗煤选煤过程。

三是煤水混合物产出的煤泥。如动力煤洗煤厂的洗选煤泥、煤炭水力输送后产出的煤泥，这种煤泥有的比原煤质量都好，数量少时还能掺到成品煤中。

四是含煤粉的水沉淀后形成的煤泥。洗煤厂流出来的煤粉，随水流到一个池子里，一沉淀就拉出去，土窑烧出土焦炭就是用这种泥烧出来的，发热量很低。还有煤矿井下排水夹带的煤沉积后也会形成煤泥。

### 二、不同煤泥的差别

由于煤的品质不同，洗煤选煤产生煤泥的品质上也有较大差别。如淮南的气煤，浮选工艺的抽出率只有30%～40%，这种煤泥灰分比较低，品质和中煤比较接近；平顶山的是肥煤，浮选的抽出率可达70%～80%，浮选尾煤的灰分就较高，品质和矸石接近。

不同的回收工艺产生的煤泥，物理性质差别较大。用过滤机压滤机回收的煤泥，颗粒分布比较均匀，它的黏性、持水性都比较弱，利于水分散失。例如平顶山八矿选煤厂的压滤煤泥，在旱季堆放接近半年以后，出现扬尘，总含水率已接近10%。

自然沉淀产生的煤泥由于重力的作用，有粒度分级的特点。粗颗粒易沉淀，大都集中在煤泥水入口附近，细颗粒在中间，极细颗粒在末端。末端煤泥具有高黏性和高持水性，类似江米团，又细又软，晾晒几个月，表面似已干燥，内部含水率几乎不降。

## 三、洗煤泥的特点

选煤厂排出煤泥的主要特点如下。

一是粒度细，微粒含量多，尤其是小于200目的微粒约占70%～90%。

二是持水性强，水分含量高。经圆盘真空过滤机脱水的煤泥含水一般在30%以上；折带式过滤机脱水的煤泥含水在26%～29%；压滤机脱水的煤泥含水在20%～24%。

三是灰分含量高，发热量较低。按灰分及热值的高低可以把煤泥分成三类：低灰煤泥灰分为20%～32%，热值为12.5～20MJ/kg；中灰煤泥灰分为30%～55%，热值为8.4～12.5MJ/kg；高灰煤泥灰分>55%，热值为3.5～6.3MJ/kg。

四是黏性较大。由于煤泥中一般含有较多的黏土类矿物，加之水分含量较高，粒度组成细，所以大多数煤泥黏性大，有的还具有一定的流动性。

洗煤泥是一种高浓度、高黏度的浆状物料，其水分一般在25%～40%之间（即洗煤泥固体物含量60%～75%），表观黏度在1Pa·s以上，甚至大到几千帕·秒，因此流动性很差。另外洗煤泥是由粒径小于1mm的细颗粒组成，其中小于0.2mm的组分占质量的80%左右，成分主要是黏土、砂石、煤粉，这样的洗煤泥表现为持水性好，同时洗煤泥灰分含量高，一般在40%～70%之间。由于这些特性，导致了煤泥的堆放、贮存和运输都比较困难。尤其在堆存时，其形态极不稳定，遇水即流失，风干即飞扬。结果不但浪费了宝贵的煤炭资源，而且造成了严重的环境污染，有时甚至影响了选煤厂的正常生产，成为选煤厂一个较为棘手的问题。

# 第二节　污泥处理处置的基本方法

## 一、污泥的定义及其种类

### （一）污泥的定义

目前常用的给水和废水处理方法有物理法、化学法、物理化学法和生物法。无论哪种方法都或多或少会产生沉淀物、颗粒物和漂浮物等，所产生的这些物质统称为污泥。污泥是一种由有机残片、细菌体、无机颗粒和胶体等组成的非均质体。它很难通过沉降进行彻底的固液分离。由于污泥的来源及水处理方法不同，产生的污泥性质也有所不同。污泥的性质主要取决于被处理废水的成分、性质及处理工艺。虽然污泥体积比处理废水体积小得多，但污泥处理设施的投资却占到总投资的30%～40%，有的甚至超过50%。因此从污染物无害化处理的角度来看，污泥处理占有十分重要的地位。

### （二）污泥的分类

污泥的种类很多，分类也较复杂，一般可按以下方法分类。

1. 按来源分类

大致可分为给水污泥、生活污水污泥和工业废水污泥三类。

2. 按污泥成分及性质分类

以有机物为主要成分的污泥可称为有机污泥，其主要特性是有机物含量高，容易腐化发臭，颗粒较细，密度较小，含水率高且不易脱水，呈胶状结构的亲水性物质，可以用管道输送。

生活污水处理产生的混合污泥和工业废水产生的生物处理污泥是典型的有机污泥，其特性是有机物含量高（60%～80%），颗粒细（0.02～0.2mm），密度小（1002～1006kg/m$^3$），呈胶体结构，是一种亲水性污泥，容易用管道输送，但脱水性能差。

以无机物为主要成分的污泥常称为无机污泥或沉渣，沉渣的特性是颗粒较粗，密度较大，含水率较低且易于脱水，但流动性较差，不易用管道输送。给水处理沉砂池以及某些工业废水物理、化学处理过程中的沉淀物均属沉渣，无机污泥一般是疏水性污泥。

3. 按污泥从污水中分离的过程分类

（1）初沉污泥。指污水一级处理过程中产生的沉淀物，其性质随污水的成分，特别是混入的工业废水性质而发生变化。

（2）活性污泥。指活性污泥法处理工艺二次沉淀池产生的沉淀物，扣除回流到曝气池的那部分后，剩余的部分称为剩余活性污泥。

（3）腐殖污泥。指生物膜法（如生物滤池、生物转盘、部分生物接触氧化池等）污水处理工艺中二次沉淀池产生的沉淀物。

（4）化学污泥。指化学强化一级处理（或三级处理）后产生的污泥。

4. 依据污泥的不同产生阶段分类

（1）生污泥。从沉淀池（包括初沉池和二沉池）排出来的沉淀物或悬浮物的总称。

（2）消化污泥。生污泥经厌气分解后得到的污泥。

（3）浓缩污泥。生污泥经浓缩处理后得到的污泥。

（4）脱水干化污泥。经脱水干化处理后得到的污泥。

（5）干燥污泥。经干燥处理后得到的污泥。

## 二、污泥的性质

污泥性质的认识对于处理处置和利用污泥有着重要的作用，污泥的性质指标是决定合理的处理技术和系统的重要因素之一。污泥性质主要包括：含水率与含固量、流变特性、脱水性能与污泥比阻、挥发性固体和灰分、湿污泥的密度与干污泥的密度、污泥的热值以及污泥的毒性与危害性等。

### （一）污泥的流变特性

污泥含水率高，所含固形物多为微生物，所以实际上是一种生物流体（悬浮液）。流变特性是物质（特别是流体）的一种重要物理性质。污泥的流变状态取决于其水分的多少，与颗粒相浓度、城市化程度以及污泥颗粒物的特性（颗粒形状及其黏性化程度）有关。随着污泥水分的减少，污泥从纯液状流动到黏滞状、塑性性状、半干固体状直到纯固体状这一过程进行变化。

当固体含量大于3%时，污泥中固体颗粒物将更加接近且体积大大减小，随着孔隙间的毛细孔力进一步增加，从液状逐渐变为塑性状流体，在这种状态下，污泥将不能再自行流动，进一步脱水干化，污泥将呈现固体特征。

污泥是一种非牛顿流体。非牛顿流体通常分为以下三种流动形式：流动特性与时间或剪切时间无关；流动特性仅与剪切时间无关；流动具有许多固体特征。

城市污水污泥和工业污泥的流动特征通常显示出以下一些流动形式：Bingham塑性流体、假塑性流体和触变性流体等。Bingham塑性流体与牛顿流体的最大区别在于其剪切力与剪切速率的关系不同，Bingham塑性流体的剪切力与剪切速率的关系与其起始状态有关。假塑性流体通常剪切力与剪切速率的关系是对数线性增加。触变性的流体在一恒定剪切速率作用下，其剪切力一直在降低。

污泥是一种非牛顿流体，但不是一般的非牛顿流体。如近年来，周少奇等人对酵母渣泥和广州城市污水处理厂的浓缩污泥等进行研究发现，这些污泥不是一般的非牛顿流体，它们具有明显的黏弹性流变特征。污泥的流变特性对污泥的输送、脱水及后续处理与资源化有重要影响，对这一特性的认识对污泥处理有着重要意义。

### （二）污泥的脱水性能与污泥比阻

污泥中所含的水分可分为以下四种。

#### 1. 间隙水

被大小污泥块固体包围着的间隙水，并不与固体直接结合，作用力弱，因而很容易分离，是污泥浓缩的主要对象。当间隙水很多时，只需在调节池或浓缩池中停留几小时，就可利用重力作用分离出来。间隙水约占污泥水分总量的70%。

#### 2. 毛细结合水

在细小污泥固体颗粒周围的水，由于产生毛细现象，形成如下毛细结合水：在固体颗粒的接触面上由于毛细压力的作用而形成的楔形毛细结合水以及充满于固体本身裂隙中的毛细结合水。各类毛细结合水约占污泥中水分总量的20%。毛细现象形成的毛细结合水受到液体凝聚力和液固表面附着力作用，要分离出来需要有较高的机械作用力和能量，可以用与毛细水表面张力相反的作用力，例如离心力、负压抽真空、电渗力或热渗力等，常用离心机、真空过滤机或高压压滤机来去除这部分水。

#### 3. 表面吸附水

污泥常处于胶体状态，且污泥的胶体颗粒很小，比表面积大，故表面张力作用吸附水分较多。表面吸附水的去除较难，特别是细小颗粒或生物处理后污泥，其表面活性及剩余力场强，黏附力更大，不能用普通的浓缩或脱水方法去除。常要用混凝方法加入电解质混凝剂，以达到凝结作用而使污泥固体与水分离。

4. 内部（结合）水

一部分污泥水被包围在微生物的细胞膜中，形成内部结合水。内部水与固体结合得很紧，要去除它必须破坏细胞膜。用机械方法是不能脱除的，但可用生物作用（好氧堆肥、厌氧消化等）使细胞进行生化分解，或采用其他方法破坏细胞膜，使内部水变成外部液体从而进行去除。

表面吸附水和内部结合水约占污泥中水分的10%，需采用人工加热干化热处理或焚烧法去除。

为了便于污泥的输送、处理与处置，要求对污泥进行脱水处理。脱水性能是指脱水的难易程度，可用有关的过滤装置进行测算。污泥比阻可反映污泥的脱水性能，也可用于确定最佳的混凝剂及其投加量、最合理的过滤压力及计算过滤产率等。

## 三、污泥处置的主要方法

污泥处置的最终目标是实现其减容化、稳定化和无害化，污泥处置的主要方法有以下几类。

### （一）污泥农用

城市污水厂产生的污泥一般富含氮、磷、各种微量元素以及大量的有机物，而且对植物的有害成分较少，因此可作土壤改良剂使用，而工业废水产生的污泥一般都含有对植物有害的成分，在农业上几乎无法利用。目前欧盟成员国及美国的污泥总产量的40%施用于农田。

### （二）污泥高温堆肥技术

目前世界各国采用的方法有静态堆肥和动态堆肥两种，如自然堆肥法、圆柱形分格封闭堆肥法、滚筒堆肥法、竖式多层反应堆肥法以及条形静态通风等堆肥工艺，这些方法都在不断发展和完善。美国20世纪80年代初开发了比较完善的贝尔茨维尔好氧堆肥法，主要采用堆底穿孔管道通入空气的方法，防止臭气扩散，比较安全卫生。污泥连续发酵工艺利用快速发酵回转仓完成中温、高温发酵工艺，是目前国际上较为先进也是较为普遍使用的处理方法。它具有高效、防臭、成品质量高的特点，已在美国、日本、欧洲广为采用。

我国近几年在北京、天津、唐山、太原、深圳、大连、石家庄、淄博、秦皇岛及徐州等城市进行了污泥高温堆肥、干燥制肥等方面的研究，取得了工艺技术方面的初步成果。

### （三）污泥卫生填埋处理

基本方式是城市污泥经过简单的灭菌处理，直接倾倒于低地或谷地制造人工平原。它的好处是处理成本低、不需要高度脱水（自然干化），既解决了污泥出路问题，又可以增加城市建设用地。污泥的卫生填埋始于20世纪60年代，到目前为止已发展成为一项比较成熟的污泥处置技术。但是，城市污泥卫生填埋也存在许多问题，如污泥中含有的各种有毒有害物质经雨水的浸蚀和渗漏会污染地下水环境。此外，适宜污泥填埋的场所因城市污泥不断大量地产出而越来越有限。所以进行卫生填埋处理时，除了要考虑城市周围是否有适合填埋的低地或谷地之外，还应考虑到环境卫生问题。建设污泥卫生填埋场如同生活垃圾卫生填埋场一样，地址须选择在底基渗透系数低且地下水位不高的区域，填坑铺设防渗性能好的材料，卫生填埋场还应配设渗滤液收集装置及净化设施。目前我国修建的卫生填埋场中，都用高密度聚乙烯为防渗层，避免了对地下水及土壤的二次污染。

### （四）污泥焚烧

污泥焚烧方法的优势在于可以迅速和极大程度地使污泥达到减量化，且在恶劣的天气条件下不需存储设备。近年来焚烧法由于采用了合适的预处理工艺和焚烧手段，达到了污泥热能的自持，并能满足越来越严格的环境要求和充分地处理不适于资源化利用的部分污泥。对于大城市因远离填埋场造成运输费用高的场合，使用焚烧法处置可能是经济有效的。

在所有的污泥处置中，焚烧方法产生的剩余物最少，焚烧的另一个优点在于无异味。其缺点是高成本和可能产生的污染（废气、噪声、震动、热和辐射）。因此，焚烧主要在这两种情况中应用：由于污泥的性质或量大，不能农用；现有的填埋体积不足。与其他方法相比，焚烧法具有以下突出的优点。

一是大大地减少了污泥的体积和质量，最终需要处理的物质很少，有时焚烧灰可制成有用的产品。

二是处理速度快，污泥不需要长期贮存。

三是可就地焚烧，不需要长距离运输。

四是可以回收能量，用于发电和供热。

焚烧后的干污泥颗粒还可用作发电厂燃料的掺和料，也可通过干馏提取焦油、焦炭、燃料油和燃气等。污泥燃烧灰可作水泥添加剂、污泥砖、污泥陶粒等建筑材料。

### （五）海洋排放

对于靠近海岸的大型污泥处理厂，将其液态污泥排海是一种方便的污泥处置方法，大多数污泥是通过贮槽底部的排泥管从船中排于海岸，少数是通过管道直接排海的。然而排入海洋将造成海域污染，世界各国已逐步停止向海洋排污，而转向焚烧法。

### （六）其他方法

1. 土地改良和林用

通过种植植物和树林的方法可以大大改善冲积地的状态，若要达到这个目的，需要大量的有机物质和植物所需的氮化物，污泥正好可以满足这一要求。

2. 污泥油化

近年来，污泥热化学液化法和热分解油化法得到了发展和应用，美国、英国、日本等国主要研究的是热化学液化法，即利用污泥中的有机质在300℃、10MPa（100atm）左右的裂解反应，将其转化成重质燃料油。德国和加拿大以热分解油化法为主，把干燥的污泥在无氧条件下加热到300～500℃，使之产生气体，气体冷却后转换成油状物。加拿大已在哈米尔的安特尼欧建立了一个试验工厂，每天处理25t淤泥，每吨淤泥可生成出2桶与柴油相似的燃料和0.5t与炭差不多的烧结炭。

3. 污泥的沼气利用

污泥经厌氧消化将产生甲烷气体，回收可用于发电供能。如用沼气代替燃油在内燃机上使用，使热能变为机械能，又可由沼气发动机带动发电机发电，将机械能变为电能。甲烷的热值约为2.3MJ/$m^3$，则发电量可达6.4kW，由于发电机热效率为25%～31%，所以，每1$m^3$甲烷可发电1.6～1.9kW，其余的约70%中，30%变成水套中的热水，30%随烟气流失，10%为散失损耗。污水厂的沼气发电余热可以综合利用，总能源回收率可达75%～80%，其中30%发电，45%～50%的热能通过交换后可用于消化池的加温保温。欧美国家自1920年起就开始实施了，现在仍在积极推行之中。

4. 污泥回收蛋白质

由于污泥中含有大量的蛋白质（约16%～38%）和脂肪，因此国外有人就运用蛋白质增溶剂，从污泥中回收蛋白质，同时能除去原始污泥中大多数重金属，污泥蛋白质中含有家禽饲养所需的氨基酸。

## 第三节　污泥焚烧基本原理

焚烧可使污泥经600～850℃的高温热解燃烧，有效地减容、解毒和资源化。在焚烧过程中，污泥燃烧显示出煤燃烧所不能表现的性质，污泥的干燥、挥发分的释放和燃烧、含碳高灰分的燃烧明显影响了污泥燃烧的整个过程。

污泥焚烧可以完全认为是污泥中有机物的氧化过程，在产生稳定化飞灰的同时排放出一定量烟气。污泥中的C、H、S成分或可能包含的$NH_3$等可以进行燃烧化学反应，放出热量。在完全燃烧的情况下，应该排放出$CO_2$、$H_2O$、$N_2$、$NO_2$及$SO_2$等气体，但污泥焚烧不可能完全焚烧彻底，因此同样会排放出CO。

固体废物的燃烧比液体或气体废物要困难得多。由于固体分子是紧密靠在一起的，要使它的有机分子和氧气接触进行氧化反应是较困难的。有机物能在焚烧炉中充分燃烧的条件是：碳和氢所需要的氧气（空气）能充分供给，反应系统有良好搅动（即空气或氧气能与废物中的碳和氢良好地接触），系统的操作温度必须足够高。有三个因素支配焚烧过程：①废物在焚烧炉里与空气接触的时间，即滞留时间；②废物和空气（氧化剂）之间的混合量；②反应进行时的温度。这三个因素对于焚烧的操作都是很重要的，也是最基本的。干化污泥的热值相当于低品位的煤，但污泥通常含有很高比例的挥发分和低比例的固定碳，因此在焚烧时会产生更多的挥发分火焰。

# 第四节　污泥焚烧方法及焚烧炉

## 一、污泥焚烧概述

污泥的焚烧已有90余年的发展历史，但直到20世纪60年代，污泥焚烧处理才真正被广泛采用。污泥焚烧技术主要有多膛式、炉排式、回转窑式、电加热红外式及流化床等，目前最新发展的焚烧技术还有熔融处理技术。

## 二、污泥焚烧的方法

### （一）多膛式焚烧炉

多膛式焚烧炉又称立式多段焚烧炉，在一个世纪前即被应用于矿石焙烧。1934年，美国密歇根Dearborn安装了第一台有记录的污泥焚烧炉。该焚烧技术直到20世纪60年代才被逐渐采用。

多膛式焚烧炉是一个垂直的圆柱形耐火衬里钢制设备，内部有一系列由耐火材料构成的，自上而下水平布置的绝热炉膛，一层一层叠加。一般多膛焚烧炉可含有4～14个炉膛，从炉子底部到顶部有一个可旋转的中心轴。每个炉膛上有搅拌装置，即搅拌臂。在搅拌臂上设计有一定数量的齿，通常齿长为100mm左右。通过转动中心轴可以耙动污泥，使之以螺旋形轨道通过炉膛，一般在每一炉膛内污泥厚度保持在120mm左右。辅助燃料的燃烧器也位于炉膛上。

多膛炉的工作过程中污泥由上而下逐层下落，从整体焚烧过程来看，可将多膛炉分为三个部分。上部为干燥区，绝大部分污泥的水分从中蒸发，顶部二层起污泥干燥作用，温度约425～760℃，可使污泥含水率降至40%以下。中部几层为污泥焚烧区，温度可达760～925℃。该层进一步还可将其分为上中部挥发分气体及部分固态物燃烧区和下中部固定碳燃烧区域。多膛炉最下部几层为缓慢冷却区，主要起冷却并预热空气的作用，温度为260～350℃。

根据经验，燃烧热值为17380kJ/kg的污泥，当含水量与有机物之比为3.5：1时，可以自燃而无须辅助燃料，否则，多膛炉应采用辅助燃料，辅助燃料有煤气、天然气、消化池沼气、丙烷气或重油等。多膛炉焚烧时所需辅助燃料的多少与污泥的自身热值和水分大小有关。当污泥水分较高时，辅助燃料量的需求是相当可观的。

多膛式焚烧炉在高浓度过量空气（75%～100%）条件下工作比较理想，能产生更多的热能。通常多膛炉需配置后燃室来保证除尽臭味和充分燃烧。也有一些多膛炉采用污泥从下部送入，上部则设计为后燃区。正常工况下，采用50%～100%的空气过剩系数以保证充分燃烧的要求，如无充足的氧供应，则会产生不完全燃烧现象，排放出大量的CO、煤烟和碳氢化合物，当然过量的空气不仅会导致能量损失，而且会带出大量飞灰。

多膛焚烧炉的规模多为5～1250t/d不等，可将污泥的含水率从65%～75%降至约0，污泥体积降到10%左右。多膛焚烧炉的污泥处理能力与其有效炉膛面积有关，特别是处理城市污水污泥时。焚烧炉有效炉膛面积为整个焚烧炉膛面积减去中间空腔体、臂及齿的面积。一般多膛炉焚烧处理20%含水率的污泥时焚烧速率为34～58kg/（$m^3$·h）。

多膛炉尾部净化装置通常为文丘里除尘器、撞击式捕集除尘器、湿法旋风除尘器或干法除尘器中的一种。

以前，污水污泥焚烧炉多使用立式多段炉，但由于污泥自身热值的提高使炉温上升并产生搅拌臂消耗，加上焚烧能力等原因，同时由于辅助燃料成本上升和更加严格的气体排放标准，多膛炉越来越失去竞争力，促使流化床焚烧炉成为较受欢迎的污泥焚烧装置。

### （二）炉排式污泥焚烧炉

污泥送入炉排上进行焚烧的焚烧炉简称为炉排型焚烧炉。炉排焚烧炉因炉排结构不同，可分为阶梯往复式、链条式、栅动式、多段滚动式和扇形炉排。污泥焚烧中通常使用阶梯往复式炉排焚烧炉。

这种焚烧炉是阶梯往复式燃煤炉排改造而成的。炉排的往复运动将料层翻动扒松，可使燃烧空气与之充分接触，焚烧完全。一般该焚烧炉炉排由9～13块组成，固定和活动炉排交替放置。前几块为干燥预热炉排，后为燃烧炉排，最下部为出渣炉排。活动炉排的往复运动由液压缸或由机械方式推动。往复的频率根据生产能力可以在较大范围内进行调节，所以操作控制相当方便。

用炉排炉焚烧污水污泥，固定段和可动段交互配置，油压装置使可动段前后往返运动，可以一边搅拌污泥层，一边运送污泥层。污泥燃烧的干燥带较长，在范围较短的燃烧带内燃尽。水分在50%以下的污泥可以高温自燃。上部设置余热锅炉，回收蒸汽可以用于污泥干燥等。脱水污泥饼（水分75%～80%）经过干燥成干燥污泥饼（水分40%～50%）进入焚烧炉排炉，最终形成焚烧灰。

### （三）回转窑式污泥焚烧炉

回转窑式焚烧炉可用于焚烧渣浆、油膏等废弃物，也可以处理塑料、橡胶油脂残渣、沥青等高分子废物，尤其适用于焚烧含水率较高的污泥和蜡状物质。回转窑采用卧式圆筒状，外壳一般用钢板卷制而成；内衬耐火材料（可以为砖结构，也可为高温耐火混凝土预制），窑体内壁有光滑的，也有布置内部构件结构的。窑体的一端以螺旋加料器或其他方式进行加料，另一端将燃尽的灰烬排出炉外。污泥在回转窑内可逆向与高温气流接触，也可与气流一个方向流动。逆向流动时高温气流可以预热进入污泥，热量利用充分，传热效率高。排气中常携带污泥中挥发出的有害有臭气体，故必须进行二次焚烧处理。对于废料和燃料气顺向流动的回转窑，一般在窑的后部设置燃烧器，进行二次焚烧。如果采用旋流式回转窑，那么顺向流动的转窑不一定带二次燃烧室。炉衬为混凝土结构和砖，混凝土部分设置内部构件结构。回转窑所配置的燃烧室做成带滚轮的结构，可移动并且方便检修。

回转窑式焚烧炉的温度变化范围较大，为810～1650℃，温度控制由窑端头的燃烧器的燃料量加以调节，通常采用液体燃料或气体燃料，也可采用煤粉为燃料或废油本身兼作燃料。

当物体在回转窑内运动时，污泥颗粒的运动方式有周期性的变化，或埋在料层里面与窑一起向上运动，或到料层表面上面降落下来。但只有在污泥颗粒沿表面层降落的过程中，它才能沿着窑长方向前进。污泥在窑内停留时间较长，有的可达几小时，这由窑的转速、加料方式及其燃烧气流流向、流速等因素而定。废料粉碎磨细后由喷嘴送入炉内，且气流速度较高，只有几秒钟停留时间。转窑的转速一般控制在0.5～3r/min。转窑的安装倾斜坡一般为2/100。回转窑式焚烧炉的焚烧能力为：容积热负荷（4.2～104.5）$\times 10^4$kJ/（$m^3$·h）（以炉内容积为基准），容积质量负荷35～60kg/（$m^3$·h）（以炉内容积为基准）。以上负荷是结构尺寸在L/D=3～10时的数据（L——筒长，D——筒径）。所取热负荷的大小与污泥的含水量、污泥干基发热量等因素有关，最适宜的数据应经实验确定。

### （四）流化床焚烧炉

流化床的基本工作原理是利用炉底分布板吹出的热风将污泥悬浮起呈沸腾（流化）状进行燃烧。一般采用中间媒体即载体（砂子）进行流化，再将污泥加入流化床中与高温的砂子接触、传热进行燃烧。流化床焚烧炉的炉型按照流化风速及物料在炉膛内运动状态又可分为鼓泡流化床和循环流化床两大类。

流化床焚烧炉膛内有耐火、绝热衬里。流化床底部设有气流分布板，分布板上铺着一定厚度的载体颗粒层（一般为砂子），板下面通入高压热空气将板上载体吹起，使之悬浮在炉子里呈沸腾流化状态，此时将污泥投入沸腾的流化床中进行燃烧，烧尽的细灰随烟气排出，经除尘器捕集下来，部分比载体重的炉渣落在分布板上，设法排出。当炉渣密度与载体相当时，炉渣也可以作为载体用。

污泥流化床焚烧炉的焚烧温度一般为660～830℃（辅助燃料采用煤时，该温度区域可扩大为850℃），可有效消除污泥臭味。污泥焚烧温度在730℃以上时，臭味的排放接近于无。温度可由设在炉床处的辅助烧嘴及热风予以调节控制。从炉子本体结构上看，由于无机械传动部分，设备结构简单，维修方便，而工艺操作则比一般机械炉要求高些。

流化床焚烧技术是利用污泥热能的最常用技术，适用于大处理量的要求，可以将有毒气体（特别是NO和CO）量降到最低。这种焚烧工艺最大的优点就是节省能量，不管什么污泥来源，污泥烘干，只需干物质含量达到45%（半干化），不需要额外的热能就可以自己燃烧，到达热平衡，而且焚烧产生的热量足够满足半干化干燥机。流化床焚烧炉的优势还在于有非常大的燃烧接触面积、强烈的湍流强度和长的停留时间。如对于平均粒径为0.13mm的床料，流化床全接触面积可达到1420$m^2/m^3$。而且还可连续加料、连续出料，操作可自动调节，因此可广泛地用来处理各种固体废物及污泥。难以在多膛炉、炉排焚烧炉上焚烧的污泥，采用流化床焚烧技术是很合适的。

### （五）电加热红外焚烧炉

电加热红外焚烧炉本体为水平绝热炉膛，污泥输送带沿炉膛长度方向布置，红外电加热元件布置在焚烧炉输送带的顶部，由焚烧炉尾部烟气预热的空气从焚烧炉排渣端送入，作为燃烧所需的空气。

电加热红外焚烧炉一般由一系列预制件组合而成，可以满足不同焚烧长度的要求。脱水污泥通过输送带一端送入焚烧炉内，入口端布置有滚动机构，使污泥以近12.5mm厚度布满输送带。在焚烧炉中，污泥首先经红外电加热干燥，然后着火燃烧，最终从另一端排出焚烧炉，焚烧时控制过剩空气系数一般在20%～70%之间。

与多膛炉和流化床焚烧炉相比，红外电加热焚烧技术具有投资低的优点，特别是小规模情况下。但是电力运行成本太高使得该焚烧炉的使用较为有限。另外一些主要部件的寿命较短也是制约该技术发展的主要原因之一，如污泥输送带和红外电加热元件的寿命仅为3～5年。

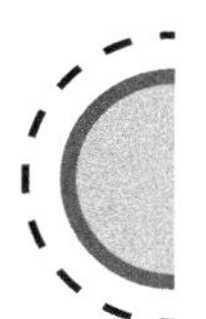

# 第九章 矿山安全与管理

## 第一节 矿井瓦斯及其防治

矿井瓦斯是严重威胁煤矿安全生产的主要自然灾害之一。在近代煤炭开采史上，瓦斯灾害每年都会造成大量人员伤亡和巨大的财产损失。因此，预防瓦斯灾害对煤炭工业的持续健康发展具有重要的意义。

### 一、矿井瓦斯的概念

瓦斯是在煤矿生产过程中形成的一个概念，有广义和狭义之分。广义的矿井瓦斯是指煤矿在生产和建设过程中从煤（岩）层、采空区释放的各种有害气体的总称。矿井瓦斯组成中属于可燃可爆炸的气体有甲烷（$CH_4$，俗称沼气）及其同系物烷烃（$C_nH_{2n+2}$）、CO、$H_2S$、$H_2$等；属于有毒的气体有$H_2S$、CO、$SO_2$、$NH_3$、$NO_2$、NO等；属于窒息性的气体有$CH_4$、$N_2$、$CO_2$等；属于放射性的气体有Rn、He。煤矿瓦斯各组分在数量上的差异很大，煤矿大部分瓦斯来自煤层，而煤层中的瓦斯一般以甲烷为主，其次是二氧化碳（$CO_2$）和氮气（$N_2$），甲烷是煤矿生产中的重大危险源，所以狭义的矿井瓦斯就是指甲烷。通常所说的矿井瓦斯以及煤矿术语中的瓦斯习惯上都是指甲烷。

### 二、矿井瓦斯的来源

矿井瓦斯主要来源有四类：第一类是在煤层与围岩内赋存并能涌入矿井中的气体；第二类是煤矿生产过程中生成的气体，例如爆破时产生的炮烟，内燃机运行时排放的废气，充电过程生成的氢气等；第三类是煤矿井下空气与煤、岩、矿物、支架和其他材料之间的化学或生物化学反应生成的气体；第四类是放射性物质蜕变过程中生成的或地下水放出的放射性惰性气体氡及惰性气体氦。在第一类来源中主要是有机质在煤化过程中生成的并赋存于煤（岩）中的气体，称为有机源气体；在有火成岩侵入或碳酸盐致热分解生成的二氧化碳经断层侵入的煤田，存在无机源气体。

## 三、瓦斯的性质

瓦斯是一种无色、无味、无臭、可以燃烧和爆炸的气体。该特性决定了不能依靠人的感觉来判断瓦斯的有无及浓度高低，瓦斯浓度的检测必须借助于仪器、仪表。

瓦斯的扩散性和渗透性均很强。在0℃、0.1MPa条件下，甲烷的扩散系数为0.196cm$^2$／s，扩散速度是空气的1.34倍，因此，从煤岩中涌出的瓦斯能很快扩散到矿井风流中。瓦斯的渗透能力是空气的1.6倍，在煤层附近的围岩中掘进巷道时，有时也能涌出瓦斯。

甲烷的化学性质不活泼，微溶于水，在101.325kPa压力条件下，当温度在20℃时100L水可以溶解3.31L甲烷；0℃时100L水可以溶解5.56L甲烷。

在温度为0℃、大气压力为101325Pa的标准状态下，甲烷的密度为0.716kg／m$^3$，是空气密度的0.554倍。甲烷在巷道断面内的分布取决于巷道壁附近有无瓦斯涌出源。在自然条件下，由于甲烷在空气中的强扩散性，与空气均匀混合后，不会因其相对密度较空气小而上浮、聚积。当无瓦斯涌出时，巷道断面内甲烷的浓度是均匀分布的；当有瓦斯涌出时，甲烷浓度则呈不均匀分布。

瓦斯本身无毒，但具有窒息性。空气中的瓦斯浓度增高时，氧气浓度就要相对降低，会因缺氧而使人窒息。当瓦斯浓度为43%时，空气中氧气的浓度降到12%，人在此环境下会感到呼吸急促；当瓦斯浓度达到57%时，相应的氧气浓度降到9%，人即刻会处于昏迷状态，并有死亡危险。井下通风不良的盲巷往往积存大量瓦斯，如果未经检查贸然进入，就可能因缺氧而很快昏迷、窒息，甚至死亡。

瓦斯具有燃烧性和爆炸性。当瓦斯和空气混合达到一定浓度时，遇到高温火源即可能发生瓦斯燃烧或爆炸。

瓦斯是一种温室气体，产生的温室效应是二氧化碳的20倍，在全球气候变暖中的份额占15%，仅次于二氧化碳。我国是煤炭生产和消费大国，煤炭开采每年向大气排放的瓦斯量约占世界采煤排放瓦斯总量的1／3，瓦斯对大气的严重污染已引起全社会的关注。

## 四、矿井瓦斯的危害

瓦斯是煤矿井下的主要危险源，严重威胁煤矿安全生产。矿井瓦斯的主要危害有瓦斯爆炸、煤与瓦斯突出、瓦斯喷出、瓦斯窒息。瓦斯是煤矿安全生产的大敌，预防和控制瓦斯灾害的发生对煤炭工业健康可持续发展具有重要意义。

### （一）瓦斯对环境的影响

瓦斯对环境的污染主要表现为加剧大气“温室效应”。甲烷是仅次于二氧化碳的第二大辐射温室气体，在全球人为因素温室气体排放中，所占的比例为14.3%（按当量$CO_2$计算）。在近20年内，甲烷在大气里的含量没有显著增加。根据联合国政府间气候变化专门委员会（IPCC）在2007年发布的第四次气候变化报告，甲烷在大气中的含量为$1777 \times 10^{-9}$，其辐射强度值达到$0.48W/m^2$。

### （二）瓦斯窒息

瓦斯窒息事故多发生在停风的煤巷或不通风的盲巷中，这些地点由于长时间无新鲜风流供给，再加上瓦斯涌出，致使环境中氧气浓度降低，从而引起窒息事故。正常大气中氧气浓度约为21%，当空气中氧气浓度低于15%时，人的肌肉活动能力明显下降；降低到10%～14%时，人的判断能力将迅速降低，出现智力混乱现象；降低到6%～10%时，短时间内将会晕倒，甚至死亡。《煤矿安全规程》规定，采掘工作面进风流中氧气浓度不得低于20%，二氧化碳浓度不得超过0.5%。

### （三）瓦斯燃烧

甲烷浓度低于5%或超过15%，并有火源存在时，会发生瓦斯燃烧。煤矿瓦斯燃烧可能发生在工作面煤壁、瓦斯抽采管路和甲烷浓度低于5%或大于15%的区域，如专用瓦斯抽（排）放巷等。瓦斯燃烧是在预混可燃气中的火灾蔓延，蔓延形式有层流燃烧和湍流燃烧。与层流燃烧相比，湍流燃烧更为激烈，火焰传播速度要快很多。

### （四）瓦斯爆炸

煤矿瓦斯爆炸是以甲烷为主的可燃性气体和空气组成的混合气体在火源的引发下发生的一种迅猛的氧化反应。一旦发生，不仅造成人员的伤亡，还会严重摧毁矿井设施、破坏矿井的通风系统，引发煤尘爆炸、火灾、井巷垮塌和顶板冒落等次生灾害。瓦斯爆炸是煤矿生产中最主要的灾害。瓦斯爆炸的甲烷浓度范围为5.0%～16.0%，理论上爆炸最猛烈的甲烷浓度为9.5%。其他可燃性气体的掺混、引火源温度和环境中的氧气浓度变化等都可导致瓦斯爆炸范围的变化。

### （五）煤与瓦斯突出

突出是煤层中存储的瓦斯能和应力能的失稳释放，表现为在极短的时间内向生产空间抛出大量煤岩和瓦斯。抛出煤岩从几吨到上万吨，瓦斯从几百立方米到上百万立方米，并可能诱发瓦斯爆炸。随着煤矿开采强度的加大，开采深度也不断增加，瓦斯压力和瓦斯含量随之增大，突出危险性日趋严重。煤层瓦斯压力较高、地质构造复杂、地应力较大、煤层破坏严重时，进行开采作业易发生煤与瓦斯突出事故。

## 五、瓦斯爆炸及其预防

矿井瓦斯爆炸是煤矿一种极其严重的灾害，一旦发生，不仅造成人员伤亡，而且还会严重摧毁矿井设施、中断生产。甚至还会引起煤尘爆炸、矿井火灾、井巷垮塌和顶板冒落等二次灾害，从而加重灾害后果，使生产难以在短期内恢复。例如，1942年日本侵占我国东北时期，在本溪煤矿由电气火花引起瓦斯爆炸，进而导致严重的煤尘连续爆炸，共造成1549人死亡。又如，日本夕张煤矿1981年10月16日发生煤和瓦斯突出，突出煤约4000$m^3$，瓦斯60万米$^3$，10h后，发生瓦斯爆炸，接着又引起井下火灾，造成93人死亡，矿井被迫关闭。所以预防矿井瓦斯爆炸是一项重大的任务，研究与掌握瓦斯爆炸的机理、发生条件和防治技术，对煤矿安全生产具有重要意义。

### （一）爆炸的分类

物质从一种状态迅速变成另一种状态，并在瞬间放出大量能量的同时产生巨大声响的现象称为爆炸。爆炸分为物理性爆炸和化学性爆炸，矿井瓦斯爆炸属于化学性爆炸。由物理变化引起的，物质因状态或压力发生突然变化而形成的爆炸现象称为物理性爆炸，例如锅炉爆炸，液化、气体超压爆炸等，物理性爆炸前后物质的性质及化学成分均不改变。化学性爆炸是由于物质发生迅速的化学反应，产生高温、高压而引起的爆炸，化学爆炸前后物质的性质和成分均发生了变化。

根据爆炸传播速度与声速关系，可将瓦斯爆炸分为以下三类。爆燃——传播速度为每秒数十厘米至数米，马赫数≤1.0，为亚声速；爆炸——传播速度为每秒数十米至数百米，1.0＜马赫数＜5.0，为超声速；爆轰——传播速度超过声速，可达每秒数千米，马赫数＞5.0，为超高声速。

### （二）矿井瓦斯爆炸及其机理

瓦斯爆炸的实质是一定浓度的甲烷与空气中的氧气遇高温热源发生的剧烈氧化反应。

矿井瓦斯爆炸是一种热—链反应过程（也称连锁反应）。当爆炸混合物吸收一定能量后，反应分子的链即断裂，裂解成两个或两个以上的游离基（也称自由基）。游离基具有很大的化学活性，成为反应连续进行的活化中心。在适合的条件下，每一个游离基又可以进一步分解，再产生两个或两个以上的游离基。这样循环不已，游离基越来越多，化学反应速度也越来越快，最后可以发展为燃烧或爆炸式的氧化反应。

### （三）瓦斯爆炸的传播及其危害

1. 瓦斯爆炸的产生与传播过程

甲烷与空气混合物可简称为烷空气体，如果在可爆炸甲烷浓度的烷空气体中出现了火源，那么气体就会在火源点被点燃形成最初火焰（爆源）。初燃（初爆）产生以一定速度移动的焰面，焰面后的爆炸产物具有很高的温度，由于热量集中而使爆源气体产生高温和高压，并急剧膨胀而形成冲击波。如果巷道顶板附近或冒落孔内积存瓦斯，或者巷道中有沉落的煤尘，在冲击波作用下就能均匀分布，形成新的爆炸混合物，使爆炸得以继续下去。

2. 瓦斯爆炸的后果

爆炸前存在于巷道中的以及冲击波作用后产生的爆炸性混合气体均被火焰锋面引燃。在火焰锋面传播过程中，留下爆炸产物。瓦斯爆炸时会产生三个致命的因素：火焰锋面、冲击波和矿井空气成分变化，从而造成人员伤亡、巷道和设备被毁坏等恶果。

（1）火焰锋面。火焰锋面是指沿巷道运动的化学反应带和烧热的气体，其传播速度为1～2.5m／s（正常燃烧速度）至2500m／s（爆轰速度），一般为500～700m／s。火焰锋面沿巷道运动好似活塞，在运动过程中收集越来越多数量的空气和可燃组分。这种“活塞”的长度为零点几米（正常燃烧）到几十米（爆轰）。

（2）冲击波。冲击波是传播的压力突变。冲击波沿巷道传播时，在冲击波经过之前，压力等于101.325kPa，随着冲击波的接近，压力很快升高到最大值，之后又降低（可降到101.325kPa以下）。在正向冲击波传播时，其波峰的压力可达0.10～0.20MPa（相对压力）；在正向冲击波叠加或返回时，可形成高达10MPa的压力。

（3）矿井空气成分变化。瓦斯爆炸可使矿井空气成分发生下列变化。

①由于氧化反应消耗，造成氧浓度降低。瓦斯爆炸后的气体成分为：氧气6%～10%，氮气82%～88%，二氧化碳4%～8%，一氧化碳2%～4%。

②释放对人身健康有害的气体。瓦斯爆炸后生成的一氧化碳是造成井下人员大量伤亡的主要原因。如果有煤尘参与爆炸，一氧化碳的生成量更多，危害性就更大。据统计资料，在瓦斯煤尘爆炸事故中，死于一氧化碳中毒的人数占死亡总人数的70%以上。例如，1963年日本三池煤矿发生特大瓦斯煤尘爆炸，死亡1200余人，其中90%以上为一氧化碳中毒致死。

③形成爆炸性气体。瓦斯爆炸冲击波还可引起煤尘扬起，引发煤尘爆炸，引起更大的灾难。

### （四）瓦斯爆炸条件

瓦斯爆炸必须同时具备三个条件：①瓦斯浓度在爆炸范围内；②高于最低点燃能量的热源，且存在的时间大于瓦斯的引火感应期；③瓦斯—空气混合气体中的氧气浓度大于12%。

#### 1. 瓦斯浓度

理论分析和试验研究表明，在正常的大气环境中，瓦斯只在一定的浓度范围内爆炸，这个浓度范围称瓦斯的爆炸界限，其最低浓度界限叫爆炸下限，其最高浓度界限叫爆炸上限，瓦斯在空气中的爆炸下限为5%，上限为16%。

瓦斯浓度低于爆炸下限时，遇高温火源并不爆炸，只能在火焰外围形成稳定的燃烧层。浓度高于爆炸上限时，不会爆炸，也不燃烧，如有新鲜空气供给时，可以在混合气体与空气的接触面上进行燃烧。

在正常空气中，瓦斯浓度为9.5%时，化学反应最完全，产生的温度与压力也最大，因此，瓦斯浓度为9.5%时爆炸威力最强。瓦斯浓度为7%～8%时最容易爆炸，这个浓度称为最优爆炸浓度。

2. 火源

能够点燃瓦斯所需的最低温度称为引火温度，瓦斯爆炸的引火温度为650～750℃。瓦斯的最小点燃能量为0.28mJ，是常温常压环境下使用电容放电的方法测试得到的。煤矿井下的明火、煤炭自燃、电气火花、吸烟和撞击或摩擦火花都能点燃瓦斯。

影响瓦斯点燃温度和点燃能量的主要因素有瓦斯浓度、混合气体压力和温度以及火源性质等。

瓦斯浓度不同，引火温度不同。瓦斯浓度为7%～8%时，其引火温度最低。混合气体压力越大，点燃温度越低。正常大气压力下瓦斯点燃温度为700℃；当混合气体压力增加到2.8MPa时，点燃温度降低为460℃。当混合气体瞬间被压缩到原体积的1／20时，自身的压缩热便能使其发生爆炸。混合气体温度越高，点燃温度越低。

由于热链式反应时大量活化中心的产生与形成需要一定的时间，达到爆炸浓度的瓦斯遇到高温火源并不能立即发生爆炸，而是要经过一个很短的间隔时间才爆炸，这种现象称为引火延迟性，间隔的这段时间称为感应期。瓦斯爆炸感应期的长短取决于火源温度、瓦斯浓度、混合气体压力等因素。如果瓦斯与空气的混合气体压力增高，瓦斯爆炸的感应期就会缩短或消失。

### （五）预防瓦斯爆炸的技术措施

尽管矿井瓦斯爆炸事故时有发生，且危害大，但并不是不可预防的。只要做到“通风可靠、抽采达标、监控有效、管理到位”，在现有的技术条件下，瓦斯爆炸事故完全是可防可治的。预防瓦斯爆炸应从以下三个方面着手：一是防止瓦斯积聚，二是防止引爆火源，三是防止瓦斯爆炸灾害扩大。

1. 防止瓦斯积聚

（1）加强通风管理。通风是治理瓦斯的基础，矿井和采掘工作面必须建立完善合理、稳定可靠的通风系统。防止瓦斯积聚最主要的措施是加强通风管理，使井下各采掘工作面和巷道空气中的瓦斯浓度符合《煤矿安全规程》规定。尤其对于未进行抽采瓦斯的矿井，加强通风管理是防止瓦斯积聚的唯一手段。

通风系统的状况决定着整个矿井的安全程度。完善可靠的通风系统主要包括四个方面的内容，即系统合理、设施完好、风量充足、风流稳定。

①系统合理。矿井必须有完整的独立通风系统。生产水平和采（盘）区必

须实行分区通风。采掘工作面采用独立通风。高瓦斯矿井、突出矿井的每个采（盘）区和容易自燃煤层的采（盘）区，必须设置至少一条专用回风巷。低瓦斯矿井开采煤层群和分层开采采用联合布置的采（盘）区，必须设置一条专用回风巷。

新建高瓦斯矿井、突出矿井、煤层容易自燃矿井及有热害的矿井应当采用分区式通风或者对角式通风；初期采用中央并列式通风的只能布置一个采区生产。

②设施完好。矿井所有通风构筑物的质量必须符合要求，并能保障通风系统稳定可靠地运行。

③风量充足。矿井、采区、采掘工作面、硐室等主要用风地点的配风量和风速符合要求，不存在无风、微风等因风量不足造成瓦斯超限的情况。

④风流稳定。按《煤矿安全规程》规定及时测风、调风，保证采掘工作面及其他供风地点的风量。加强局部通风管理，局部通风机安设位置符合要求，杜绝循环风及不符合规定的串联通风；临时停工地点不得停风。

（2）加强瓦斯检查与监控。严格按照要求进行瓦斯检查与监测是及时发现和处理瓦斯积聚的前提。《煤矿安全规程》规定，矿井必须建立瓦斯检查制度。低瓦斯矿井的采掘工作面，每班至少检查两次；高瓦斯矿井的采掘工作面每班至少检查三次；突出煤层、有瓦斯喷出危险或者瓦斯涌出较大、变化异常的采掘工作面，必须有专人经常检查。所有矿井必须装备安全监控系统，其中，甲烷传感器的设置地点和报警、断电、复电浓度及断电范围必须符合《煤矿安全规程》的要求。

（3）及时处理局部积聚的瓦斯。所谓瓦斯积聚，是指体积不超过$0.5m^3$的空间内积聚的瓦斯浓度超过2%的现象。凡井下瓦斯涌出量大、通风不良的地点，都很容易发生局部瓦斯积聚。国内外的煤矿瓦斯爆炸事故分析表明，其中约3／4的爆炸事故是在巷道有局部瓦斯积聚的情况下发生的。因此，应严格执行《煤矿安全规程》有关瓦斯检查与管理的规定，防止和及时发现处理局部积聚的瓦斯，严禁超限作业。

通常，停风盲巷、顶板冒落空洞、采煤工作面上隅角、采煤机附近、低风速的巷道顶板附近以及有瓦斯喷出的地方，均易积聚瓦斯。防止瓦斯积聚的主要措施是加强矿井通风。瓦斯矿井必须做到：采用机械通风，风流稳定连续；分区通风，且通风系统尽量简单，以便于调节风量；有足够的风量；减少漏风，避免循环风；掘进巷道的局部通风，风筒末端要靠近工作面，爆破时不能停止通风等。

2. 防止引爆火源

火源是瓦斯引燃或爆炸的必要条件，杜绝井下火源是防止瓦斯爆炸的关键。管理原则是禁止一切非生产火源，对生产中可能产生的火源要严格管理和控制。防止引爆火源的措施主要有以下四个方面。

（1）严格爆破的管理。

①井下严禁使用产生火焰的爆破器材和爆破工艺。

②井下爆破作业，应按《煤矿安全规程》的规定选用炸药和雷管，不合格或变质的炸药不准使用；炮眼深度和装药量要符合作业规程规定；按要求进行爆破作业，炮眼装填要满、要实，坚持使用水炮泥，严禁在井下存放炸药。

③禁止使用明接头或裸露的爆破母线；爆破母线与发爆器的连接要牢固，防止产生电火花；爆破工尽量在进风流中起爆。

④禁止放明炮、糊炮，防止炮眼打枪；严格执行“一炮三检”制度。

（2）电气设备的防爆管理。在瓦斯和煤尘爆炸事故中，由于电火花等电气设备失爆引起的瓦斯和煤尘事故占有较大比例，因此，必须加强电气设备的防爆管理。

①井下电气设备选用本质安全型和矿用隔爆型，下井前必须进行防爆性能检查，使用中应对电气设备的防爆性能定期、经常检查，不符合要求的及时更换和维修。

②井口、井下电气设备应有防雷、防短路的保护装置，采取有效措施防止杂散电流。

③井下所有电缆连接使用专用防爆接线器，禁止采用“鸡爪子”“明接头”“羊尾巴”；特别要注意电钻电缆压线嘴处，使用十五天内应重做切头，以防绝缘损坏。

④严禁带电作业；严禁带电检修、移动电气设备，尤其是煤电钻。

⑤矿灯严禁井下拆卸、敲打和撞击。

⑥坚持使用漏电继电器和煤电钻综合保护装置。

⑦严格执行送电管理制度，机电设备安装试送电前必须跟踪检查瓦斯。

⑧瓦斯矿井要使用风电闭锁，保证只有在局部通风机送风后，工作面才能送电。

（3）防止静电、撞击、摩擦火花。

①为了防止静电产生，井下使用的塑料、橡胶、树脂等高分子材料制品，其表面电阻应低于规定值，矿井环境湿度应保持在40%以上，在发热的部件上安设过热保护装置。

②工作服使用天然棉织品，禁止使用化纤衣物。

③切割、撞击的金属工具表面熔敷活性低的金属及合金，防止撞击火花、摩擦火花的产生；尽量不使用铝制品。

④在移设机械设备过程中要轻搬轻运，防止摩擦、撞击出现火花；采煤机必须设外喷雾装置，割煤过程中要喷雾洒水；采煤机一般不准割顶或割底，以防止截齿与夹石产生摩擦火花；采取针对性安全措施，防止金属、岩石等坚硬物体高处落下时产生撞击火花等。

（4）严格井下火源管理。

①井下明火的管理。禁止在井口房、主要通风机房和瓦斯泵站附近20m范围内使用明火、吸烟；严禁携带烟草及点火物品入井；井下禁止使用电炉；井下和井口房内不准进行电焊、气焊和使用喷灯焊接，如必须在井下施焊时，必须制定专门安全措施，严格审批手续；严禁井下存放汽油、煤油、变压器油等；井下存放棉纱、布头、润滑油等易燃物品必须存放在有盖的铁桶内。

②煤炭自燃的管理。采空区、废弃老巷必须建立永久性密闭封闭，固定人员定期检查，设立栅栏、警示标志牌，发现密闭压坏必须立即修理或重建；每个火区建立管理卡片，绘制火区位置关系图，记录火灾原因、发火时间、发展过程、防火措施及处理经过等。

井下火区进行封闭时，先建立临时密闭，隔断风流，然后在临时密闭外面建立永久密闭；防止煤炭氧化自燃，加强火灾预测和监测，加强火区管理，定期采样分析，防止复燃。对火区栅栏附近的瓦斯浓度和温度，要指定人员每天检查一次，对防火墙内的气体成分和温度应每季度分析化验一次。

3. 防止瓦斯爆炸灾害扩大

一旦发生瓦斯爆炸事故，应迅速、安全、有效地实施抢险救灾，控制和缩小事故影响范围及其危害程度，将事故造成的损失减小到最低限度。为此，必须采取防止灾害扩大的措施。

（1）技术措施。

①实行分区通风。分区通风是把井下各个水平、各个采（盘）区以及各个采煤工作面、掘进工作面和其他用风地点的回风各自直接排入采（盘）区的回风巷或总回风巷的通风方式。分区通风安全可靠，当一个采区、工作面或硐室发生瓦斯爆炸、煤尘爆炸或火灾时，所产生的有害气体直接排入回风巷，不会波及其他作业地点。所有生产水平和采（盘）区必须实行分区通风。高瓦斯、突出矿井的每个采（盘）区和容易自燃煤层的采（盘）区，必须设置至少一条专用回风巷；低瓦斯矿井开采煤层群和分层开采联合布置的采（盘）区，必须设置一条专用回风巷。

②简化通风系统。首先，矿井通风系统应力求简单可靠，通风巷道越短、越少越好，封闭无用的巷道，及时简化通风系统。其次，矿井进、回风井之间和主要进、回风巷之间的每个联络巷中，必须砌筑永久性风墙；需要使用的联络巷，必须安设两道连锁的正向风门和两道反向风门。再次，通风设施和巷道状态要保持良好，风流稳定可靠。最后，严禁出现废巷、盲巷，尤其回风系统中不准存在盲巷，以防盲巷内瓦斯积聚而引起连续爆炸。

③防止煤尘二次爆炸。我国88%的国有重点煤矿的煤尘都具有爆炸性，而且井下巷道内煤尘无处不在。一旦发生瓦斯爆炸，产生的爆炸冲击波很容易把沉积煤尘吹扬起来形成煤尘云并将其引燃，形成煤尘爆炸。煤尘爆炸往往具有连续传播的特点，可以使受灾范围扩大，造成更大的损害。防止瓦斯煤尘爆炸范围扩大的技术措施主要有撒布岩粉法、被动式隔爆技术和自动隔爆技术。

④增设安全出口。对于通风风路较远、发生事故时人员撤出困难的矿井，要增设安全出口，确保遇险人员能够利用最短路线、在最短时间内安全逃生。

⑤编制灾害预防和处理计划。结合矿井实际，每年编制周密的矿井灾害预防和处理计划，每季度根据矿井生产变化情况进行修改与补充，组织职工学习演练，使每一个入井人员都能熟悉灾变时的撤离路线和躲避地点。矿井发生瓦斯爆炸事故后，按照灾害预防和处理计划开展抢险救灾，防止灾害扩大，降低灾害程度。

（2）安全装置。

①防爆门。装有主要通风机的出风井口，必须安设防爆门或防爆井盖，防止瓦斯爆炸时主要通风机受到损坏。

②反风设施。主要通风机必须装有反风装置，并做到每季度至少检查一次，每年进行一次反风演习，操作时间和反风风量应符合《煤矿安全规程》要求，保证在处理事故需要紧急反风时能灵活使用。

③自救器。每个入井人员必须携带自救器，并要懂原理、会使用，以便在发生爆炸时能够安全自救逃生。

④隔爆设施。隔爆设施是根据瓦斯或煤尘爆炸时产生的冲击波与火焰速度差的原理设计的。爆炸发生后，隔爆设施动作，可阻隔爆炸火焰的传播，限制爆炸灾害范围的扩大。

⑤井下紧急避险设施。是指在井下发生灾害事故时，为无法及时撤离的遇险人员提供生命保障的密闭空间。该设施对外能够抵御高温烟气，隔绝有毒有害气体，对内提供氧气、食物、水，去除有毒有害气体，创造生存基本条件，为应急救援创造条件、赢得时间。紧急避险设施主要包括永久避难硐室、临时避难硐室、可移动式救生舱。

## 第二节　瓦斯喷出及其防治

大量处于承压或卸压状态的瓦斯从煤岩裂缝或孔洞中快速喷出的动力现象叫瓦斯喷出。喷出瓦斯量的多少和持续时间的长短，取决于蓄积的瓦斯量和瓦斯压力。

瓦斯喷出是瓦斯特殊涌出的一种形式，由于在短时间内喷出大量高浓度的瓦斯，故对矿井安全生产构成严重威胁。井下一旦发生瓦斯喷出就会造成局部瓦斯积聚，导致人员窒息，还可能引起瓦斯爆炸或煤尘爆炸等事故。因此，采取有效措施，预防瓦斯喷出和减小其危害，是矿井瓦斯治理的一项重要工作。

### 一、瓦斯喷出分类及规律

按瓦斯喷出的原因和瓦斯来源的不同，瓦斯喷出可分为两类，即煤岩裂缝或孔洞承压瓦斯喷出和煤层卸压瓦斯喷出。

#### （一）煤岩孔洞承压瓦斯喷出

煤岩孔洞承压瓦斯喷出即高压瓦斯沿原始地质构造孔洞或裂隙喷出。大多发生在地质破坏带（包括断层带）、石灰岩溶洞及裂缝区、背斜或向斜轴部储存瓦斯区以及其他地质构造附近与原始洞缝相通的区域。其特点是瓦斯流量大、持续时间长，没有明显的地压现象预兆；喷瓦斯的裂缝多属于开放型裂缝（张性或张扭性断裂），裂缝与储气层（煤层、砂岩层等）、溶洞或断层带相通。

承压瓦斯喷出一般发生在掘进工作面或钻探过程中。例如，中梁山煤矿南井+390m水平北茅口灰岩大巷掘进中，在北一石门北56m处与石灰岩溶洞裂缝贯通发生瓦斯喷出。随炮声响起一声轰鸣，大量瓦斯喷出，‘雾”气弥漫，充满整个回风巷道。2h后测得流量为486$m^3$／min，喷出的持续时间为2周，共喷出瓦斯36万立方米，此处正处在背斜轴部，距断层约40m。

### （二）煤层卸压瓦斯喷出

煤层卸压瓦斯喷出即高压瓦斯沿采掘卸压生成的裂缝喷出。这类喷出也往往与地质构造有关，因为在地质构造应力破坏影响区内，在采掘地压和瓦斯压力联合作用下，原来处于封闭状态的构造裂隙很容易张开、扩展，成为瓦斯喷出的通路；同时，吸附状态瓦斯也会因为此压力原因转变为游离状态的承压瓦斯喷出。

卸压喷出的瓦斯来源主要是煤层卸压区内存储的瓦斯，卸压区的裂隙由封闭型变为开放型，成为瓦斯喷出的通道。这类瓦斯喷出一般发生在上保护层的采煤工作面回采至距开切眼1～3倍层间距（开采层与下方卸压煤层垂直间距）时。

### （三）瓦斯喷出的规律

瓦斯喷出与地质变化有密切关系。瓦斯喷出的统计资料表明，瓦斯喷出常发生在地质构造、溶洞、裂隙的位置，此外与开采层和邻近层之间的岩石厚度、岩性、邻近层瓦斯压力等密切相关。

瓦斯喷出前有明显预兆。瓦斯喷出前有预兆，如地压显现加剧，支架来压破坏，煤层变软、湿润，瓦斯发出流动声响等。掘进工作面发生的瓦斯喷出一般都发生在距掘进工作面一定范围（如20～30m）内，表明瓦斯喷出是发生在一定卸压面积的条件下。影响该面积值的因素有层间岩石力学性质、层间距大小、喷出源的瓦斯压力、地质构造破坏程度以及地应力大小等。

瓦斯喷出后一般有明显的喷出口或裂缝。中梁山煤矿南井发生的瓦斯喷出，溶洞口有两条宽为10～100mm的横向裂缝；南桐煤矿0307上段工作面发生瓦斯喷出后，底板全部鼓起，最大裂缝顺倾斜方向，宽度在100mm以上。

## 二、瓦斯喷出的预防和处理

预防与处理瓦斯喷出可根据瓦斯喷出的类型、喷出瓦斯量的大小和瓦斯压力的高低来确定。常用方法可归纳为“探、排、引、堵、风”五个方面，也可根据瓦斯喷出的类型采取相应措施。

### （一）综合预防处理

在深刻吸取教训的基础上，人们总结出了“探、排、引、堵、风”的综合技术措施，进行瓦斯喷出的综合预防处理。“探”就是探明地质构造与瓦斯储存情况；“排”是排放或抽采瓦斯；“引”就是把瓦斯引至回风流或工作面后方20m以外的区域；“堵”是将裂缝、裂隙等封堵阻止瓦斯喷出；“风”则是加大瓦斯喷出地点的供风量。

探明地质情况。预防瓦斯喷出，首先要加强地质工作，查明采掘工作面附近地质构造及断层、裂隙、溶洞等的位置、走向以及瓦斯储量、范围和压力等情况，采取相应的预防和处理措施。

前探钻孔的要求是：巷道掘进时，若瓦斯由裂隙、溶洞以及破坏带喷出时，前探钻孔直径不小于75mm，钻孔超前距不小于5m，孔数不少于2个；在有瓦斯喷出的煤层中掘巷时，在掘进工作面前方和两侧打超前钻孔，钻孔超前距不小于5m，孔数不少于3个；在立井和石门掘进揭开有喷出危险的煤层时，在该煤层10m以外向煤层打钻，钻孔直径不小于75mm，孔数不少于3个，并且全部穿透煤层。

排（抽）放瓦斯。如果探明断层、裂隙、溶洞不大或瓦斯量不大时，可通过自然排放的方式排放；如果溶洞体积较大、范围广、瓦斯量较大、瓦斯喷出强度较大和持续时间较长，就要通过钻孔抽采的方式进行；若掘进工作面及巷道存在较多细小裂隙，且分布较广时，需暂时停止掘进，封闭巷道，通过接管抽采的方式抽放瓦斯。

引导瓦斯。如果喷出瓦斯的裂隙范围较小且喷出量不大，可用金属罩或帆布罩将裂隙盖住，然后在罩上接风筒或管路，将瓦斯引到回风巷道或引到距离工作面20m以外的巷道中，以保证工作面安全生产。

封堵裂隙。如果喷出瓦斯的裂隙较广、喷出瓦斯量很小，可用黄泥或水泥封堵裂隙，阻止瓦斯喷出，以保证掘进工作面安全。

加强通风。对于有瓦斯喷出危险的工作面，必须要有独立的通风系统，实行独立通风，并应加大供风量，以保证工作面瓦斯不超限，不影响其他区域。

### （二）卸压瓦斯喷出预防处理

做好地质工作。除查清地质构造外，还应掌握层间岩石性质及其厚度的变化、邻近层的瓦斯压力和煤层瓦斯含量以及地压的大小等，以便根据喷出的危险性制定预防措施（包括防止瓦斯爆炸和瓦斯窒息事故的措施）。

加大对卸压瓦斯的抽采强度。利用初期卸压面积计算卸压瓦斯量，根据卸压量及喷出危险程度，确定预排初期卸压瓦斯钻孔的数量及孔位。应尽可能提高瓦斯抽采负压，以求增大预排瓦斯量。

加强职工安全教育。全体职工，尤其在有瓦斯喷出区域作业的人员，必须进行专业技术培训，人人掌握瓦斯喷出的预兆，熟悉避灾路线，并携带隔离式自救器。

加强顶板管理。支护形式和质量要符合开采设计和作业规程的要求，并加强支架质量检查，必要时可采取人工卸压措施，以防止发生大面积突然卸压而导致瓦斯喷出。

搞好工作面通风。有瓦斯喷出危险的工作面，必须实行独立通风，在其回风侧不得设置通风设施；供风量须符合规定，加强瓦斯检查，掌握瓦斯涌出动态与抽采状况，及时预报瓦斯喷出。

## 第三节 矿井水害防治

煤矿水害是与瓦斯突出、粉尘爆炸、顶板冒裂、火灾等并列的五大灾害之一，其严重程度仅次于瓦斯，位列第二。长期以来，由于煤矿水害事故造成的人员伤亡及经济损失极为惨重。例如，1935年5月13日，山东淄博北大井由于巷道掘至与河水连通的断层带，造成突水，最大瞬时水量为648$m^3$／min，536名矿工遇难，矿井停产报废，直到43年后（1978年）才恢复矿井生产。1984年6月2日，开滦范各庄煤矿2171综采工作面发生世界采矿史上罕见的陷落柱突水事故，最大突水量为2053$m^3$／min，致使范各庄煤矿及其周边3对矿井很快被水淹没。为救灾复矿，调集了当时全球范围内最权威的防治水专家和世界上最大的抽水泵进行抢险，其地面注浆封堵工程规模和场面也是空前的。该水患治理工程及相关工作历时近一年，经济损失超过5亿元。

## 一、我国煤矿水害分区特征

根据我国不同聚煤区的地质、水文地质特征，结合矿井水危害程度，我国煤矿区可分为六个水害影响区：华北石炭二叠系煤田的岩溶—裂隙水水害区；华南晚二叠系煤田岩溶水水害区；东北侏罗系煤田裂隙水水害区；西北侏罗系煤田裂隙水水害区；西藏—滇西中生代煤田裂隙水水害区；台湾第三系煤田裂隙孔隙水水害区。

华北石炭二叠系岩溶、裂隙水水害区。该区位于阴山构造带以南，昆仑秦岭构造带东段以北，贺兰构造带以东地区。属亚湿润、亚干旱气候区，年降水量400～1000mm，主采石炭二叠系煤层。该区矿井出水、突水较频繁，涌水量大或特大，常影响生产或淹井，排水费用负担巨大，采煤和矿井安全都受到严重威胁。区内中深部下组煤因受底部强含水层威胁有几百亿吨煤不能开采。

华南晚二叠系岩溶水水害区。位于昆仑—秦岭构造带东段以南，川滇构造带以东地区，属湿润气候区，年降水量1200～2000mm。主采二叠系龙潭组和龙岩组煤层。该区矿井出水、突水频繁，经常影响生产或淹井。突水量大，矿井正常涌水量也大，需负担巨额排水电费。地面塌陷严重，井下黄泥突出堵塞井巷。矿井安全受到严重威胁，雨季更危险。

东北侏罗系裂隙水水害区。位于阴山构造带以北地区，属亚湿润、亚干旱气候区，年降水量400～800mm，主采侏罗系煤层。该区矿井水一般不影响生产。

西北侏罗系裂隙水水害区。位于昆仑—秦岭构造带西段以北、贺兰构造带以西地区，属干旱气候区，局部为亚干旱区，年降水量25～400mm，主采侏罗系煤层。本区严重缺水，存在供水问题。

西藏—滇西中生代裂隙水水害区。属湿润、亚湿润气候区，年降水量1000～2000mm，主采三叠系煤层，煤田储量仅占全国储量的0.1%。三叠系含煤地层均为碎屑沉积，水文地质条件比较简单，水害也不严重。

台湾第三系裂隙、孔隙水水害区。属湿润气候区，年降水量1800～4000mm。该区新生代煤田储量极少，基本不采掘。

## 二、矿井水害类型

### （一）矿井水害名词

根据《煤矿防治水细则》（煤安监〔2018〕14号），煤矿是指直接从事煤炭生产和煤矿建设的业务单元，可以是法人单位，也可以是非法人单位，包括井工煤矿和露天煤矿。矿井是指从事地下开采的煤矿。矿井水是指在矿井建设、生产过程中，通过各种通道渗入、滴入、淋入、流入、涌入和溃入井下的所有水源的水，统称矿井水。

突水是指含水层水的突然涌出；透水是指老空水的突然涌出；离层水是指煤层开采后，顶板覆岩不均匀变形及破坏形成的离层空腔积水。

矿井水害是指凡影响生产、威胁采掘工作面或矿井安全的、增加吨煤成本和使矿井局部或全部被淹没的矿井水。

矿井水灾（水害事故、透水事故）是指矿井在建设和生产过程中，由于防治水措施不到位而导致地表水和地下水通过裂隙、断层、塌陷区、井筒、老窑等各种通道无控制地涌入矿井工作面，造成作业人员被困、伤亡或矿井财产损失的灾害事故。

### （二）矿井水害类型

矿井水害按照造成矿井水害的水源类型，分为地表水害（含大气降水水害、地表滑坡和井上下泥石流灾害）、地下水害和老空水害。地下水害按储水空隙特征又分为孔隙水害、裂隙水害和岩溶水害等，其中岩溶水害又按含水层的厚度细分为薄层灰岩和厚层灰岩水害；按照导水通道性质，地下水害又可分为断裂破碎带水害、岩溶塌陷和“天窗”水害、陷落柱水害、钻孔水害及采动裂隙水害；按照水流方向与采掘工程的关系，还可分为底板水害、顶板水害、侧帮水害、前方水害及后方水害。

地表水害。水源是大气降水、地表水体（江河、湖泊、水库、坑塘、泥石流）。水源通过井口、采后冒裂带、岩溶塌陷坑、断层带及封闭不良钻孔充水或导水进入矿井。一旦发生将影响生产和淹井。

老空水害。水源是老窑、小窑、废巷及采空区积水。当巷道接近或遇到老窑积水区时，往往在短时间内涌出大量老空水，来势凶猛，具有很大的破坏性，常造成恶性事故。

孔隙水害。水源是第四系或新近系松散层中的孔隙水。当煤层被松散含水的流沙层、砂层、沙砾层、卵石层以及黏土砂层覆盖时，由于开采前水文地质情况不清，或者没有按规定留设安全煤岩柱，或者留设的煤岩柱受到破坏，使得回采后水、砂或泥溃入井下，淤塞巷道甚至造成淹井。

裂隙水害。水源为砂岩、砾岩等裂隙含水层的水。煤层顶部有厚层砂岩和砾岩，当裂隙发育且与上覆第四系松散层和下伏奥陶系含水层有水力联系时，可导致大突水事故。在没有其他水源补给的情况下，其水量有限，基本不会对煤矿的安全生产造成很大的威胁。

薄层灰岩岩溶水害。水源主要是华北石炭二叠系煤田的太原组薄层灰岩岩溶水。一般情况下，煤层顶底板的薄层灰岩含水层（组）是可以疏干的。但当薄层灰岩含水层（组）与地表水体或与厚层灰岩含水层发生水力联系时，含水层（组）的富水性便大大增加、补给能力增强，常发生较大灾害性事故。

厚层灰岩岩溶水害。该类水害分为南方型和北方型。南方型为二叠系茅口和栖霞厚层灰岩含水层，其补给主要是大气降水和地表水。正常情况下赋存于煤层底板之下，中间几乎没有隔水层，采掘该灰岩含水层附近煤层时常发生突水、突泥等，来势迅猛，破坏力极大。北方型主要是奥陶系或寒武系厚层灰岩含水层，该含水层岩溶裂隙发育，富水性好，导水性强。正常情况下赋存于主采煤层之下，煤层与含水层间常有不同厚度的隔水层，水害的发生常与构造或采动有关。此类水害难以预测预防，一旦发生危害很大。

## 三、矿井水害防治技术现状

矿山水害的类型及其灾害程度与其形成的条件有关。矿井充水条件包括充水水源、涌水通道和充水强度（涌水量）。这三个条件在特定条件下的不同组合决定了不同的矿井水害类型和灾害程度。经过煤矿工作者多年的不懈努力，运用新技术、新装备对各类煤矿水害防治的基础理论、探测方法、预测预报方法和快速综合治理等技术进行了广泛的研究和验证，形成了适合我国矿井水害不同阶段预测、评价与治理的较完整理论体系及与之配套的技术方法，并在全国大部分矿区得到广泛应用。特别是在华北地区，应用这套理论及技术方法，数十亿吨受奥陶系灰岩水害威胁的煤炭资源得以解放。

概括地讲，矿井水害防治技术包括矿井水文地质条件探查、矿井的开采方法及矿井水害治理等。

### （一）水文地质探查技术

水文地质勘探的主要任务是探查采矿影响到的含水层及其富水性，构造及“不良地质体”控水特征，老窑分布范围及其积水情况等。勘探范围包括区域、井田、采区及工作面。工作顺序应由面到点，由大到小，先区域后井田，先采区后工作面。

将传统技术、手段与电子技术、计算机技术相结合经过物探、化探、钻探、测试与试验及模拟计算等技术方法和手段的综合应用，已能比较好地解决矿井水文地质勘探中的大部分问题。

1. 水文地质试验技术

水文地质试验技术的基本方法是以水文地质理论为基础，以水文地质钻探、抽（放）水试验、底板岩石力学试验为主要手段，探查含水层及其富水性，主要含水层水文地质边界条件，各含水层之间的水力联系等，并获取建立水文地质概念模型的相关资料。同时，探查煤层底板隔水层岩性、厚度、结构及阻水能力。在钻探过程中测试承压水原始导升高度，通过岩芯测试岩石物理、力学性质等。

抽（放）水试验是其中最核心的方法，它不仅能为水文地质计算提供资料，而且重要的是试验过程本身就能反映含水层的水文地质特性。因此，抽（放）水试验是水文地质勘探最为有效和首选的技术方法之一。但该方法的缺点是历时长、费用高。

脉冲干扰试验是一项新的水文地质连通测试技术，其原理是通过水文地质观测点对地下水流场进行脉冲激发，根据波的衍射、叠加与消减等原理，计算水文地质参数，评价水文地质条件。该方法快捷、准确、工程量小、时间短、费用低，可弥补抽（放）水试验时因钻孔出水量小而不能反映水文地质条件的弊端。

2. 地球物理勘探技术

地球物理勘探技术以其方便、快捷的优势，在地质、水文地质探查中的地位越来越重要。近几年在煤矿防治水领域也得到了极大推广和应用，常用的效果比较好的方法有以下几种。

（1）地震勘探。包括二维和三维地震勘探，是弹性波地面探查构造及“不良地质体”的最有效方法。在设计新采区前，必须用三维地震进行勘探，主要应用于以下8个方面：①查明潜水面埋藏深度；②查明落差大于5m的断层；③查明区内幅度大于5m的褶曲；④查明区内直径大于20m的陷落柱；⑤探明区内煤系地层底部奥陶系灰岩顶界面及岩溶发育程度；⑥探测采空区和岩浆侵入体；⑦查明基岩起伏形态、古河道、古冲沟延伸方向；⑧了解基岩风化带厚度。

（2）瞬变电磁（TEM）探测技术。TEM法观测的是二次电场，因此对低阻体特别灵敏，是地面（已有人尝试井下使用）探测含水层及其富水性、构造及其含水情况、老窑及其积水多少的主要手段。

（3）高密度高分辨率电阻率法探测技术。该技术使用单极—偶极装置，通过连续密集地采集测线的电响应数据，实现了地下分辨单元的多次覆盖测量，具有压制静态效应及电磁干扰的能力，对施工现场适应性强。而且该法使直流电法在探测小体积孤立异常体方面取得了突破。可准确直观地展现地下异常体的赋存形态，是地面、井下探测岩溶、老窑及其他地下洞体的首选方法。

（4）直流电法探测技术。属于全空间电法勘探，可在地面及井下使用。主要应用在以下四个方面：①巷道底板富水区探测；②底板隔水层厚度、（奥灰承压水）原始导高带探测；③掘进头和侧帮超前探测，导水构造探测；④潜在突水点、老窑积水区、陷落柱探测。

（5）音频电穿透探测技术。由于探测深度的限制，该技术一般只应用于井下。主要探查：①回采区段煤层及底板下100m内的含水构造及其富水区域平面分布范围，并进行水害块段深度探测；②工作面顶板老窑、陷落柱、松散层孔隙内含水情况及平面分布范围探测；③掘进巷道前方导水、含水构造探测；④注浆效果检查。

（6）瑞利波探测技术。探测对象是断层、陷落柱、岩浆岩侵入体等构造和地质异常体，以及煤层厚度、相邻巷道、采空区等。探测距离80～300m，其优点是可进行井下全方位超前探测。

（7）钻孔雷达探测技术。通过钻孔（单孔或多孔）探查岩体中的导水构造、富水带等。

（8）无线电波坑透技术。采面切眼贯通后，要进行无线电波坑透，查明采面煤体内的构造发育情况。

（9）地震槽波探测技术。该技术用于：①探明煤层内小断层的位置及延伸展布方向；②陷落柱的位置及大小；③煤层变薄带的分布；④进行井下高分辨率二维地震勘探，探测隔水层厚度、煤层小构造及导水断裂等。

另外，还有其他一些地球物理勘探方法，如超前机载雷达、建场法多道遥测探测技术等。

3. 地球化学勘探技术

地球化学勘探技术主要通过水质化验、示踪试验等方法，利用不同时间、不同含水层的水质差异，确定突水水源，评价含水层水文地质条件，确定各含水层之间的水力联系。地球化学勘探技术包括如下几种。

（1）水化学快速检测技术。用于井下出水点、钻孔水样本的快速检测。

（2）透（突）水水源快速识（判）别技术。通过水化学数据库，利用水质判别模型快速判别突水水源。

（3）连通试验。是在含水层内部、含水层之间、地下水与地表水之间相互联系的一种见效快、成本低的试验手段。它对判断矿井充水水源、分析含水层之间的水力联系等都具有很重要的意义。该方法通常在放水试验过程中使用。

4. 钻探技术

近年来，国内外钻探技术飞速发展。从适合地面、井下探放水，探构造及不良地质体（陷落柱、岩溶塌洞），到水文地质勘查、注浆堵水成孔等用途的地面钻机、坑道钻机，其性能均有极大提升，同时定向钻进技术随着钻孔测斜技术的提高也更加成熟，现在不管是地面钻机还是井下坑道钻机均可实现“随钻测斜、自动纠偏”。可以说现有钻探技术已能很好地满足水文地质探测中对钻探手段的技术要求。

5. 监测测试技术

（1）基本水文地质监测。主要仪器设备包括水位水压遥测系统、水位水压自动记录仪和水量监测仪（电磁流量仪）。主要监测内容有：①矿井各含水层和积水区水位水压变化情况；②矿井所在地区降水量、矿井不同区域涌水量及其变化情况；③矿井受水害威胁区水文地质动态变化情况；④矿井防排水设施运行状况；⑤地面钻孔水位、水温监测等。

（2）煤层底板或防水煤（岩）柱突水监测。主要设备为底板突水监测仪。监测方法是通过埋设在钻孔中的传感器监测工作面回采过程中应力、应变、水压、水温的变化情况，数据传送到地面中心站后，利用专门的数据处理软件判断能否发生突水。主要应用于具有底板突水危险的工作面回采过程中的突水监测。

（3）原位地应力测试。主要设备是原位应力测试仪，是一种以套筒致裂原理为基础的原位地应力测试仪器。通过监测工作面回采前、回采过程中的地应力变化，应用专门数据处理软件判断是否发生突水。该技术主要用于底板突水监测。

（4）岩体渗透性测试。主要设备是多功能三轴渗透仪。通过调节岩体的三向应力状态，测试不同应力状态下的水压、水量变化，以反映岩体渗透性随应力的变化规律。

## （二）矿井水害评价理论及技术

### 1. 矿井充水类型

矿井充水类型按充水水源可分为岩溶充水型、裂隙充水型、孔隙充水型；按条件复杂程度可分为简单、中等、复杂、极复杂四种类型。

### 2. 突水机理及预测预报技术

（1）突水预测理论。主要有：①经验理论，即突水系数理论、“下三带”理论、递进导升理论；②以力学模型为基础的突水机理与预测理论，有薄板结构理论、关控层理论、强渗通道说、岩水应力关系说等。

（2）突水预测预报方法。主要有：五图一双系数法、三图一双预测法、模糊综合评判法、人工神经网络法、基于多含水层水力联系法等。

### 3. 涌水量计算与评价

（1）建立在地下水渗流理论基础之上的解析法和数值法。

（2）建立在回归分析等数理统计理论之上的经验公式法、比拟法、Q—S曲线外推法。

（3）建立在质量守恒定律基础上的水均衡法。

解析法和数值法一般应用在严格按稳定流、非稳定流标准观测的抽（放）水试验后预测涌水量。经验公式法、比拟法、Q—S曲线外推法应用在有大量统计资料的矿区。水均衡理论应用在输入输出水量容易观测计算的矿区。各种方法对资料和相关条件的要求不尽相同，可选择适合矿井实际的计算方法。综合比较，数值法建立在严格的数据观测基础上，充分考虑了含水层的非均质性、各向异性和水文地质系统的边界条件等，计算结果比较准确，已得到广泛应用。

## （三）煤矿水害防治技术

### 1. 水害防治工作的基本方针

煤矿水害防治应以“预测预报、有疑必探、先探后掘、先治后采”为基本原则，据矿井水害实际情况制定相应的“防、堵、疏、排、截”综合防治措施。

“预测预报”就是要在查清矿井水文地质条件的基础上，对矿井的水文地质类型、水害隐患、严重程度进行分析研究，并通过相应的水文地质工作对矿井水文地质条件进行分采区、分工作面评价，固定安全区、临界危险区和危险区。“有疑必探”是指在预测预报工作的基础上，对没有把握的区域或块段采用物探、化探、钻探等方法和手段进行综合探查，以探明水害疑点或可疑作业区域。“先探后掘”是指在综合探查的基础上，在确保巷道掘进或工作面回采没有水患威胁时，方可实施掘进或回采作业。“先治后采”是指在综合探查的基础上对于有水害隐患区域，必须采取有针对性的措施，直到完全消除水害威胁后才能组织正常作业。

“防、堵、疏、排、截”五项综合治理措施，“防”就是对于矿井边界、导水断层、高压强含水层、导水陷落柱等一定要采取留设防水煤（岩）柱或通过改变采煤方法来预防，并对其他可能诱发矿井水害的水源、通道实施加固、隔离、阻断等措施。“堵”即针对有安全隐患的矿井充水水源、涌水通道，必须超前进行注浆封堵，或对强含水层、隔水层进行注浆封闭或加固处理。“疏”主要指能疏干的充水源要坚决疏干，不能疏干的（如华北型奥陶系灰岩水）要结合安全带压开采上限要求，采用疏水降压等措施实现安全作业。“排”既指排水供水相结合，使矿区水资源得到综合利用，又指建立安全可靠的矿井排水系统。“截”即通过开挖沟渠，修筑堤坝、防渠、修筑堤坝、防水帐幕等截流措施，拦截地表河流、水库等地表水及松散层孔隙水。

2. 水害防治基本技术路线

在矿井开发的不同阶段，由于任务不同，相应的防治水要求也不一样，一般的水害防治技术路线有以下三种。

（1）矿建中或建井前，应进行矿井水文地质综合勘探，查清矿井的水文地质条件；预测评价矿井涌水量，进行矿井防排水系统的设计。在此基础上根据矿井的未来（如5年）采掘计划制订矿井的总体防治水规划，确定不同阶段的防治水目标。

（2）开采过程中，应建立水害安全保障体系，包括物探探测仪器、钻探、注浆设备、排水设施、水闸门、水闸墙以及防治水组织结构和安全避灾路线等。在巷道掘进前方超前探测、采区采面精细探查，以查清掘进头、采区及工作面的水文地质条件，并对有突水危险的工作面进行突水监测，根据监测结果及时调控优化防治水方案，编写救灾预案。

（3）闭井前或采矿完成后，要对矿井闭井安全条件进行评价，制定矿井关闭过程安全措施，监测拟关闭废井与邻近矿井的水源情况，制定废弃矿井的水防范措施；并将废弃矿井采空区准确地标绘在地质图、采掘工程平面图等图纸上，同时将相关资料报送上级管理部门进行备案。

## 四、地面防治水

地面防治水工作主要包括河床铺底与填堵陷坑、排除积水、河流改道、修建水库及修筑排洪渠、防洪堤等。

### （一）地面防洪调查

煤矿企业必须查清矿区及其附近的地面水流系统的汇水情况、疏水能力和有关水利工程的概况，掌握当地历年降水量和最高洪水位的资料，建立疏水、防水和排水系统。调查研究时，要掌握以下情况。

一是掌握矿区的地形条件，地面河流和已有防水工程的分布，圈定井田受水面积和低洼地带，查明煤层、含水层露头和地表塌陷裂缝的分布与范围。

二是掌握当地历年的降雨量和最高洪水位，特别是暴雨强度资料及其周期性；调查地表水流在井田内所处位置、流向、水位、河流决口以及分流后的情况；观测河床坡度、河床性质和疏水能力。

三是在工业场地的河床附近，通过煤层露头、透水岩层、塌陷区，观测地表水的流量变化，同时注意河水下渗情况，确定河床漏失段的漏失量，测量河流、沟渠的洪水高程，调查发生日期和涨落经历时间，用以确定最大洪峰的流量。

四是了解已有地面防治水工程，分析工程布置是否合理以及竣工后的实际效益；调查各项工程质量，有无因质量低劣对防治地表水不起作用继续漏水等现象。

将上述调查收集到的资料，填绘在矿区或井田地质地形图上，然后根据当地地形、地质、水文、气象等条件，因地制宜、统筹安排，根据不同情况，分别采用疏、防、排、截等各种措施，对地表水进行综合治理。

### （二）地表水防治措施

1. 井口及工业场地的防洪与泄洪

井口及工业场地是煤矿生产的咽喉与腹地，为保证在任何情况下均使井口和其他地面设施不至于被洪水淹没，井口和各种工业建筑物的基础标高均应高于当地历年最高洪水位。在矿井设计时，井口及工业场地应选择在不受洪水威胁的地点，避免布置在山洪口及其受淹区。如受地形限制，当井口及工业场地标高低于当地最高洪水位时，必须修筑堤坝、沟渠等来疏通水路，或者将井口及主要建筑物的标高加高，使其高出当地最大洪水位0.5 ~ 1.0m。

2. 修筑排洪渠

若多雨季节山洪暴发，位于山麓或山前平原地区的矿井，会有大量洪水流入矿区，积水下渗，造成井下大量涌水。这就需要修筑地面引洪渠网，防止洪水进入煤层开采段或矿区内。一般可在矿区上方山坡处垂直于来水方向修建排洪渠，拦截洪水。排洪渠可大致沿地形等高线布置，并保持适当的坡度，而后根据地形特点将洪水引出矿区。

3. 河床铺底和填堵陷坑

河床铺底。当河槽底下局部地段出露有透水很好的充水层或塌陷坑时，为了减少地表水及第四系潜水对矿井充水层补给，可在漏水地段铺筑不透水的人工河床。

填堵陷坑。矿区的岩溶洞穴、塌陷裂缝和废弃的小煤窑等，都可能在地面形成塌陷坑和较大的缝隙，易成为雨水或地表水流入井下的通道。因此，必须采取防治措施，一方面要防止地面积水，另一方面对于面积不大的塌陷裂缝和塌陷坑要及时填堵。

4. 修筑防洪堤隔绝水源

当矿区含煤地层中的可采煤层距离冲积层及地表很近时，而且在潜水含水层下部具有稳定隔水层的情况下，地表水与冲积层水随时都有灌入矿井的危险，为了有效地防止地表水涌入矿井，应修筑阻水堤，用水泥及黏土筑成，其下部构筑在冲积层底部隔水层上，隔绝地表水与冲积层水对矿井的补给，保证安全生产。

5. 注浆节流堵水

富水含水层与地表水保持经常性水力联系的矿区，在井巷施工中，有的地段涌水量很大，对安全生产、施工条件和设备的维护等都很不利。为了防止地表水的渗透补给，可用注浆手段截流堵水，形成隔水帷幕，截断地表水源的通路。

防治矿区地表水是一项比较复杂的工作，必须根据当地地形、地质、水文地质和气象等条件，因地制宜地选择防治措施，综合治理。事实表明，片面地采取单一措施，是不可能收到理想防治效果的，只有从实际状况出发，采取多种措施构成完整的地表水防治系统，才能取得较好的效果。

## 五、井下防治水

### （一）顶板水防治

我国绝大多数煤矿，煤层的上覆含水层为砂岩裂隙含水层，砂岩含水层中的裂隙水常常沿裂隙进入采掘工作面，造成顶板滴水和淋水，影响采掘作业，甚至在矿山压力作用下，伴随着回采放顶，导致大量的水灌入井下，造成垮面停产和人身伤亡事故。目前，采用的主要方法是疏水，即在顶板向上打孔，直到含水层，然后进行疏水到不影响生产为止。

顶板疏水的方法要视具体情况而定，在能用其他方法保证安全生产的前提下尽量不采用疏水，如巷道的掘进或工作面的回采不足以破坏其顶板含水层，顶板的淋水主要是裂隙带、大型构造带与上覆含水层沟通，此时尽量采用注浆封堵裂隙，保护其上覆完整的水系，保护水资源。如含水层距顶板较近，采掘活动可能完全破坏其上覆的水系，含水层的水迟早要进入采空区，此时最好提前疏水。顶板疏水的安全措施、设施及方法与老空区探放水基本相同。

### （二）底板承压水防治

我国华北、华东和西北地区石炭系的中下部，普遍存在着太原系灰岩和奥陶系灰岩，南方部分矿区煤层之下存在着140～170m厚的茅口组灰岩。这些灰岩岩溶发育，含水丰富，其中60%的煤矿不同程度地受到底板岩溶承压水的威胁。

底板岩溶水对煤层安全开采影响最大，影响范围最广的是石炭二叠系之下的奥陶系灰岩，该灰岩岩溶和裂隙均发育，富水性强，厚度较大，距离煤层通常为20～60m。奥灰水的水压随开采深度增加而增加，突水事故概率逐年上升。

1. 基本概念

（1）煤层底板岩溶水。赋存和运动于煤层底板岩溶地层空间中的水体和水流叫作煤层底板岩溶水，又称底板承压水。太原群灰岩、奥陶系灰岩、茅口灰岩岩溶发育，含水丰富，不同于松散层内的孔隙水和基岩裂隙水，具有本身的径流特征和运动规律。

（2）隔水层。为存在于含水层与开采煤层底板、巷道和采空区之间的能阻碍或减弱水流动的岩层。该岩层内的孔隙不连通，地下水无运动条件，称为隔水层，亦称保护层。

（3）突水系数计算公式。

$$T = \frac{P}{M} \tag{9-1}$$

式中，$T$——突水系数，单位MPa / m。$P$ ——底板隔水层承受的实际水头值，单位MPa。水压应当从含水层顶界面起算，水位值取近3年含水层观测水位最高值。$M$——底板隔水层厚度，单位m。

式（9-1）适用于采煤工作面，就全国实际资料看，底板受构造破坏的地段突水系数一般不得大于0.06MPa / m，隔水层完整无断裂构造破坏的地段不得大于0.1MPa / m。

2. 底板突水的类型

（1）按突水地点分类有巷道突水与采煤工作面突水。

（2）按突水的动态表现形式分类有以下几种。

①爆发型。直接在采掘工作地点附近发生，一旦突水，突水量在瞬间即达到峰值，突水峰值过后，突水量趋于稳定或逐渐减小。爆发型突水来势猛、速度快、冲击力大，常有岩块碎屑伴水冲出。

②缓冲型。直接在采掘工作地点附近发生，突水量由小到大逐渐增长，经几小时、几天甚至几个月才达到峰值。

③滞后型。采掘工作面推进到一定距离后，在巷道或采空区内发生突水，其滞后时间为几天、几个月甚至几年，突水量可急可缓。

（3）按突水量的大小可分为以下几种。

①特大型突水事故，突水量为50$m^3$ / min以上。

②大型突水事故，突水量为20 ~ 49$m^3$ / min。

③中型突水事故，突水量为5 ~ 19$m^3$ / min。

④小型突水事故，突水量小于5$m^3$ / min。

3. 影响底板突水的因素

在采动附加应力和底板水压力作用下，底板岩体产生移动、破坏，在底板形成底板采动导水破坏带、底板阻水带和底板承压水导升带。底板阻水带的厚度、承压水的压力是决定底板突水的关键因素。有底板突水的“六因素说”，即煤层底板含水层的富水性、含水层的水头压力、地质构造、底板隔水层的厚度与结构、矿山压力以及开采。

（1）水源条件。水源条件包括水量和水压，水量是突水的物质基础，水压是突水的动力。水量越丰富，突水量越大，危害性越大。

水压的作用表现为处于封闭状态的岩溶水不断地溶蚀、冲刷构造裂隙，形成通道，由含水层上升进入底板隔水层，从而破坏底板隔水层。水压越大，这种破坏作用越严重，地下水导升带就越大。

（2）矿山压力。绝大部分工作面底板突水与矿压作用有直接关系，影响矿压作用的因素有顶板岩体结构、支护方式、控顶距等。矿山压力诱发底板突水，有以下规律。

①无周期来压或周期来压不明显的顶板，支承压力较小，对底板破坏轻，突水事故较少；有周期来压的顶板，突水多发生在初次来压或周期来压期间，因为此时底板破坏严重。在时间上，突水多发生在工作面初次来压和正常推进中二次来压或周期来压。

②突水点的位置多数在工作面后部采空区边缘附近。因为该处顶板垮落不充分，底板处于膨胀状态，断裂张开，阻水能力最弱。突水点多位于采空区周边，靠近煤壁4～7m处或最外一排支柱的外侧。这主要由于采空区周围煤柱上产生支承压力，采空区周围底板岩体卸载，在支承压力的作用下向采空区突出、膨胀，产生竖向裂隙和层间裂隙（离层），导致突水。

③顶板初次来压之前，在开切眼附近，由于老顶大而较长时间的悬露，或直接顶岩层垮落后不接顶，使底板岩层形成较大的自由面，给底板岩层的移动与破坏创造了条件。因此，开切眼附近是底板最易突水的位置之一。

④工作面推进速度慢、工作面突然停止推进或在工作面停采线处，容易发生突水事故。这是由于工作面推进速度慢或停止推进时，支承压力作用的时间较长，底板岩层破坏严重。工作面推进速度快时，采空区底板还来不及形成较大的断裂就会由膨胀状态变为压缩状态，有利于防止底板突水。慢推进较快推进易突水，突然停止推进也易形成突水。推进速度慢，底板变形充分，裂隙发育，破坏深度大。

⑤区段煤柱承受工作面侧向支承压力，随工作面推进侧向支承压力越来越大，再加上区段煤柱边缘处采空区顶板垮落不充分，因此，区段煤柱附近也是发生底板突水的最可能位置之一。矿压引起的底板破坏深度为6～20m。

（3）隔水层的阻水能力。隔水层的阻水能力取决于隔水层的强度、厚度和裂隙发育程度。强度越大、厚度越大、裂隙越少，其阻水能力越强。阻水能力以单位厚度所能承受的水压值表示，其单位为MPa / m，一般为0.1 ~ 0.3MPa / m。

底板隔水层厚度越大，抵抗水压、矿压的破坏能力越强，底板突水的概率越小；隔水层岩体的强度越大，受采动影响后越不容易破坏，底板突水的可能性越小。底板突水除了与底板隔水层厚度、强度有关外，还与底板隔水层岩体的结构有很大的关系。在承压水上开采时，应对底板岩体结构仔细分析，根据不同情况，采取不同的处理方法。

（4）地质构造。地质构造尤其是断层，是造成底板突水的主要原因之一。根据国内四个矿区163个底板突水工作面的统计，由地质构造引起的突水事故占67.5%。断层之所以成为底板突水的主要因素，有以下原因。

①断层的存在使地板岩体的连续遭到破坏，在采动附加应力的作用下，岩体易沿断层移动，从而使采动破坏深度增大，造成突水。根据现场实测，断层破碎带岩体的导水裂隙带深度是正常岩体的2倍左右。

②断层的存在破坏了底板岩体的完整性，降低了岩体的强度。岩体容易破坏，底板导水破坏带深度增大。

③断层上下盘错动，缩短了煤层与底板含水层之间的距离，有时甚至使断层一盘的矿层与另一盘的含水层直接接触，导致工作面易发生突水。

④当断层破碎带或断层影响带为充水或导水构造，工作面揭露断层时即会发生突水。断层是否导水与断层的性质有关。正断层较逆断层易导致工作面突水。当断层面与岩层夹角较小或接近平行时，其导水性较差；反之则导水性较强。当断层带两侧都是坚硬岩层时，导水性强；当断层一侧为坚硬岩体，另一侧为软弱岩体时，导水性弱；当断层带两侧都是软弱岩体时，则断层带的充填情况较好，其导水性很弱，甚至不导水。

（5）开采方法的影响。开采方法对底板突水的影响主要表现在两方面。

①工作面斜长。工作面斜长对底板突水的影响比采深、煤层倾角、底板岩层强度等都明显。工作面斜长越大，底板岩层破坏深度越大，工作面越容易突水；反之亦然。

②开采面积。工作面底板突水与开采面积关系十分密切，不同矿区有各自不同的突水面积。当开采面积大于突水面积后，底板要产生突水。

因此，控制开采面积是控制底板突水的有效方法。一些矿区采用条带开采、巷式开采等方法减小开采面积，防止底板突水。

（6）底板破坏深度。底板破坏深度与开采深度、煤层开采厚度、煤层倾角、工作面长度、顶底板岩石性质（抗破坏能力）、采煤方法、顶板管理方法以及是否有断层等因素有直接关系。

4.承压水上采煤方案

在承压水体上采煤，要根据具体的地质和开采技术条件，选择合适的治理方案。根据我国历年来的实践，主要有以下几种方案。

（1）深降强排方案。设置各种疏水工程，如疏水井巷、疏水钻孔等，将岩溶水水位人为地降低到开采水平以下，以确保安全地进行开采。这种方案的优点是：防止底板突水效果最好，能确保矿井安全生产。其缺点是：疏水工程量大、使用设备多、电耗大，因而投资大、成本高；由于疏水引起的水位降低，使附近的工农业用水缺乏，并造成地表下沉。此外，当井田内奥灰水量极为丰富、补给来源充足时，深降强排方案难以实现。

（2）外截内排方案。即在井田内某一区域外围的集中径流带采用钻孔注浆的方法建立人工帷幕，截断矿井的补给水，然后在开采范围内进行疏水，将承压水的水位降低到开采水平以下。这种方案可以确保矿井的安全生产，而且克服了深降强排的缺点。但这种方案只能适用于特定的条件，需要水文地质条件清楚，补给径流区集中，帷幕截流工程易于施工等。

（3）带压开采方案。即在开采过程中利用隔水层的阻水能力，防止底板突水。此时，由于承压水位高于开采水平，煤层底板隔水层受到承压水压力的作用，因此称带压开采。带压开采无须事先专门排水，在经济上花费较少，并且也可能做到安全开采。但带压开采不能确保不发生底板突水事故，特别是在水文地质条件复杂的地区，发生的可能性更大。因此，在采用带压开采方案时，首先要进行论证，并要采取一系列安全措施，还要有足够的备用排水能力。

（4）带压开采综合治理方案。即在查清区域地质、矿井水文地质及构造地质情况的基础上进行带压开采。在开采之前，要在矿区外围堵截地下水的补给水源；在开采过程中，视矿井涌水量的水压大小进行适当的疏水降压，从而达到安全开采的目的。这种方案具有相对安全、经济等优点，适用范围广。但要实现带压开采综合治理方案，还需采取一系列安全技术措施，事先采用底板注浆加固的方法，先加固底板，再进行开采。

5. 底板水的疏放

我国的许多煤矿，煤层底板下蕴藏有丰富的地下水，这种地下水常常具有很高的承压水头，压力有时高达20MPa。在采掘活动中，工作面底板在水压和矿山压力的共同作用下，底板隔水岩层开始变形，产生底鼓，继而出现裂缝。当裂缝向下发展延伸达到含水层时，高压水便会突破底板涌入矿井，造成突水事故。

底板突水的现象，在我国华北型煤田的矿井中屡见不鲜。当含水层距煤层底板较近时（小于30m）更容易发生突水事故，这种情况下可以考虑底板疏水。

（1）底板疏水应考虑的条件。

①含水层距煤层底板的距离小于30m，含水层具有高水压，但含水量较小，可以采用底板疏水。

②底板含水层为独立含水层且其含水量不大，没有与其底部或顶部的强含水层（水压高、水量大）沟通，可以考虑底板疏水降压。

③在含水层水压高、水量大的情况下，可以考虑分片帷幕隔离法，把开采区域与未开采区域隔离开，避免未开采区域的水进入开采区域，然后在开采区域进行疏水降压。

总之，底板疏水考虑的主要原则是在短时间内把含水层的水降到安全水位，同时尽量不破坏原有的地下水系，保护水资源。

（2）底板疏水降压的方法。

①巷道疏放水法。将巷道布置于含水层中，利用巷道直接疏放。当含水层水量不大，含水不均匀时，可以采用这种方法，但注意矿井要具有足够的排水能力时才能使用，否则在含水层中掘进巷道是不可能的。

②降压钻孔疏放水法。防止底板突水，一方面是增加隔水层的“抗破坏能力”，如用注浆增加隔水层抗张强度及留设防水煤柱或保护煤皮以加大隔水层厚度；另一方面是降低或消除“破坏力”的影响，如疏放水降压等。根据安全水头的概念，疏放水降压并不需要将底板水的水头无限制地降低，乃至完全疏干，只要将底板水的静水压力降至安全水头以下，即可达到防治底板水的目的。疏放降压钻孔和顶板放水孔一样，是在计划疏降的地段，在采区巷道或专门设置的疏干巷道中，每隔一定距离向底板含水层打钻孔放水，使之形成降落漏斗，逐步将静止水位降至安全水头以下。

### （三）老空水防治

老空水（采空区、老窑和已经报废的井巷积水）积存于生产、开拓水平以上或邻近的矿区，虽然其水压一般不大，但水量集中，来势迅猛，一旦揭露具有很大的冲击力和破坏力，对人身安全的危害极大。其防治的主要措施就是“探水”与“放水”。

1. 探放水工程设计

（1）基础资料的收集。基础资料包括矿区水文地质、矿区采掘工程平面图、老空区预计积水范围、积水量、水压、邻近矿区的开采情况、地表河流、建筑物、地质构造带及其与含水层的水力联系。

（2）现开拓开采系统的详细分析。通过仔细分析矿井目前及今后的开拓开采系统，包括邻近矿区的系统，也要作详细分析，进而确定探水巷道的开拓方向、施工次序、规格和安全措施。

（3）探水钻孔组数、个数、方向、角度、深度和施工技术要求。

（4）探水施工与掘进工作的安全措施。

（5）受水威胁地区信号联系和避灾路线的确定。

（6）通风措施和瓦斯检查制度。

（7）防排水设施，如水闸门、水闸墙等的设计以及水仓系统和能力的具体安排。

（8）水情及避灾联系汇报制度和灾害处理措施。

2. 探放水工程主要实施步骤

（1）探水前应注意的事项。

①检查排水系统、水沟、水仓、水泵及排水管路等设施是否正常运转，是否达到设计的最大排水能力。

②检查探水巷瓦斯浓度及围岩的稳定情况，如有异常应及时处理。

③检查避灾路线及通信设施是否畅通。

④辅助材料是否齐全。主要有临时支护材料、封孔材料及堵水材料等。

（2）探水起点的确定。根据探水工程的设计，确定探水的起点，对于已明确的积水区，根据分析划出三条界线，即积水线、探水线与警戒线。

①积水线。调查核定积水区的边界，也即小窑采空区的范围，其深部界线应根据小窑的最深下山划定。

②探水线。沿积水线外推60～150m的距离画一条线，此数值大小视积水范围的可靠程度、水头压力、煤的强度大小确定。当掘进巷道达到此线就应开始探水。对于矿井开采造成的老空、老巷、水窝等积水区，其位置准确，水压不超过1MPa。探水线至推断的积水区的最小距离：在煤层中不得少于30m，在岩层中不得少于20m。

③警戒线。是从探水线再外推50～150m。当巷道进入此线，就应警惕积水的威胁，注意迎头（掘进工作面）的变化，当发现有透水征兆时就应提前探水。

（3）探水孔的布置。探放水钻孔布置应以确保不漏老空、保证安全生产、探水工作量最小为原则。

①探水钻孔的超前距、允许掘进距离、帮距和密度。探水时从探水线开始向前方打钻探水，一次打透积水的情况较少，所以常是探水—掘进—探水循环进行，而探水钻孔的终孔位置应始终与超前掘进工作面保持一段距离，这段距离简称超前距。实际工作中超前距在煤层中一般采用30m，在岩层中取20m。经探水后证明无水害威胁，可以安全掘进的长度，称为允许掘进距离。

探水钻孔一般不少于三个，一个为中心眼，另两个为外斜眼，与中线之间有一定角度，呈扇形布置。中心眼终点与外斜眼终点之间的距离称为帮距。帮距一般应等于超前距，有时可略比超前距小1～2m。

钻孔密度，是指允许掘进距离的终点处探水钻孔之间的间距。间距的大小应视具体情况而定，一般不应大于古空老巷的尺寸。例如，古空老巷道宽为3m，则巷道允许掘进终点钻孔间距最大不得超过3m。

②探水钻孔布置方式。钻孔的布置方式要根据探水巷与积水区域的相对位置而定，原则上要保证掘进巷道周围30m范围内的安全，根据巷道与积水区的相对空间位置关系，确定钻孔的深度、数量与方位。

③探水孔的钻进方式。钻机钻探前，一定要做好安全工作，保证孔口的安全设置，如孔口管、泄水测压三通、孔口水门和钻杆逆止阀等。视钻孔的深度确定其钻孔直径，而开孔孔径应比孔口管直径大1～2级，深度大于10m，然后安设孔口管，注浆固化，固化好后再钻进0.5～1m，向孔内压水，试验压力大于预计放水时的水压，稳压时间至少保持半小时，孔口管周围没有漏水现象，说明合乎要求，否则需重新注浆加固。然后按设计的深度进行钻进。

## 六、水害应急处置

### （一）矿井突水抢险救灾

1. 现场紧急处理抢险

矿井发生突水时，无论其水量大小，危害程度如何，现场管理人员都必须在保证自身安全的条件下迅速组织抢险工作。如停止工作面施工、组织抢救遇难者、有序撤离无关人员，有条件时，组织进行加固巷道等防止事故扩大的技术处理，组织水情观测，并报告矿调度室。灾情严重时，现场管理人员有权指挥或带领工人主动撤离现场。由于矿井突水是一个逐步恶化的演变过程，所以现场工作人员，特别是班组长、区队长和技术人员，在处理突水事故的初始阶段起着非常重要的作用。他们既是直接指挥者，又是现场紧急处理的操作者。因此，应经常进行防水、治水技术知识和安全技术操作规程培训教育，以提高他们现场紧急处理突水事故的技能。

紧急处理抢险时，根据水情发展和突水现场条件，可以采取构筑临时水闸墙控制水情、紧急投入强排水等措施，特别是当水势较猛、水压较大，有可能发生出水口破坏扩大或发生冲毁流水巷道的情况时，快速构筑临时挡水闸墙非常重要，一方面可以使涌水按照人为规定的路线流泄，另一方面又可以对出水口和巷道加固保护。

在矿井突水紧急抢险中，抢排水是控制水势漫延、防止灾情恶化的另一有效措施，突出一个“快”字，千方百计抢时间，争速度，减少淹矿的程度和损失。除了充分利用突水水平和未被淹水平排水能力外，也可以使用非正常作业条件下的抢排水，如竖井卧泵排水、竖井潜水泵群强排水、斜井卧泵排水、斜井潜水泵群排水等，总的指导思想是调动一切可利用的排水设施，充分利用各种排水场地，形成综合强排水能力，联合排水以减缓或控制矿井淹没水位上涨。当联合排水能力超过突水水量时，同时可以进行追水，减少矿井损失，恢复被淹井巷。

2. 抢险救灾指挥系统

当发生可能淹矿、淹水平或多人遇难的重大水害事故时，矿井应建立抢险救灾指挥系统。矿（公司）调度室接到突水水情报告后，必须立即通知矿长（经理）、总工程师、主管矿长（副经理）、安监处长、救护队长及有关部门，由矿长（经理）全权指挥，组织有关人员立即赶赴现场进行抢险，并立即报告集团公司总调度室，当灾情严重可能造成重大损失和危害时，应成立以矿长（经理）为总指挥的抢险救灾指挥部，其职责分工是：矿长（经理）——处理灾害事故的全权指挥者；总工程师——矿长处理灾害事故的第一助手和处理事故计划制订者；有关副矿长（副经理）——根据营救人员和灾害处理计划，负责组织落实分管范围内的有关事项；安监处长——根据批准的营救遇难人员和水害处理计划，对抢险救灾工作的安全进行有效监督；救护队长——对矿山救护队的行动具体负责，指挥领导救护队根据处理事故计划，完成营救遇难人员和有关事故处理。

其他有关领导和部门，如通风、地测、生产、机电、供应、后勤、政工、通信、医院、保卫等，应根据需要作为抢险救灾成员，完成分管的工作，并服从指挥部统一指挥，协调联动。当发生矿井淹没特大透水事故时，还应有专门部门和人员做好被淹矿井的人员安置和分流工作，以保证职工的情绪稳定。

矿务局（总公司）总调度室接到重大突水灾害报告后，必须立即向局长（总经理）及有关领导报告，通知附近矿井的矿山救护队和局救护大队待命，准备支援抢险救灾，并向上级主管部门报告。矿务局（总公司）及上级主管部门应立即派出有经验的技术人员和管理人员及部门负责人赶赴现场参加抢险救灾工作。根据灾情发展，必要时可以参加指挥或成立高一级的抢险救灾指挥系统，以便动员全局、全省乃至全国力量进行抢险保矿或治水复矿。

3. 抢险救灾方案

矿井发生大的突水后，处理工作一般分为抢险救灾、治水保矿、治水复矿三个阶段。其中，前两个阶段是关键，其目的是通过现场紧急抢险处置，努力控制水情恶化，尽量减少人员伤亡，千方百计保护矿井，将损失降到最低，并为治水复矿恢复生产打下基础。

矿井突水后，其抢险治水不外乎闭闸封水、强排水、注浆堵水等方法，一般情况下是三种方式结合进行，可起到更好更快的效果，无论采取何种抢险救灾方案，一般应突出以下几个方面。

（1）水情要掌握清楚，并且对水情的发展变化趋势作出较为准确的预测，这样才能根据水情变化，有针对性地采取措施，编制方案。所以突水期间加强水文地质工作十分重要。

（2）无论采取何种方案，必须根据水情变化对方案随时进行调整，在矿井突水救灾中，还没有固定的模式可遵循，只有治水复矿完成后，其抢险救灾和治水复矿才形成比较完整的方案，方案实施中发生变化是必然的。

（3）无论编制何种方案，必须因地制宜，符合现场实际。有条件时尽量采用比较成熟的新设备、新技术。

（4）抢险救灾方案编制的主导思想应立足于一个快字，只有争取时间，才能尽可能地减少损失。

（5）无论采取何种抢险救灾方案，均应尽量避免给后期矿井恢复工作留下后遗症或因难，一般在编制抢险救灾方案的同时，就应该提前考虑矿井恢复问题。

（6）采取综合方法抢险救灾时，各方法间必须协调联动，互相配合，互相创造条件。强排水与注浆堵水同时进行时，应以强排水为前提，调整注浆工艺，以适应大动力水条件下注浆；当以强排水控制水情最终打闸封堵突水点时，强排水应为构筑水闸墙创造条件，尽量采取多种方式降低水位。

### （二）抢险救灾中的控水、排水和注浆堵水技术

控水、排水是矿井突水抢险及治理过程中常用的保矿或复矿技术，在条件允许的情况下，两项技术结合应用，会获得很好效果。

*1. 矿井突水时的强排水技术*

矿井突水时，必须根据矿井突水地点、突水量、井巷工程条件、采空区及淹没区域水文条件，预测矿井淹没过程中不同标高的最大涌水量以及未被淹没泵房的设备能力等，来编制强排水方案。可分以下几种情况。

（1）矿井突水水平的排水泵房未被淹没前的强排水，此时，矿井突水量及可能最大突水量的预测是关键。

①认真测定涌水量和预测最大可能的涌水量。

②启动全部排水能力强行排水。

③当突水量较大，核实能力不足时，有条件的矿井可以关闭井底车场水闸门限制放水。

④有条件时可向低标高井巷部分放水。

其主要目的是坚守排水泵房，为提高排水能力赢得时间。

（2）突水水平泵房被淹水位仍上涨时的强排。

①减缓水位上涨的一般措施。封堵未淹井巷内一切可以封堵的涌水，对在

排水能力不足情况下减缓水位淹没速度能起到很好作用，如关闭未淹井巷涌水钻孔，对部分下方的涌水采取闸墙封堵或建临时排水站等。总之，要努力防止上巷涌水下灌而增加淹没矿井的水量。

②制止淹没水位上涨的重要措施。主要是迅速建立临时强排水基地，临时强排水基地应尽可能接近淹没水位，又需保证不被继续上涨的水位淹没，所以必须依据矿井突水量、预测最大突水量、可能被淹没井巷及采空区充水体积等资料，预计水位上升到各未淹水平的时间，为临时排水基地选址和建立留出时间。

（3）强排水泵的选用。

①竖井潜水泵强排水。竖井大型潜水泵排水是矿井抢险救灾和排水复矿的最好形式。主要优点是，大型潜水泵扬程高、流量大、泵组截断面尺寸小，一个井筒内可安装多台，形成很大的排水能力；主要缺点是，潜水泵适于预定期限内集中全力完成排水任务，不适合长期消耗性排水，一般排水时间超过半年，泵组的各种事故就会不断出现，并且正常条件下潜水泵适于排清水，对矿井水适应性差。

②斜井卧式离心泵排水。优点是安装技术比较简单，初期试验工程量小，不需要大型悬吊设备，收效快；缺点是随着淹没水位的升降移泵接（拆）管的工作量大，管理比较复杂，运行条件较竖井差，开泵的台时利用率比竖井低。

③根据实际情况，可以采用单泵一级排水、双泵一级排水、小泵群组合多级排水等的排列组合。

2. 矿井突水时的控水技术

建立永久水闸墙控制涌水，是矿区治理涌水常用的一种方法。矿井突水初期，为了控制涌水漫流，需要加固巷道和出水口，用以掩护永久水闸墙的施工，可以采取快速码砌袋装水泥墙的办法，为永久水闸墙施工创造条件，根据水情变化和突水场地及相关巷道条件，最终构筑永久水闸墙以控制涌水。

堵（控）水闸墙设计施工应注意以下问题。

（1）堵水闸墙设计前，要全面弄清设计条件，如闸墙预计承压力、断面、支护形式和原掘进方法，拟选定混凝土强度等级，闸墙硐室围岩性质、硬度和力学参数。

（2）闸墙形式的选择。若突水水压比较大，可以选择楔形水闸墙；如果水压特别大，可构筑多段楔形水闸墙。

（3）水闸墙要构筑在致密坚硬且无裂隙的岩石中。

（4）水闸墙周边沟槽应嵌入岩石中，并事先埋好注浆管，充填缝隙，使之与围岩构成一体。

（5）永久水闸墙施工。一般都留设泄水管路和阀门，注意阀门管路防腐处理。对于长期封水的水闸墙管路阀门，最好使用不锈钢材料。

3. 矿井突水时的注浆堵水技术

矿井突水后，一方面组织人力采取强排水和打闸分区隔离方式制止水患漫延和控制淹没水位上涨；另一方面根据水情和突水条件，在无法分区隔离，且矿井永久排水能力又不足以排除突水水量时，应及时采取注浆堵水方法封堵水源。所以在抢险救灾的同时，要认真编制注浆堵水方案。编制注浆堵水方案要遵循下列原则。

（1）必须清楚掌握矿井地质及水文地质条件。掌握突水发生的原因、突水点的位置、突水通道的性质、突水量的变化、突水点附近地质及工程地质条件、采掘状况，并有准确的相关图纸，以便明确堵水位置，分析钻探及注浆的难度，做到各方面条件分析充分，设计考虑周全。

（2）注浆堵水设计中第一批钻孔位置原则上应首先针对出水点附近设计并施工，以便尽快确定突水补给通道的性质并提前注浆封堵，为注浆堵水打好基础。但钻孔终孔位置应考虑注浆时浆液流失问题，特别是在动水条件下，应适当考虑浆液扩散问题。

（3）无论是在静水条件还是动水条件下注浆，其前期一般应以增加出水口阻力为目标，尽量减小过水断面，而后再加大注浆强度，达到堵水目的。

（4）注浆钻孔直径不宜过小，以不影响钻进速度为原则，提高效率。

（5）注浆堵水方案最终形成是一个动态变化过程，随着对突水水源通道及地质水文条件的深入了解，注浆方案要随时调整，所以注浆场地以及钻孔布设要留有余地，以适应修正的注浆方案。

（6）注浆堵水工程要进行多方案对比，如钻孔数量、施工顺序、注浆工艺等，以便好中选优，综合运用。

（7）注浆钻探设备选型可靠，注浆材料准备充分。

（8）注浆工艺一般采取分段下行注浆，而不采取孔口混合注浆。

（9）注浆堵水设计要明确规定配合注浆堵水过程中的地质及水文地质工作

内容，认真分析有关资料，以指导修正注浆工艺及注浆方案。

（10）前期注浆堵水钻孔施工，一般都带有探测的性质，所以探查应列入设计内容。

## 第四节　矿山安全管理

### 一、煤矿安全生产事故预防和处理计划

为了加强煤矿安全生产工作，防止和减少煤矿生产安全事故，保障人民群众生命财产安全，2023年12月18日国务院第21次常务会议通过了《煤矿安全生产条例》，并将于2024年5月1日起施行。条例明确了煤矿安全生产工作要坚持党的领导，坚持人民至上、生命至上，坚持安全第一、预防为主、综合治理的方针。强化源头治理，严查风险隐患；夯实煤矿企业主体责任；严格落实监管监察责任。加大惩处力度；保障煤矿企业安全生产。

#### （一）2024年《煤矿安全生产条例》关于预防煤矿生产安全事故的规定

《煤矿安全生产条例》关于预防煤矿生产安全事故的规定主要包括以下几个方面。

1. 坚持党的领导和工作原则

明确煤矿安全生产工作坚持中国共产党的领导，坚持人民至上、生命至上，把保护人民生命安全摆在首位，贯彻安全发展理念，坚持安全第一、预防为主、综合治理的方针。

2. 强化源头治理，严查风险隐患

要求煤矿企业对风险隐患进行自查自改并按规定报告。监管部门要建立健全督办制度，督促煤矿企业消除重大事故隐患。对“带病生产”的煤矿企业，依法采取责令停产整顿直至关闭的处罚措施。

3. 夯实煤矿企业主体责任

严格准入条件，明确煤矿企业取得安全生产许可证后方可进行生产。落实煤矿企业全员安全生产责任制。要求煤矿企业进行煤矿灾害鉴定并按照灾害程度和类型实施灾害治理。

4. 严格落实监管监察责任

规定煤矿安全生产实行地方党政领导干部安全生产责任制。明确监管部门和监管职责，要求县级以上地方人民政府负有煤矿安全生产监督管理职责的部门，依法对煤矿企业特别是一线生产作业场所进行监督检查。

5. 加大惩处力度

对煤矿安全生产违法行为，规定了罚款、行业和职业禁入、责令停产整顿、予以关闭等法律责任。

6. 建立安全风险分级管控和隐患排查治理双重预防机制

要求煤矿企业建立安全风险分级管控制度，开展安全风险辨识评估，按照安全风险分级采取相应的管控措施。同时，建立健全事故隐患排查治理制度，采取技术、管理措施，及时发现并消除事故隐患。

7. 重大事故隐患治理

煤矿企业有重大事故隐患的，应当立即停止受影响区域生产、建设，并及时消除事故隐患。

8. 安全生产费用的安排

煤矿企业应当及时足额安排安全生产费用等资金，确保符合安全生产要求。

### （二）矿井灾害预防和处理计划的编制

《煤矿安全规程》是我国安全生产法律体系中的一个重要行政法规，其本身具有强制性的法律效力。《煤矿安全规程》第十二条明确规定“煤矿必须编制年度灾害预防和处理计划，并根据具体情况及时修改。灾害预防和处理计划由矿长负责组织实施。”编制灾害预防和处理计划，是对“安全第一、预防为主、综合治理”方针的具体贯彻，是坚持“以人为本”原则的具体体现，是煤矿实现安全生产的一项重要措施；也是对煤矿生产中一旦发生重大灾害事故，能够快速有效地组织救灾的具体措施，并可以作为现场人员及救护队处理事故、抢救人员的行动纲领，争取将事故消灭在初始阶段、防止事故扩大，把事故的损失减少到最低程度。

煤矿常见的重大灾害事故有五类，即瓦斯煤尘爆炸、矿井火灾、煤与瓦斯突出、矿井突水、冲击地压和大面积冒顶。

1. 灾害预防和处理计划编制的原则

鉴于矿井灾害的危险性和复杂性，灾害预防和处理计划要根据具体情况及时修改，在编制灾害预防和处理计划时根据其最终目的应坚持以下原则。

（1）贯彻执行预防为主的方针，坚持防治结合的原则，保障矿井安全生产。

（2）作为事故处理和抢救人员的行动纲领。

（3）便于将事故消灭在初始阶段或防止事故扩大，将损失减小到最低程度。

2. 灾害预防和处理计划的内容

灾害预防和处理计划的内容包括矿井重大灾害的评价与确定、重大灾害的针对性预防措施、灾区人员撤离与自救的组织措施、处理事故必需的资料和各有关人员的职责，主要由文字说明、附图、救灾与避灾所需要的材料设备和必要的工程规划图表组成。文字说明要详尽确切、通俗易懂，尽量采用示意图和表格描述。内容要切合实际，注意实用性，真正能够起到事前预防、事中防止事故扩大和迅速抢救遇险人员的作用，以最大限度地减少经济损失。

（1）文字说明。主要包括以下内容。

①可能发生的事故和地点，发生事故的主、客观因素，事故的性质、原因和可能发生的征兆。

②出现各种事故时，保证人员安全撤离和自救所必须采取的措施。

③预防和处理各种事故及恢复生产的各种具体有效技术措施。

④实施预防措施的单位及负责人。

⑤救灾指挥部的人员组成、分工和其他有关人员的名单、通知方法和顺序。人员的分工要明确具体，通知的方法要迅速及时。

（2）安全迅速撤离人员的措施。

①及时通知灾区和受威胁区域人员的最有效的方法及所需要的材料设备。

②人员安全撤离的路线及该路线上所设置的照明设备、路标、自救器及临时避难硐室的位置。

③风流控制的方法、步骤及其适用条件。

④发生事故后对井下人员的统计方法。

⑤各种情况下的救护队接近灾区实施救护的行动路线。

⑥向遇险人员供给新鲜空气、食物和水的方法。

（3）各种必备的技术资料及附图。

①矿井通风系统图、反风实验报告以及反风时保证反风设施完好可靠的检查报告。

②矿井供电系统图和井下各种通信设备的安装地点。

③井下消防洒水管路，排水管路和压风系统图。

④地面、井下对照图，图中应标明井口的位置和标高、地面交通情况、钻孔、水井储水池及其他可供处理事故用的材料、设备及工具的存放地点等。

（4）内容还包括执行各项安全措施的具体办法；对职工进行安全技术教育的安排；定期组织安全检查，及时处理不安全因素的制度及落实；根据矿井瓦斯涌出的情况及规律，煤尘爆炸的倾向性、积水区域和火灾发生的可能性等因素，提出预防各种重大灾害事故的组织措施、技术措施以及这些预防措施的落实情况；为预防事故发生应完成的安全工程，增添的设备和必备的安全检测仪器、仪表的数量、安装地点、管理的办法和负责人等。

3. 处理灾害和恢复生产措施的编制原则

（1）处理火灾事故应根据已探明的火区地点和范围制定控制火势及灭火方法，风流调度的原则和方法，防止产生瓦斯、煤尘爆炸的措施、步骤、防火墙的位置、材料和修建的顺序等。

（2）处理爆炸事故，关键是制定出如何迅速恢复通风，用适当的风量冲洗灾区，避免出现火源或消除火源，防止出现瓦斯连续爆炸的措施。

（3）其他事故的预防和处理措施，也应根据矿井具体情况制定。

### （三）灾害预防和处理计划的编制、审批和实施

灾害预防和处理计划必须由矿总工程师组织通风、采掘、机电、地质等有关单位人员进行编制，并有矿山救护队参加，还应征得驻矿安全监察部门的同意。灾害预防和处理计划涉及的范围比较广，再加上煤矿生产存在的危险因素不仅多而且还非常复杂，为了保证计划具有针对性及可实施，应组织矿井所有相关单位和主要技术人员参与。矿山救护队是矿山灾害发生后救援的主体力量，具有抢险救灾的丰富经验，因此，在编制时应充分听取他们的意见和建议，同时，也可以让他们对矿井的情况及灾害后的处理方法有一个大致的了解，有利于灾害发生后快速及时地实施救灾。

要通过充分的调查，找出不安全因素和漏洞，在总结经验教训的基础上进行编制。煤矿事故，主要是由于煤矿生产中存在的诸多不安全因素和管理不到位造成的，只有全面查找所有地点和各个环节的隐患和漏洞，才能使其在实施中较好地发挥预防为主的功能。对于不安全因素的查找，不能只注重客观因素，主观因素也应作为一个重点进行分析。

组织全矿有关人员进行讨论、补充、修改。

必须在每年1月份报矿务局（集团公司）总工程师批准。

在每季开始前几天，矿总工程师应根据矿井生产的变化情况，组织有关部门补充、修改。煤矿生产的场所随生产的变化而变化，采场条件也随时间的变化而有所不同，因此要根据生产的实际及时修改。这也是《煤矿安全规程》明确要求的。

灾害预防和处理计划由矿长负责实施。

已批准的灾害预防和处理计划应立即向全体职工（包括全体矿山救护队员）贯彻、组织认真学习。使每一位职工都能熟悉避灾路线。各基层单位的领导和主要技术人员应负责组织本单位职工学习，并进行考试，以便每一位职工都能全面掌握，领会其精髓。

每季至少组织一次矿井救灾演习。通过演习积累经验，寻找不足。对演习中发现的问题，必须立即采取措施进行整改。

对于具有复杂通风网络的现代化矿井，编制灾害预防和处理计划较为复杂，特别是事故的处理措施很难做到准确无误。为此，可充分利用计算机编制事故处理计划，输入有关的信息解决以下问题。

①确定矿工用最短时间沿着充满火灾气体的巷道，从事故现场和受威胁区域撤退到新鲜风流的最短安全路线。

②计算各救护小队的最短行动路线，选定抢救人员的措施和初期阶段处理事故的方法。

③计算火灾发生后的通风稳定性，选取防止风流逆转的措施等。

## 二、煤矿事故应急救援

### （一）我国矿山应急救援体系

#### 1. 应急管理部矿山救援中心

应急管理部矿山救援中心，作为国家矿山应急救援综合监督管理机构，负责组织、指导和协调全国矿山救护及应急救援的日常工作；组织研究制定有关矿山救护的工作条例、技术规程、方针政策；组织开展矿山救护技术的国际交流等；组织指导矿山救护的技术培训和救护队的质量审查认证，以及对安全产品的性能检测和生产厂家质量保证体系的检查。

矿山救援中心配备具有实战经验的指挥员，具备技术支持能力。当矿山发生重大（复杂）灾变事故，需要得到矿山救援中心技术支持时，矿山救援中心可协调全国救援力量，协助制订救灾方案，提出技术意见，并对复杂事故的调查分析取证提供足够的技术支持。

2. 省级矿山救援中心

省级煤矿安全监察机构或省级负责煤矿安全监察的部门应设立省级矿山救援中心，负责组织、指导和协调所辖区域的矿山救护及其应急救援工作。省级矿山救援中心，业务上接受应急管理部矿山救援中心的领导。

3. 区域救护大队

区域救护大队是区域内矿山抢险救灾技术的支持中心。具有救护专家、救护设备和演习训练中心。为保证有较强的战斗力，区域救护大队必须拥有不少于2个救护中队，每个救护中队应不少于3个救护小队，每个救护小队至少由9名队员组成。区域救护大队的现有隶属关系不变、资金渠道不变，但要由应急管理部利用技术改造资金对其进行装备配置，提高技术水平和作战能力。在矿山重大（复杂）事故应急救援时，应接受应急管理部矿山救援中心的协调和指挥。

区域救护大队的主要任务是：制订区域内的各矿救灾方案，协调使用大型救灾设备和出动人员，实施区域力量协调抢救；培训矿山救护队指战员；参与矿山救护队技术装备的开发和试验；必要时执行跨区域的应急救援任务。

### （二）矿山应急救援的基本程序

当矿山发生灾害时，以企业自救为主的企业救护队和医院在进行救助的同时，上报上一级矿山救援中心（部门）及政府。救援能力不足以有效抢险救灾时，立即向上级矿山救援中心提出救援要求。

各级救援中心得到事故报告要迅速向上一级汇报，并根据事故的大小、难易程度等决定调用重点矿山救护队或区域矿山救援基地以及矿山医疗救护中心实施应急救援。

省内发生重特大矿山事故时，省内区域矿山救援基地和重点矿山救护队的调动应由省级矿山救援中心负责。

应急管理部矿山救援中心负责调动区域矿山救援队伍，进行跨省区应急救援。

### （三）应急救援预案的编制

1. 应急预案的主要内容

依据《生产经营单位生产安全事故应急预案编制导则》（GB / T 29639—2020），生产经营单位的应急预案体系主要由综合应急预案、专项应急预案和现场处置方案构成。

（1）综合应急预案。综合应急预案是生产经营单位应急预案体系的总纲，主要从总体上阐述事故的应急工作原则，包括生产经营单位的应急组织机构及职责、应急预案体系、事故风险描述、预警及信息报告、应急响应、保障措施、应急预案管理等内容。

（2）专项应急预案。专项应急预案是生产经营单位为应对某一类型或某几种类型事故，或者针对重要生产设施、重大危险源、重大活动等内容而制订的应急预案，专项应急预案主要包括事故风险分析、应急指挥机构及职责、处置程序和措施等内容。

（3）现场处置方案。现场处置方案是生产经营单位根据不同事故类型，针对具体的场所、装置或设施所制定的应急处置措施，主要包括事故风险分析、应急工作职责、应急处置和注意事项等内容。生产经营单位应根据风险评估、岗位操作规程以及危险性控制措施，组织本单位现场作业人员及安全管理等专业人员共同编制现场处置方案。

2. 编制的原则

（1）政府统一领导原则。各级政府是本行政区域应急救援预案编制工作的主体，各有关部门在本级政府的统一领导下参与和协助本行政区域应急救援预案的编制工作。

（2）法规规定原则。在应急救援预案的编制依据和编制内容上，严格遵守安全生产法《国务院关于特大安全事故行政责任追究的规定》等法律法规的有关规定。

（3）实用原则。预案必须从实际出发，具有针对性和可操作性，这是编制、审查预案的重点。

（4）部门分工及责任明确原则。按照“一岗双责”的原则（党政领导干部既要履行岗位业务职责，又要履行安全生产管理工作职责），明确各部门在预案编制过程中和实施应急救援中的职责分工。

3. 编制的依据

应急救援预案的编制依据为《中华人民共和国安全生产法》《中华人民共和国矿山安全法》《煤矿安全生产条例》《煤矿安全规程》等法律法规、规程和规定。

4. 编制的步骤

编制的步骤包括：①成立预案编制小组，拟订编写计划；②收集资料并进行初步评估；③辨识危险源并评估风险；④评估应急能力与资源；⑤编制应急预案；⑥应急预案评审。

5. 编制的准备工作

（1）编制应急救援预案时首先要收集必要的信息，包括：①通用的法律法规和标准；②企业安全记录、事故情况；③国内外同类企业事故资料；④地理、环境气候资料；⑤相关企业的应急预案等。

（2）编制应急救援预案时还应提出一些相关的问题，包括：①可能发生什么样的事故；②这种事故的后果如何（包括对现场和企业外的影响），可能影响到什么地区；③这类事故是否可以预防，如果不能，可能产生什么级别的紧急情况；④如何报警，如何建立有效的通信；⑤谁来评价这种紧急情况，依据是什么；⑥谁负责做，做什么、什么时间、怎么做；⑦目前具备什么样的资源，应该具备什么资源；⑧可得到什么样的外部援助，怎样得到。这些问题是制订应急救援预案过程中必须分析和考虑的内容。据此，编制小组的工作可分为三部分：一是危险辨识、后果分析和风险评价；二是明确人员和职能；三是明确需要的资源。

6. 编制预案应注意的事项

（1）应针对本单位的特点进行编制。煤矿行业、非煤矿山行业、建筑行业、民爆行业都有各自的特点，危险行业目标和危险源都不尽相同，并且在煤矿、非煤矿山，危险随着生产的进程而变化，因此在编制预案时要有针对性。

（2）事故发生后采取处理措施的出发点不同，煤矿和非煤矿山行业在事故发生后更倾向于救人，民爆行业更倾向于防止二次事故的发生。

（3）人员紧急疏散和撤离应针对具体情况制订合理方案。地下作业人员的疏散和撤离比地面作业人员的疏散和撤离难度更大，更需周密的准备和安排。

（4）事故救援方面。国家现已组建了多支专业救援队伍，预案编制时，要认真考虑如何充分利用这些专业救援力量。

（5）医疗救援方面。矿山有矿山医疗救护队伍，国家矿山安全监察局矿山医疗救护中心指导协调全国矿山伤员的急救工作；省级矿山医疗救护基地根据需要指导、协调省内矿山事故伤员的救治工作；省级矿山医疗救护机构负责企业矿山事故伤员的医疗急救，其他行业根据实际情况对医疗救护进行安排和服务。

### （四）应急救援培训

通过培训，可以使事故涉及的所有人员（包括事故当事人、应急救援人员等）都能了解，一旦发生事故，他们应该做什么、能够做什么，如何去做，以及如何协调各应急部门人员的工作等。通过培训，还可以发现应急救援预案的不足和缺陷，并在实践中加以补充和改进，应急救援培训的对象主要包括：政府主管部门人员、企业全员、专业应急救援队伍、社区居民。

### （五）预案的演习和实施

#### 1. 预案的演习

预案的演习是检验、评价和提高应急能力的一个重要手段，其重要作用突出体现在可以在事故真正发生前暴露预案和程序的缺陷；发现应急资源的不足（包括人力和设备等）；改善各应急部门、机构人员之间的协调缺陷；增强公众应对突发重大事故救援的信心和应急意识；提高应急人员的技术水平和熟练程度；进一步明确各自的岗位与职责；提高各级预案之间的协调性；提高整体应急反应能力。

演习前需要对以下项目进行检查：①组织的落实（确定指挥部、抢救队、急救队后勤保障的第一、第二梯队乃至后备人选）；②制度的落实；③硬件的落实（各类器材、装置配套齐全，定期检验，淘汰过期、残存的失效药品、器材）。

演习结束后应认真总结，肯定成绩、表彰先进，对发现的不足、缺陷应采取纠正措施，进一步完善预案。

#### 2. 预案的实施

预案的实施是在事故发生时，依据事故的类型、危害程度的级别和评估结果，启动相应的预案，按照预案展开应急救援。实施时不能轻易变更预案，如有预案未考虑到的地方，应冷静分析后，果断予以处理。事故后认真总结，进一步完善预案。

事故应急救援预案是针对事故制订的应急方案，是对事故进行响应所遵循的程序。事故应急响应程序按照过程可分为接警、确定响应等级、报警、应急启动、救援行动、扩大应急、应急恢复和应急结束几个阶段。

### （六）事故应急救援预案的检查

我国安全生产法要求，危险物品的生产、经营、储存单位以及矿山、建筑施工单位应制订应急救援预案，并建立应急救援组织，生产经营规模较小的单位应当指定兼职应急救援人员。因此，制订事故应急救援预案将作为建设项目“三同时”验收的条件之一。安全验收评价应将“事故应急救援预案的检查”作为一项必不可少的工作。

对于事故应急救援预案的检查应参照相关事故应急救援预案编制导则进行。检查一般可以分为三个层次：第一层次是检查预案程序；第二层次是检查预案内容；第三层次是检查预案配套的制度和方法。

1. 预案程序的检查

（1）危险源确定程序的检查。危险源确定程序包括：①找出可能引发事故的材料、物品、系统、生产过程、设施或能量（电、磁、射线）等。②对危险辨识找出的因素进行分析；分析可能发生事故的后果（人的伤害、物的损失、环境的破坏）；分析可能引发事故的原因。③将危险分出层次，找出最危险的关键单元。④确定是否属于重大危险源。⑤对属于重大危险源以及危险度高的单元，进行“事故严重度评价”。⑥确定危险源（按危险程度依次排列）。

（2）事故预防程序的检查。遵循事故预防PDCA循环的基本过程，即计划（Plan）、实施（Do）、检查（Check）、处理（Action）。包括：通过安全检查掌握“危险源”的现状；分析产生危险的原因；制定控制危险源的对策；对策的实施；实施效果的确认；保持效果并将其标准化，防止反复；持续改进，提高安全水平。

（3）应急救援程序的检查。要求根据危险源模拟事故状态，制订出几种事故状态下的应急救援方案，不能遗漏。当发生事故时，每个职工都应知道各种紧急状态下每一步做什么和怎么做。

重点检查：事故应急救援指挥部启动程序、指挥部发布和解除应急救援命令和信号的程序及通信网络、抢险救援程序（救援行动方案）、工程抢险抢修程序、现场医疗救护及伤员转送程序、人员紧急疏散程序、事故处理程序、事故上报程序等。大型生产经营单位的“应急救援程序”应该将“单元（车间）应急救援程序”汇编在内，不能出现盲点。

2. 预案内容的检查

主要检查两个方面：一是程序包含的内容是否遗漏；二是这些内容是否正确。重点检查以下内容。

（1）组织方案。生产经营单位成立应急救援组织机构和指挥系统。生产经营单位主要领导和各职能机构负责人共同组织应急救援指挥系统，负责在重大事故发生后的救援指挥和组织实施救援工作，并且要依据本单位使用的原材料和生产产品的不同，按照防火、防爆、防泄漏、防辐射、防中毒等成立各个救助分队，各分队应专业和非专业相结合。各分队要明确组织形式，对人员实施应急救援措施的专业技术培训，按照处理重大事故所需配备一定数量的救助器材，形成一支专业性强的事故应急救援力量。

生产经营单位应急救援指挥系统的建立主要是建立联系网络，重大事故报告要及时准确，指挥机构和各救援分队的联系要畅通，能够及时对具体实施应急措施进行指挥和调度；与当地政府、行政主管部门和公安消防部门、供电、供水、供气等单位，以及事故应急救援抢救机构等有关部门建立必要的工作联系，及时通报本单位重大事故危险源的状态和生产安全工作情况；对在生产安全中发生的问题，取得有关部门和单位的支持和帮助，及时采取相应措施，避免或减少重大事故的发生。

（2）责任制。责任制主要是指挥系统和抢险分队责任制的建立。其主要内容应包括：保证信息畅通；报警及警告信号明确有效；实施救援队伍分工明确；指挥救援程序落实；必备的救援器材配备齐全，并确保完好和正确使用；救援人员应具备安全技术素质及保证技术培训质量等。

（3）报警及信息系统。生产经营单位可依据本单位的具体情况，建立重大事故发生的报警信号系统。当发生重大事故时，按照生产经营单位规定的方法及时报告或报警。报告或报警可以用声响或标志等形式，但必须做到及时准确和醒目。

（4）重大危险源。生产经营单位应依据本单位的具体情况，对危险场所和危险部位进行重大危险源评估，对那些确认属于重大危险源的部位或场所，应进行事故应急预案的编制。我国安全生产法附则中，对“重大危险源”作了明确定义。

（5）紧急状态下抢险救援的实施。生产经营单位在发生重大事故后，应立即采取必要的措施，并将事故基本情况进行报告，发出事故警报或信号，事故指挥系统要立即采取措施，启动事故专家系统，输入事故现场数据信息，对事故救援提供可行性方案，组织和指挥救援队伍实施救援，并报告有关部门和单位，对事故进行抢险或救援。在事故发生紧急情况下，已实施了应急抢险措施，但对事故状态仍不能得到控制，而且极有可能发生更为严重的后果时，为了避免造成更多的人员伤害，应在积极采取抢救措施的同时，疏散当地周围居民，封闭道路，控制流动人员进入等。

3. 预案配套制度和方法的检查

为了能在事故发生后，迅速、准确、有效地进行处理，必须制定好《事故应急救援预案》以及与之配套的制度、程序和处理办法。特别需要指出的是，《生产工艺操作方法》必须以操作安全为本，内容应包括紧急状态下工艺操作的程序和方法。对“危险源”应配套“工程抢险抢修”的程序和方法。

此外，日常还要做好应急救援的各项准备工作，对所有职工进行经常性的应急救援常识教育。落实岗位责任制和各项规章制度；同时，还应建立应急救援工作制度，如责任制度、值班制度、检查制度、例会制度、培训制度、应急救援装备、物资、药品等检查、维护制度、演练制度等。

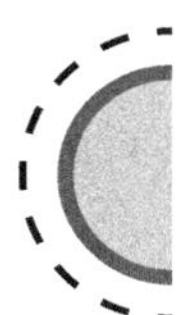

# 第十章　矿山安全评价

## 第一节　安全评价概述

安全评价是利用系统工程方法对拟建或已有工程、系统可能存在的危险及其可能产生的后果进行综合评价和预测，并根据可能导致的事故风险的大小，提出相应的安全对策措施，以达到工程、系统的安全运行。安全评价应贯穿于工程、系统的设计、建设、运行和退役整个生命周期的各个阶段。对工程、系统进行安全评价既是企业、生产经营单位搞好安全生产的重要保证，也是政府安全监督管理的需要。

### 一、安全评价的定义

安全评价以实现工程、系统安全为目的，应用安全系统工程原理和方法，对工程、系统中存在的危险、有害因素进行识别与分析，判断工程、系统发生事故和急性职业危害的可能性及其严重程度，提出安全对策建议，从而为工程、系统制定防范措施和管理决策提供科学依据。

安全评价又称为风险评价或危险评价，它既需要安全理论的支撑，又需要安全生产管理经验和生产技术知识的支持，只有两者结合，才能开展好安全评价工作。我国安全评价工作起步较晚，无论是安全评价方法，还是安全评价基础数据，与一些工业化国家相比都有一定的差距。

### 二、安全评价的目的

安全评价的目的是查找、分析和预测工程、系统中存在的危险、有害因素及可能导致的事故的严重程度，提出合理可行的安全对策措施，指导危险源监控和事故预防，以达到最低事故率、最少损失和最优的安全投资效益。安全评价要达到的目的包括以下四个方面。

### （一）促进实现本质安全化生产

通过安全评价，系统地从工程、系统设计、建设、运行等过程对事故和事故隐患进行科学分析，针对事故和事故隐患发生的各种可能致因因素和条件，提出消除危险源和降低风险的安全技术措施方案，特别是从设计上采取相应措施，提高生产过程的本质安全化水平，做到即使发生误操作或设备故障，系统存在的危险因素也不会因此导致重大事故发生。

### （二）实现全过程安全控制

在设计之前进行安全评价，可避免选用不安全的工艺流程、危险的原材料，以及不合适的设备设施，或可提出必要的降低或消除危险的有效方法。设计之后进行的评价，可查出设计中的缺陷和不足，及早采取改进和预防措施。系统建成以后运行阶段进行的系统安全评价，可了解系统的现实危险，为进一步采取降低危险性的措施提供依据。

### （三）建立系统安全的最优方案，为决策者提供依据

通过安全评价，分析系统存在的危险源及其分布部位、数目，预测事故的概率和事故严重程度，提出应采取的安全对策措施等，为决策者选择系统安全最优方案和管理决策提供依据。

### （四）为实现安全技术、安全管理的标准化和科学化创造条件

通过对设备设施或系统在生产过程中的安全性是否符合有关技术标准、规范、相关规定的评价，对照技术标准、规范找出存在的问题和不足，以实现安全管理的标准化、科学化，为安全技术和安全管理标准的制定提供依据。

## 三、安全评价的意义

安全评价的意义在于可有效地预防事故的发生，减少财产损失、人员伤亡和伤害。安全评价与日常安全管理和安全监督监察工作不同，安全评价是从技术上带来的负效应出发，分析、论证和评估由此产生的损失和伤害的可能性、影响范围、严重程度及应采取的对策措施等。

在现代生产系统中，安全评价作为企业管理的重要组成部分，无论是从降低企业的经济损失、提高企业的生产效率，还是从提高企业的诚信度和全体员工的素质等方面，都具有十分重要的意义。安全评价的意义可以概括为以下五个方面。

### （一）安全评价是安全生产管理的一个重要组成部分

“安全第一、预防为主、综合治理”是我国安全生产的基本方针，作为预测、预防事故重要手段的安全评价，在贯彻安全生产方针中起着十分重要的作用，通过安全评价可确认生产经营单位是否具备了安全生产条件，是否在生产过程中贯彻安全生产方针和“以人为本”的管理理念。

### （二）有助于政府安全监督管理部门对生产经营单位的安全生产实行宏观控制

建设项目建设前的安全预评价，将有效地提高工程安全设计的质量和投产后的安全可靠程度；建设项目建成后、正式投产前的安全验收评价，是根据国家有关法律、法规和标准的要求对设备设施和系统进行的符合性评价，可以提高安全达标水平；系统运转阶段的安全技术、安全管理、安全教育等方面的安全现状评价，可客观地对生产经营单位安全水平作出结论，使生产经营单位不仅能了解可能存在的危险、有害因素及其可能导致事故的危险性，而且能明确如何改进安全状况，同时也可为安全监督管理部门了解生产经营单位生产现状、实施宏观控制提供基础资料。

### （三）有助于安全投资的合理选择

安全评价不仅能确认系统的危险性，而且能进一步考虑危险性发展为事故的可能性及事故造成损失的严重程度，进而计算事故造成的危害，即风险率，并以此说明系统危险可能造成负效益的大小，以便合理地选择控制、消除事故发生的措施，确定安全措施投资的多少，从而使安全投入和可能减少的负效益达到合理的平衡。

### （四）有助于提高生产经营单位的安全管理水平

安全评价可以促使生产经营单位的安全管理模式发生转变。

1. 将“事后处理”转变为“事先预防”

传统安全管理方法的特点是凭经验进行管理，多为事故发生后再进行处理的“事后过程”。通过安全评价，可以预先识别系统的危险性，分析生产经营单位的安全状况，全面地评价系统及各部分的危险程度和安全管理状况，促使生产经营单位达到规定的安全要求。

2. 将“纵向单一管理”转变为“全面系统管理”

安全评价使生产经营单位所有部门都能按照要求认真评价本系统的安全状况，将安全管理范围扩大到生产经营单位各个部门、各个环节，使生产经营单位实现全员、全过程、全方位和贯穿整个生产时间的系统化安全管理。

3. 将“经验管理”转变为“目标管理”

仅凭经验、主观意志和思想意识进行安全管理，没有统一的标准、目标；而安全评价可以使各部门、全体职工明确各自的安全指标要求，在明确的目标下，统一步调，分头进行，从而使安全管理工作做到科学化、系统化和标准化。

### （五）有助于生产经营单位提高经济效益

安全预评价，可减少项目建成后由于达不到安全的要求而引起的调整和返工建设；安全验收评价，可将一些潜在的事故隐患在设施开始运行之初及时消除，避免导致事故；安全现状综合评价，可使生产经营单位较好地了解可能存在的危险并为安全管理提供依据。生产经营单位的安全生产水平的提高无疑可产生经济效益，特别是其带来的社会效益尤为可观。

## 四、安全评价的原理与原则

### （一）安全评价原理

虽然安全评价的应用领域宽广，评价的方法和手段众多，评价对象的属性、特征及事件的随机性千变万化，各不相同，但是其思维方式是一致的。将安全评价的思维方式和依据的理论统称为安全评价原理。常用的安全评价原理有相关性原理、类推原理、惯性原理和量变到质变原理等。

1. 相关性原理

相关性是指一个系统，其属性、特征与事故和职业危害存在着因果关系。这是系统因果评价方法的理论基础。

安全评价把研究的所有对象都视为系统。由系统的基本特征可知，每个系统都有自身的总目标，而构成系统的所有子系统、单元都为实现这一总目标而实现各自的分目标。如何使这些目标达到最佳，这就是系统工程要解决的问题。系统的整体功能（目标）是由组成系统的各子系统、单元综合发挥作用的结果。因此，不仅系统与子系统、子系统与单元有着密切的关系，而且各子系统之间、各单元之间、各元素之间也都存在着密切的关系。所以，在评价过程中只有找出这种相关关系，并建立相关模型，才能正确地对系统的安全性进行评价。

有因才有果，这是事物发展变化的规律。事物的原因和结果之间存在着类似函数一样的密切关系。若研究、分析各个系统之间的依存关系和影响程度，就可以探求其变化的特征和规律，并可以预测其未来状态的发展变化趋势。事故和导致事故发生的各种原因（危险因素）之间存在着相关关系，表现为依存关系和因果关系。危险因素是原因，事故是结果，事故是多种因素综合作用的结果。只有分析各因素的特征、变化规律，各因素影响事故发生和事故后果的程度，以及从原因到结果的途径，揭示其内在联系和相关程度，才能在评价中得出正确的分析结论，采取恰当的对策措施。例如，煤矿矿井突水事故，不合理生产过程使地表或地下水系统能量向井巷工程的意外释放是造成煤矿突水事故发生的主要原因。不合理采矿活动是能量意外释放的诱因，不合理排水与安全救助措施加重了突水事故的灾害性。在评价中要综合分析这些因素的因果关系和相互影响程度，并定量地进行评价。事故的因果关系是：事故的发生是有原因的，而且往往不是由单一原因因素造成的，而是由若干个原因因素耦合在一起导致的。当出现符合事故发生的充分与必要条件时，事故必然会立即爆发。多一个原因因素不需要，少一个原因因素事故就不会发生。而每一个原因因素又由若干个二次原因因素构成，每一个二次原因因素又由若干个三次原因因素构成，以此类推。消除一次，或二次，或三次……原因因素，破坏事故发生的充分与必要条件，事故就不会发生，这就是采取技术、管理、教育等方面的安全对策措施的理论依据。在评价过程中，借鉴历史、同类系统的数据、典型案例等材料，找出事故发展过程中的相互关系，建立起接近真实系统的数学模型，则评价会取得较好的效果。而且越接近真实系统，评价效果越好，结果越准确。

2. 类推原理

“类推”又称“类比”。类推推理是人们经常使用的一种逻辑思维方法，常用来作为推出一种新知识的方法。它是根据两个或两类对象之间存在着某些相同属性或相似属性，从一个已知对象具有某个属性来推出另一个对象具有此种属性的一种推理。它在人们认识世界和改造世界的活动中，有着非常重要的作用，在安全生产、安全评价中同样也有着特殊的意义和重要的作用。

类推推理的结论是或然性的。所以，在应用时要注意提高结论的可靠性，其方法有：要尽量多地列举两个或两类对象所共有或共缺的属性；两个类比对象所共有或共缺的属性越本质，则推出的结论越可靠；两个类比对象共有或共缺的对象与类推的属性之间具有本质和必然的联系，则所推出结论的可靠性就高。

类推推理常常被人们用来类推同类工程或类似工程的职业安全的经验、教训，采取相应的对策措施防患于未然，实现安全生产。类推评价法是经常使用的一种安全评价方法。它不仅可以由一种现象推算另一种现象，还可以依据已掌握的实际统计资料，采用科学的估计推算方法来推算得到基本符合实际的所需资料，以弥补调查统计资料的不足，供分析研究使用。类推评价法的种类及其应用领域取决于评价对象事件与先导事件之间联系的性质。若这种联系可用数字表示，则称为定量类推；如果这种联系关系只能定性处理，则称为定性类推。

3. 惯性原理

任何事物在其发展过程中，从其过去到现在以及延伸至将来，都具有一定的延续性，这种延续性称为惯性。利用惯性原理可以研究事物或一个评价系统的未来发展趋势。例如，从一个单位过去的安全生产状况、事故统计资料，可以找出安全生产及事故发展变化趋势，以推测其未来安全状态。利用惯性原理进行评价时应注意两点。

（1）惯性越大，影响越大；反之，影响越小。例如，一个生产经营单位如果疏于管理，违章作业、违章指挥、违反劳动纪律严重，事故就多，若任其发展则会愈演愈烈，而且有加速的态势，惯性越来越大。对此，必须立即采取相应对策措施，打破这种格局，亦即中止或使这种不良惯性改向，才能防止事故的发生。

（2）一个系统的惯性是指这个系统各个内部因素之间互相联系、互相影响、互相作用，按照一定的规律发展变化的一种状态趋势。因此，只有当系统是稳定的，受外部环境和内部因素的影响产生的变化较小时，其内在联系和基本特征才可能延续下去，该系统所表现的惯性发展结果才基本符合实际。但是，绝对稳定的系统是没有的，因为事物发展的惯性在受外力作用时，可使其加速或减速甚至改变方向。这样就需要对一个系统的评价进行修正，即在系统主要方面不变、而其他方面有所偏离时，就应根据其偏离程度对所出现的偏离现象进行修正。

4. 量变到质变原理

任何一个事物在发展变化过程中都存在着从量变到质变的规律。同样，在一个系统中，许多有关安全的因素也都一一存在着量变到质变的规律。在评价一个系统的安全时，也都离不开从量变到质变的原理。例如：在许多评价方法中，有关危险等级的划分无不一一应用着量变到质变的原理。如在危险性预先分析中，将危险性的大小划分为4个等级，即安全的、临界的、危险的、灾难性的。因此，在安全评价时，考虑各种危险、有害因素，对人体的危害，以及采用的评价方法进行等级划分等，均需要应用量变到质变的原理。

上述原理是人们经过长期研究和实践总结出来的。在实际评价工作中，人们综合应用这些基本原理指导安全评价，并创造出各种评价方法，进一步在各个领域加以运用。掌握评价的基本原理可以建立正确的思维程序，对于评价人员开拓思路、合理选择和灵活运用评价方法都是十分必要的。由于世界上没有一成不变的事物，评价对象的发展不是过去状态的简单延续，评价的事件也不会是类似事件的机械再现，相似不等于相同。因此，在评价过程中，还应对客观情况进行具体细致的分析，以提高评价结果的准确程度。

### （二）安全评价原则

安全评价是落实“安全第一、预防为主、综合治理”安全生产方针的重要技术保障，是安全生产监督管理的重要手段。安全评价工作以国家有关安全生产的方针、政策和法律法规、标准为依据，运用定量和定性的方法对建设项目或生产经营单位存在的危险、有害因素进行识别、分析和评价，提出预防、控制、治理对策措施，为建设单位或生产经营单位预防事故的发生，为政府主管部门进行安全生产监督管理提供科学依据。

安全评价是关系到被评价项目能否符合国家规定的安全标准，能否保障劳动者安全与健康的关键性工作。由于这项工作不但技术性强，而且政策性也很强，因此要做好这项工作，必须以被评价项目的具体情况为基础，以国家安全法规及有关技术标准为依据，用严肃科学的态度，认真负责的精神，全面、仔细、深入地开展和完成评价任务。在工作中必须自始至终遵循科学性、公正性、合法性和针对性原则。

1. 科学性

安全评价涉及学科范围广，影响因素复杂多变。为保证安全评价能准确地反映被评价系统的客观实际，确保结论的正确性，在开展安全评价的过程中，必须依据科学的方法、程序，以严谨的科学态度全面、准确、客观地进行工作，提出科学的对策措施，作出科学的结论。

危险、有害因素产生危险、危害后果，需要一定条件和触发因素，要根据内在的客观规律，分析危险、有害因素的种类、程度、产生的原因，以及出现危险、危害的条件及其后果，才能为安全评价提供可靠的依据。

现有的安全评价方法均有其局限性。评价人员应全面、仔细、科学地分析各种评价方法的原理、特点、适用范围和适用条件，必要时，还应采用几种评价方法进行评价，进行分析综合，互为补充，互相验证，提高评价的准确性；评价时，切忌生搬硬套、主观臆断、以偏概全。

从收集资料、调查分析、筛选评价因子和权重值的给定，直至提出对策措施、作出评价结论与建议等，每个环节都必须用科学的方法和可靠的数据，按科学的工作程序一丝不苟地完成各项工作，努力在最大限度上保证评价结论的正确性和对策措施的合理性、可行性和可靠性。

受一系列不确定因素的影响，安全评价在一定程度上存在误差。评价结果的准确性直接影响到决策的正确性，安全设计的完善性，运行的安全可靠性。因此，对评价结果进行验证十分重要。为了不断提高安全评价的准确性，评价机构应有计划、有步骤地对同类装置、国内外的安全生产经验、相关事故案例和预防措施，以及评价后的实际运行情况进行考察、分析、验证，利用建设项目建成后的事后评价进行验证，并运用统计方法对评价误差进行统计和分析，以便改进原有的评价方法和修正评价参数，不断提高评价的准确性、科学性。

2. 公正性

安全评价结论是评价项目的决策、设计、能否安全运行的依据，也是国家安全生产监督管理部门进行安全监督管理的执法依据。因此，对于安全评价的每一项工作都要做到客观和公正，既要防止受评价人员主观因素的影响，又要排除外界因素的干扰，避免出现不合理、不公正的评价结论。

安全评价有时会涉及一些部门、集团、个人的某些利益。因此，在评价时，必须以国家和劳动者的总体利益为重，要充分考虑劳动者在劳动过程中的安全与健康，要依据有关法规、标准、规范，提出明确的要求和建议。评价结论和建议不能模棱两可。

3. 合法性

安全评价机构和评价人员必须由国家安全生产监督管理部门予以资质核准和

资格注册，只有取得资质的机构才能依法进行安全评价工作。政策、法规、标准是安全评价的依据，政策性是安全评价工作的灵魂。所以，承担安全评价工作的机构必须在国家安全生产监督管理部门的指导、监督下，严格执行国家及地方颁布的有关安全生产的方针、政策、法规和标准等。在具体评价过程中，应全面、仔细、深入地剖析评价项目在执行产业政策、安全生产和劳动保护政策等方面存在的问题，并且主动接受国家安全生产监督管理部门的指导、监督和检查。

4. 针对性

进行安全评价时，首先应针对被评价项目的实际情况和特征，收集有关资料，对系统进行全面的分析；其次要对众多的危险、有害因素及单元进行筛选，针对主要的危险、有害因素及重要单元应进行有针对性的重点评价，并辅以重大安全事故后果和典型案例分析、评价，由于各类评价方法都有特定的适用范围和适用条件，要有针对性地选用评价方法；最后要从实际的经济、技术条件出发，提出有针对性的、可操作性强的对策措施，对被评价项目作出客观、公正的评价结论。

## 第二节　矿山安全评价的依据

安全评价是政策性很强的一项工作，必须依据我国现行的法律法规和技术标准进行，以保障被评价项目的安全运行，保障劳动者在劳动过程中的安全与健康。安全评价涉及的法规、标准等可随法规、标准条文的修改或新法规、标准的出台而变动。

### 一、法律法规

安全法律法规的规范性文件主要有以下六种。

宪法。宪法的许多条文直接涉及安全生产和劳动保护问题，这些规定既是安全法规制定的最高法律依据，又是安全法律法规的一种表现形式。

法律。法律是由国家立法机构以法律形式颁布实施的，制定权属全国人民代表大会及其常务委员会。例如，《中华人民共和国劳动法》《中华人民共和国安全生产法》《中华人民共和国矿山安全法》等。

行政法规。它是由国务院制定的安全生产行政法规。例如，国务院发布的

《安全生产许可证条例》等。

部门规章。它是由国务院有关部门制定的专项安全规章，是安全法规各种形式中数量最多的。例如，《安全评价通则》（AQ 8001—2007）及各类安全评价导则等。

地方性法规和地方规章。地方性法规是由各省、自治区、直辖市人民代表大会及其常务委员会制定的有关安全生产的规范性文件；地方规章是由各省、自治区、直辖市人民政府，以及其首府所在地的市和经国务院批准的较大的市政府制定的有关安全生产的专项文件。

国际法律文件。国际法律文件主要是指我国政府批准加入的国际劳工公约。

### 二、标准规范

安全评价相关标准可按来源、法律效力、对象特征等分类。

（1）按标准来源可分为四类：由国家主管标准化工作的部门颁布的国家标准，如《生产设备安全卫生设计总则》（GB 5083—2023）、《生产过程安全卫生要求总则》（GB/T 12801—2008）等；国务院各部委发布的行业标准，如中华人民共和国住房和城乡建设部发布的《工业企业总平面设计规范》（GB50187—2012）等；地方政府制定发布的地方标准；国际标准和外国标准。

（2）按标准法律效力可分为两类：强制性标准，如《爆破安全规程》（GB 6722—2014）、《有色金属矿山排土场设计标准》（GB 50421—2018）等；推荐性标准，如《生产过程危险和有害因素分类与代码》（GB/T 13861—2022）等。

（3）按标准对象特征可分为管理标准和技术标准两类。其中技术标准又可分为基础标准、产品标准和方法标准三类。

安全评价依据的标准众多，不同行业会涉及不同的标准。应当注意的是，标准有可能更新，应注意使用最新版本的标准。

## 第三节　矿山安全评价的分类、内容与程序

### 一、矿山安全评价的分类

根据《安全评价通则》（AQ8001—2007），安全评价按照实施阶段的不同分为三类：安全预评价、安全验收评价、安全现状评价。一些相关著作、教材按

照评价的目的不同，将安全评价分为四类，除上述三类外，还有安全专项评价。对矿山系统进行评价时，主要是矿山安全预评价、矿山安全验收评价、矿山安全现状评价，矿山安全专项评价工作做得较少。下面就各类评价分别进行介绍。

### （一）矿山安全预评价

矿山安全预评价以拟建矿山项目作为研究对象，根据建设项目可行性研究报告提供的生产工艺过程、主要设备设施和操作环境等，研究系统固有的危险、有害因素，应用安全系统工程的原理和方法，对系统的危险性和危害性进行定性定量分析，确定系统的危险、有害因素及其危险、危害程度；针对主要危险、有害因素及其可能产生的危险、危害后果，提出消除、预防和降低危险、危害的对策措施；评价采取措施后的系统能否满足规定的安全要求，从而得出建设项目应如何设计、管理才能达到安全指标要求的结论。总之，安全预评价可概括为以下几点。

一是矿山安全预评价是一种有目的的行为，它是在研究矿山事故和危害为什么会发生、是怎样发生的和如何防止发生这些问题的基础上，回答拟建项目依据设计方案建成后的安全性如何，能否达到安全标准的要求及如何达到安全标准，以及安全保障体系的可靠性如何等至关重要的问题。

二是矿山安全预评价的核心是对拟建矿山系统存在的危险、有害因素进行定性定量分析，即针对特定的子系统，对发生事故、危害的可能性及其危险、危害的严重程度进行评价。

三是用有关标准（安全评价标准）及定性定量评价方法对系统进行衡量、分析，说明系统的安全性。

四是矿山安全预评价的最终目的是确定采取哪些优化的技术、管理措施，使各子系统及建设项目整体达到安全标准的要求。

通过安全预评价形成的安全预评价报告，将作为项目报批的文件之一，向政府安全管理部门提供的同时，也提供给建设单位、设计单位、业主，作为项目最终设计的重要依据文件之一。建设单位、设计单位、业主在项目设计阶段、建设阶段和运营时期，必须落实安全预评价所提出的各项措施，切实做到建设项目安全设施的“三同时”。

### （二）矿山安全验收评价

矿山安全验收评价是运用安全系统工程的原理和方法，在项目建成试生产正常运行后，正式投产前进行的一种检查性安全评价。它通过对系统存在的危险、有害因素进行定性定量检查，判断系统在安全上的符合性和配套安全设施的有效性，从而作出评价结论并提出补救或补偿措施，以实现系统安全的目的。

矿山安全验收评价是对矿山项目建成后即将验收进行的技术准备。在安全验收评价中不仅要查看安全预评价提出的安全措施在矿山设计中是否得到落实、初步设计中的各项安全设施是否在项目建设中得到落实，还要查看施工过程中的安全监理记录，安全设施调试、运行和检测情况，以及隐蔽工程等的安全设施落实情况。最终形成的安全验收评价报告，将作为建设单位向政府安全生产监督管理机构申请建设项目安全验收审批的依据。另外，通过安全验收还可检查生产经营单位的安全生产保障、安全管理制度，以确保《中华人民共和国安全生产法》的落实。

### （三）矿山安全现状评价

矿山企业是一个复杂的、不断变化发展的系统。某新建、改扩建矿山项目安全设备设施验收通过只是说明该企业目前或今后一段时期内满足安全生产的要求，并不能说明以后运行过程中的安全性。因此，矿山企业为保证其整个生命周期内安全生产，每运行一段时间后需对发展变化了的系统进行危险、有害因素识别，对其现状的安全性作出评价，从而进一步采取经济有效的措施来优化、完善系统，以保障系统安全平稳运行。

另外，《非煤矿矿山企业安全生产许可证实施办法》及《煤矿企业安全生产许可证实施办法》都规定，矿山企业未取得安全生产许可证的，不得从事生产活动。企业取得安全生产许可证的条件之一就是依法进行安全评价。同时也规定了安全生产许可证的有效期为3年。因此，运行的矿山企业在安全生产许可证延续前，须委托安全评价中介机构作矿山安全现状评价。通过评价确认矿山系统能否安全运行，从而为政府安全管理部门提供矿山能否办理安全生产许可证的依据。

### （四）矿山安全专项评价

矿山安全专项评价是根据政府有关管理部门的要求进行的，是对专项安全问题进行的专题安全分析评价。安全专项评价一般是针对矿山某个系统或工程，如矿井通风系统、采矿工艺系统、露天矿边坡工程等，进行危险、有害因素辨识分析，作出安全性评价。目的是查找其存在的危险、有害因素，确定其危险程度，提出合理可行的安全对策措施及建议。

## 二、矿山安全评价的内容

安全评价是利用系统安全工程原理和方法识别与评价系统、工程中存在的危险、有害因素及其导致事故的危险性，并制定安全对策措施的过程，该过程主要包括的内容有危险、有害因素识别与分析，危险性评价，制定安全对策措施。通过危险、有害因素识别与分析，找出可能存在的危险源，分析它们可能导致的事故类型及目前采取的安全对策措施的有效性与实用性；危险性评价是采用定性或定量安全评价方法，预测危险源导致事故的可能性和严重程度，进行危险性的分级；根据事故致因分析及其严重程度，制定安全对策措施，有效地控制各类风险。

### （一）非煤矿山评价内容

非煤矿山主要包括开采金属矿石，放射性矿石，以及作为石油化工原料、建筑材料、辅助原料、耐火材料及其他非金属矿物（煤炭除外）的矿山。

#### 1. 非煤矿山安全预评价主要内容

分析拟建矿山项目周边环境、开拓工程、提升运输、通风防尘、防排水、防灭火、充填系统、供电、供水、供气、通信等系统以及尾矿库、排土场、炸药库、露天矿边坡等场所的设备设施可能存在的危险、有害因素；应用相关评价方法对其进行定性定量评价；提出合理可行的安全对策措施及建议。

#### 2. 非煤矿山安全验收评价主要内容

非煤矿山主要核实检查矿山周边环境、开拓工程、提升运输、通风防尘、防排水、防灭火、充填、供电、供水、供气、通信等系统以及尾矿库、排土场、炸药库、露天矿边坡等场所的设备设施的情况是否符合安全生产法律法规和技术标准规范的要求；核实检查安全管理情况是否满足相关法律法规的要求。进一步进行矿山重大危险、有害因素的危险度评价，并提出合理可行的安全对策措施及建议。

#### 3. 非煤矿山安全现状评价主要内容

非煤矿山现状评价主要是针对运行矿山的各个生产系统，如开拓系统、提升运输系统、通风防尘系统、防排水系统、防灭火系统、充填系统、供电、供水、供气、通信等系统的安全设备设施以及尾矿库、排土场、炸药库、露天矿边坡等工程进行符合性、危险性评价；核实检查安全管理情况是否满足相关法律法规的要求。对各生产系统进行危险、有害因素分析，作出危险性评价，看是否满足安全生产的要求，并提出合理可行的安全对策措施及建议。

### （二）煤矿评价内容

1. 煤矿建设项目安全预评价内容

分析煤矿建设项目的规模、范围、厂址及其周边情况；评价煤层瓦斯赋存条件和自燃倾向性、煤尘爆炸性、岩（煤）体的力学性能以及老窑分布情况对矿山生产的影响；分析和预测煤矿建设项目投入生产后可能存在的危险、有害因素，预测发生重大事故的危险度；分析并明确安全设备、设施在生产和使用中的作用和要求，提出合理可行的安全对策措施及建议。

2. 煤矿建设项目安全验收评价内容

检查各类安全生产相关资质（资格）、证件、数据资料的系统性和充分性，说明是否满足安全生产法律法规和技术标准的要求；评价安全设施与有关规定、标准、规程的符合性及其确保安全生产的可行性、可靠性；评价安全管理模式、制度的系统性和科学性，明确安全生产责任制、安全管理机构及安全管理人员、安全生产制度等安全管理相关内容是否满足安全生产法律法规和技术标准的要求及其落实执行情况；通过对煤矿的各生产系统的设备、设施的实际情况、管理状况的调查分析，查找该煤矿投产后危险、有害因素，确定其危险度；评价生产系统和辅助系统，明确是否形成了煤矿安全生产系统，提出合理可行的安全对策措施及建议。

对于一矿多井的企业，应先分别对各个自然井按上述要求进行安全验收评价，然后再根据所属自然井的安全验收评价结果对全矿井进行安全验收评价。

3. 煤矿安全现状综合评价内容

评价煤矿安全管理模式对确保安全生产的适应性，明确安全生产责任制、安全管理机构及安全管理人员、安全生产制度等安全管理相关内容是否满足安全生产法律法规和技术标准的要求及其落实执行情况，说明现行企业安全管理模式是否满足安全生产的要求。评价煤矿安全生产保障体系的系统性、充分性和有效性，明确其是否满足煤矿实现安全生产的要求；评价各生产系统和辅助系统及其工艺、场所、设备、设施是否满足安全生产法律法规和技术标准的要求；识别煤矿生产中的危险、有害因素，确定其危险度；评价生产系统和辅助系统，明确是否形成了煤矿安全生产系统，对可能的危险、有害因素，提出合理可行的安全对策措施及建议。

对于一矿多井的企业，应先分别对各个自然井按上述要求进行安全现状综合评价，然后再根据所属自然井的安全评价结果对全矿井进行安全现状综合评价。

## 三、矿山安全评价的程序

矿山安全评价的程序主要包括前期准备、危险有害因素识别与分析、安全性评价、风险控制、评价结论、编制评价报告。

前期准备。明确被评价矿山的范围，收集国内外相关法律法规、技术标准及工程与系统的技术资料。

危险有害因素识别与分析。根据被评价矿山的情况，识别和分析危险、有害因素，确定危险、有害因素存在的部位、存在的方式、事故发生的途径及其变化的规律。

安全性评价。在危险有害因素识别和分析的基础上，划分评价单元，选择合理的评价方法，对矿山各系统发生事故的可能性和严重程度进行定性定量评价。

风险控制。根据定性定量评价结果，提出消除或减弱危险、有害因素的技术和管理措施及建议。

评价结论。简要地列出主要危险有害因素的评价结果，指出矿山企业应重点防范的重大危险因素，明确生产经营者应重视的重要安全措施。

编制评价报告。依据安全评价的结果编制相应的安全评价报告。

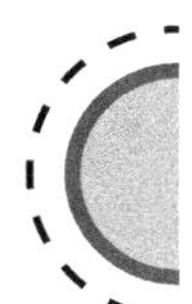

# 结束语

矿产资源开发利用与安全管理是一种以循环经济为基础，将废弃物转化为可再生资源的管理方式，有助于改善循环经济中的资源消耗和可持续性。通过全面、深入地梳理相关研究，有助于加深对矿产资源开发利用与安全管理的系统认识。笔者认为，矿产资源开发利用与安全管理的策略如下。

### （一）增加地质矿产资源开发利用的有关立法

随着市场经济的快速发展，我国法治建设也在同步推进，法律法规体系也在逐渐完善。但是，立法工作存在一定的滞后性，缺失与地质矿物相关的法律体系，无法满足矿产资源的开采和使用需求，无法提供重要的法律保障。所以，需要重视顶层设计的完善，逐渐建立起地质矿物相关的法律体系，更好地指导矿物资源的开发利用。举例说明，在开采矿物资源的时候，企业发挥着主体作用，但是法律对企业的矿产开采行为约束力度不大，企业为了获取更多的经济利益，可能出现一些损害生态环境的污染、破坏行为。所以，需要国家重视地质矿物相关的立法工作，逐渐完善法律体系，约束企业的行为，减少对生态环境的破坏。

### （二）提高矿产资源开采准入标准

我国当前的矿产资源开采准入标准不高，进入门槛较低，对矿产资源开发主体没有严格的标准要求，可能会出现非理性开采矿产资源的风险。想要提高矿产资源的利用率，更好地为经济发展服务，就需要适当地提高矿产资源开采准入标准，增加进入方式，确保开发主体有较强的经济实力、勘探和开发技术，提高矿产资源的利用率。除此之外，需要完善市场退出机制，让不符合要求的市场参与主体自觉退出市场，维护良性有序的市场竞争环境。积极引进和使用先进的技术，提高矿产品的利用率，创造更多的经济效益。

### （三）推动绿色能源消费，增强可持续发展能力

在新时期发展背景下，可持续发展观念深入人心，绿色消费观念得到进一步

推广，为矿产资源的合理开发利用创造了良好的条件。想要实现矿产资源的有效利用，需要积极构建循环经济体系。

1. 不断研发新技术，提高能源开发率

在科学技术水平不断提高的背景下，借助技术优势，提高矿产资源的开发率，实现矿产资源经济价值的最优化。通过大数据技术，实现矿产资源的合理配置，缩小与行业配置效率之间的差距，积极推动技术创新，减少资源消耗，提高单位资源创造的经济效益。

2. 重视产业结构的调整，降低不合理开采行为带来的风险

在可持续发展观念的影响下，国家出台政策，引导、鼓励、扶持绿色产业的发展，减少能耗高产业比重，逐渐让能耗高的产业退出市场，重视可替代品的研发，积极宣传绿色消费观念，降低不合理开采行为，减少对生态环境的破坏。

3. 大力推动循环经济的发展，提高二次资源的使用率

重视城市矿山研究工作，不断完善回收渠道，借助先进的技术，提高废物的利用率，促进城市金属矿产资源的合理利用，大力推动循环经济的发展，提高二次资源的使用率，减少对生态环境的污染和破坏，提高矿产资源使用的安全性。

**（四）开展安全形势监测，提高风险预判能力**

矿产资源安全保障很关键，在具体实施过程中，涉及的因素很多，如果某一方面出现问题，可能会导致整体资源安全使用目标无法实现。因此，需要进一步强化矿产资源安全管理，建立监测预警机制，来积极应对可能发生的安全风险。

1. 积极构建矿产资源安全监测预警体系

针对矿产资源的特性、形成规律、分布情况等信息，采取合理有效的方式，构建安全监测预警模型，充分利用大数据及信息技术，保障我国重要矿产资源产业链的安全。从资源储备到采购等各个环节，都应该充分发挥安全风险监测预警体系的作用，分析矿产资源的分布、使用规律，了解市场的需求，分析世界矿产资源的使用趋势，逐渐增强预警分析能力，强化供应链风险管控。

2. 灵活应用资源安全政策工具，不断完善运行机制

做好顶层设计，制订科学合理的矿产资源供应链规划，综合考虑各个因素进行整体布局，明确核心矿产资源，合理开发利用，增强国家核心竞争实力。积极打造具有中国特色的供应链模式，发挥市场调节作用，完善市场竞争机制，构建

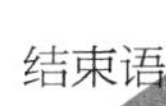



企业协同主导的供应链模式。对于影响国家核心竞争实力的重要矿产资源，要以国际市场为导向，积极构建跨国离岸供应链，及时响应市场环境的变化。除此之外，还需要不断完善资源政策储备工作，制订科学合理的应急预案，了解资源动向，充分利用政策工具，以经济发展为主线，不断完善运行机制，降低风险隐患发生的可能性，提高国家矿产资源安全水平。

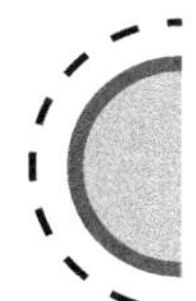

# 参考文献


[1] 李梦瑶，尹建军，陈思帆.从采矿山到“彩”矿山[N].海南日报，2024-01-11（A07）.

[2] 王亮，王勇.从生态环境修复角度浅析矿产资源开发与环境保护关系[J].绿色矿冶，2023，39（06）：68-73.

[3] 宋福春，聂虹，赵奎涛.矿产资源价值分配的研究与探讨[J].中国矿业，2023，32（12）：31-38.

[4] 赵辰阳.从开发源头管控，走好绿色矿山转型之路[N].中国黄金报，2023-11-03（002）.

[5] 崔娜.矿产资源开发效率与经济高质量发展耦合协调关系研究[J].矿业研究与开发，2023，43（10）：217-224.

[6] 何朋蔚，彭亚山.城市矿产开发利用：前景、影响因素及管理政策[J].中国矿业，2023，32（10）：1-10.

[7] 潘章凤，费小丽.探讨地质矿产勘探实施过程中问题[J].中国金属通报，2023（09）：67-69.

[8] 王彦举，张圣霞.双碳背景下矿产资源开发利用与绿色发展分析[J].中国金属通报，2023（09）：219-221.

[9] 仇巍巍，葛振华，吴琪，等.矿产资源开发利用统计数据仓库关键技术研究[J].矿业研究与开发，2023，43（08）：222-230.

[10] 高阳，吴展，蒋雷，等.境外资源开发全过程风险识别及分析[J].有色矿冶，2023，39（04）：62-65.

[11] 王国荣，黄泽奇，周守为，等.深海矿产资源开发装备现状及发展方向[J].中国工程科学，2023，25（03）：1-12.

[12] 顾陈浩.基于GIS的矿产资源开发利用监管信息化平台建设研究[J].测绘与空间地理信息，2023，46（06）：144-147.

[13] 李雅君，赵晨熹.划定矿产资源产业重点发展区域[N].洛阳日报，2023-06-13

（003）.
[14] 彭忠益，卢珊.大数据赋能国家矿产资源安全事件预警管理研究[J].情报杂志，2023，42（07）：65–70+92.
[15] 王琼杰.为守住国内矿产资源安全底线提供保障[N].中国矿业报，2023–04–03（001）.
[16] 唐明慧.基于SEM的城市矿产资源开发利用影响因素分析[J].智能城市，2023，9（03）：56–59.
[17] 孙桐，陈瑞炀，张婷，等.矿产资源开发利用的研究现状与热点分析[J].价值工程，2023，42（08）：158–160.
[18] 仇巍巍，葛振华，陈从喜，等.矿产资源开发利用统计直报管理分析系统的建设与应用[J].自然资源信息化，2023（02）：20–26.
[19] 彭忠益，孙立明.大数据驱动下国家矿产资源安全战略管理现代化的研究框架与主要议题[J].资源科学，2023，45（02）：322–332.
[20] 费小丽，潘章凤.国土空间规划体系下上林县矿产资源开发布局研究[J].中国金属通报，2023（02）：183–185.
[21] 牟林.把资源优势转化为发展优势[N].和田日报（汉），2023–01–13（001）.
[22] 黄忠东.矿产资源开发综合利用经济效益评价研究[J].内蒙古煤炭经济，2022（24）：127–129.
[23] 董立功.落实矿产资源开发利用方案的措施及建议[J].有色金属工程，2022，12（12）：129–132.
[24] 黄联铭，李明.地质矿产资源勘查方法及提升勘查质量的途径[J].中国金属通报，2022（12）：106–108.
[25] 董立功.矿产资源开发利用方案管理制度改革探析[J].黄金，2022，43（11）：1–4.
[26] 李培龙，余长荣.矿产资源开发与生态环境保护分析[J].世界有色金属，2022（17）：202–204.
[27] 林卫星，张芫涛，刘奇，等."双碳"目标下矿产资源开发布局思考[J].矿业研究与开发，2022，42（06）：153–159.
[28] 陈振宏.探讨矿产资源勘查工程的关键问题及合理布置[J].世界有色金属，2022（09）：103–105.

[29] 常凯夫.浅谈矿产资源开发对环境的影响及防治措施[J].世界有色金属，2022（01）：179–181.

[30] 刘思瑾，霍芝润.矿产资源开发与区域经济发展的关系分析[J].世界有色金属，2021（23）：160–162.

[31] 陈志刚.矿产资源开发利用策略及保障体系研究[J].冶金管理，2021（17）：15–16+19.

[32] 陈志刚.矿产资源开发的生态补偿机制研究[J].有色金属设计，2021，48（03）：109–111.

[33] 张光军.矿山工程的安全管理措施探讨[J].中国设备工程，2021（16）：197–198.

[34] 张光军.探讨安全工程在矿山安全管理中的应用[J].中国设备工程，2021（15）：244–245.

[35] 吴初国，汤文豪，张雅丽，等.新时代我国矿产资源安全的总体态势[J].中国矿业，2021，30（06）：9–15.

[36] 吴会明.地下采矿施工技术与安全管理研究[J].中国金属通报，2021（06）：35–36.

[37] 左芝鲤，成金华，郭海湘.新时代我国矿产资源安全浅析[J].中国国土资源经济，2021，34（11）：54–61+83.

[38] 彭忠益，于小强，刘芳，等.国家矿产资源安全循数治理：内涵、机理及实现路径[J].中国行政管理，2021（06）：50–55.

[39] 周娜，吴巧生，薛双娇.新时代战略性矿产资源安全评价指标体系构建与实证[J].中国人口·资源与环境，2020，30（12）：55–65.

[40] 韩继峰.矿山采矿技术安全浅析[J].四川水泥，2020（10）：210–211.

[41] 姜坤.加强矿山采矿安全技术管理工作的探讨[J].有色金属设计，2020，47（01）：5–6+24.

[42] 陈汉.矿产资源安全与矿业经济发展几个重大问题的思考[J].中国国土资源经济，2020，33（01）：16–20+34.

[43] 张晋.采矿工程中通风安全管理的重要性分析[J].当代化工研究，2019（10）：48–49.

[44] 王伟.矿山采矿技术中的安全管理问题探析[J].世界有色金属，2019（11）：

33+35.
[45] 王安建，王高尚，邓祥征，等.新时代中国战略性关键矿产资源安全与管理[J].中国科学基金，2019，33（02）：133-140.
[46] 韦黎荣.矿山开采中施工安全管理要素研究[J].建材与装饰，2018（47）：194-195.
[47] 范秀峰.采矿工程中采矿技术与安全管理的探讨[J].中国金属通报，2018（09）：15+17.
[48] 农高参.矿山安全管理中精益思想的应用分析[J].世界有色金属，2016（03）：59-60.
[49] 张红玲.我国矿产资源安全形势探析[J].资源节约与环保，2015（08）：161.
[50] 王小琴，余敬，张龙.矿产资源安全问题的综述及其研究框架[J].国土资源科技管理，2014，31（03）：25-31.
[51] 吕玉凤.区域矿产资源安全分析方法及信息管理系统[J].现代商贸工业，2013，25（09）：162-163.
[52] 张光进，徐逢祺，陈宏波.矿产资源安全观新解及其管理要义探析[J].中国国土资源经济，2013，26（03）：26-30.
[53] 赵洋，鞠美庭，沈镭.我国矿产资源安全现状及对策[J].资源与产业，2011，13（06）：79-83.